Probleme des Finanzausgleichs in nationaler und internationaler Sicht

Beihefte der Konjunkturpolitik
Zeitschrift für angewandte Wirtschaftsforschung
Begründet von Albert Wissler

Heft 41

Probleme des Finanzausgleichs in nationaler und internationaler Sicht

Tagungsband zur Jahresversammlung der Arbeitsgemeinschaft deutscher wirtschaftswissenschaftlicher Forschungsinstitute e.V. im Mai 1993 in Bonn

Duncker & Humblot · Berlin

Die Deutsche Bibliothek – CIP-Einheitsaufnahme

Probleme des Finanzausgleichs in nationaler und internationaler Sicht : im Mai 1993 in Bonn / [Schriftl.: Herbert Wilkens]. — Berlin : Duncker und Humblot, 1993
(Beihefte der Konjunkturpolitik ; H. 41) (Tagungsband zur Jahrestagung der Arbeitsgemeinschaft Deutscher Wirtschaftswissenschaftlicher Forschungsinstitute e.V. ; 1993)
ISBN 3-428-07825-X
NE: Wilkens, Herbert [Red.]. Konjunkturpolitik / Beihefte; Arbeitsgemeinschaft Deutscher Wirtschaftswissenschaftlicher Forschungsinstitute: Tagungsband zur Jahresversammlung ...

Schriftleiter: Herbert Wilkens

Satz und Druck: Berliner Buchdruckerei Union GmbH, Berlin
Printed in Germany

ISSN 0452-4780
ISBN 3-428-07825-X

Vorwort

In diesem Beiheft wird über den wissenschaftlichen Teil der 56. Mitgliederversammlung der Arbeitsgemeinschaft deutscher wirtschaftswissenschaftlicher Forschungsinstitute berichtet, die am 13. und 14. Mai 1993 in Bonn stattfand und das Thema

Probleme des Finanzausgleichs
in nationaler und internationaler Sicht

zum Gegenstand hatte. Die Tagung nahm einen unvorhergesehenen Verlauf, weil die geplante Podiumsdiskussion mit hochrangigen Finanzpolitikern aus Bund und Ländern nicht zustandekam. Zunächst sagte der Finanzminister des Landes Nordrhein-Westfalen, Herr Schleußer, ab. Er konnte nach den politischen Beratungen am 23. April 1993 zum Solidarpakt in dem Thema der Tagung und der Diskussion keine Aktualität mehr erkennen. Die für den bundesstaatlichen Finanzausgleich offenen Punkte hätten dabei ihre Erledigung gefunden. Die erreichte Lösung sei nach Auffassung der an diesen Gesprächen beteiligten Vertreter des Bundes und der Länder für alle akzeptabel und tragbar. Nach dieser Absage mochten auch die übrigen Politiker nicht mehr an der Podiumsdiskussion teilnehmen.

Die versammelten Mitglieder der Arbeitsgemeinschaft ebenso wie die Gäste aus Wissenschaft und allgemeiner Öffentlichkeit nahmen diese Haltung zu den grundsätzlichen Fragen des Finanzausgleichs mit Befremden zur Kenntnis. Es wurde von mehreren Seiten festgestellt, daß die inhaltlichen Probleme des Finanzausgleichs durch einen politischen Kompromiß keineswegs gelöst seien. Die Gegenüberstellung der jüngsten Entscheidungen mit den Ergebnissen der Wissenschaft hätte interessant und fruchtbar sein können. Sie wird nun späteren Gelegenheiten vorbehalten bleiben.

Für die wissenschaftliche Vorbereitung der Tagung ist Hans Dietrich von Loeffelholz (Essen) und Bernhard Seidel (Berlin) zu danken. Referate hielten Alfred Boss (Kiel), Marlies Hummel (München), Diethelm Hunstock (Berlin), Martin Junkernheinrich (Halle), Konrad Lammers (Kiel), Konrad Littmann (Baden-Baden), Hans Dietrich von Loeffelholz

(Essen), Rolf Peffekoven (Mainz), Eberhard Thiel (Hamburg) und Dieter Vesper (Berlin). Die Schriftleitung sowie die Zusammenfassung der Diskussionen besorgte Herbert Wilkens (Berlin).

Die 57. Mitgliederversammlung soll am 28. und 29. April 1994 in Bonn stattfinden und das Thema

Wachstumsaussichten und Probleme
der Bundesrepublik Deutschland in den neunziger Jahren

behandeln.

München im August 1993

Karl Heinrich Oppenländer
Vorsitzender der Arbeitsgemeinschaft

Inhalt

I. Teil

Der Finanzausgleich zwischen Bund und Ländern sowie zwischen den Bundesländern in der Bundesrepublik Deutschland untereinander

Erfahrungen und Herausforderungen

Finanzausgleich im Spannungsfeld zwischen allokativen und distributiven Zielsetzungen

Von Rolf Peffekoven, Mainz

1. Zur Ausgangssituation

Kaum ein Thema der Finanzpolitik ist in den letzten Jahren so intensiv diskutiert worden, wie die Frage der bundesstaatlichen Finanzordnung und hierbei insbesondere die Frage des Länderfinanzausgleichs. Das Interesse an dieser Materie erklärt sich aus mehreren Umständen:

— Die Diskussion ist zunächst einmal eine Folge der deutschen Vereinigung. Mit dem 31.12.1994 enden die Übergangsregelungen des Art. 7 Einigungsvertrag; die volle Integration der neuen Bundesländer in die bundesdeutsche Finanzverfassung muß zu diesem Zeitpunkt abgeschlossen sein. M. a. W. die heute noch geltenden Ausnahmeregelungen (beim Finanzausgleich zwischen den Ländern, bei der Verteilung des Umsatzsteueraufkommens und bei der Verteilung der Bundesergänzungszuweisungen) und die Ersatzlösungen (insbesondere der Fonds „Deutsche Einheit") laufen aus.[1] Es besteht also akuter Handlungsbedarf.

— Allerdings sollte man nicht vergessen, daß es auch bereits vor der Vereinigung eine intensive Diskussion in der wissenschaftlichen Literatur gab, in der darauf hingewiesen worden ist, daß das seit 1969 im wesentlichen unveränderte System des Finanzausgleichs ökonomischen Anforderungen in vielfacher Hinsicht nicht gerecht wird.[2] Auch die zahlreichen Normenkontrollanträge an das Bundesverfassungsgericht sind immerhin ein Indiz dafür, daß das bundesdeutsche Ausgleichssystem offenbar erhebliche Mängel aufweist, jedenfalls nicht unumstritten ist.[3]

---

[1] Vgl. Sachverständigenrat zur Begutachtung der gesamtwirtschaftlichen Entwicklung (1992), Ziff. 363 ff.

[2] Zu einem Überblick vgl. Peffekoven (1987), S. 181 ff.

[3] Vgl. BVerfGE 72, 330, sowie BVerfGE 86, 148.

— Die Fragen des Finanzausgleichs sind in den letzten Jahren noch von einer weiteren Seite her interessant geworden. In Zeiten knapper Finanzen liegt die Versuchung nahe, Änderungen des Systems durchzusetzen und damit finanzielle Vorteile für das jeweils eigene Land zu erreichen. Dazu wiederum bieten die derzeit geltenden Regelungen des Finanzausgleichsgesetzes (FAG) viele Ansatzpunkte: Das System ist intransparent, technisch schwierig und strategieanfällig. Die Einzelregelungen über die Festlegung der zentralen Begriffe „Finanzkraft" und „Finanzbedarf" sind interpretationsfähig und letzten Endes ökonomisch nicht eindeutig festgelegt. In der Diskussion um die Neugestaltung steht deshalb im politischen Raum eher das finanzwirtschaftliche Ergebnis als das ökonomisch-theoretische Argument. Auf der anderen Seite wird man dem dringenden Ziel der Haushaltskonsolidierung über Ausgabenkürzungen und -umschichtungen nicht gerecht werden können, wenn nicht jede Ebene im Staatsaufbau (Bund, Länder und Gemeinden) weiß, welche Finanzmittel ihr in Zukunft dauerhaft zufließen werden.

Nun wird in den letzten Wochen immer wieder behauptet, die Reform des Finanzausgleichs sei im Sinne einer Neuordnung im Solidarpakt[4] erreicht worden, und letzterer wird denn ja auch als „Sieg für den Föderalismus" überschwenglich gefeiert. Dieser Einschätzung muß in jedem Fall widersprochen werden: Im Solidarpakt ist lediglich die Finanzausstattung der neuen Bundesländer ab 1.1.1995 und die Verteilung dieser Lasten auf den Bund, die alten Bundesländer und — nicht zu vergessen — auf die Steuerzahler geregelt worden. Konzeptionelles zur Gestaltung des Länderfinanzausgleichs findet sich im Solidarpakt überhaupt nicht. Der inzwischen vorgelegte Gesetzentwurf der Länder zum Länderfinanzausgleich[5] will im Grunde das geltende System festschreiben.

In diesem Gesetzentwurf ist aber auch nicht eines der ökonomischen Argumente für die Gestaltung des Finanzausgleichs aufgenommen worden. Die intensive wissenschaftliche Diskussion der letzten vier Jahre, an der sich z. B. der Sachverständigenrat, der Wissenschaftliche Beirat beim Bundesministerium der Finanzen, die Forschungsinstitute, der Kronberger Kreis und nahezu alle deutschen Finanzwissenschaftler und aparterweise auch die meisten Bundesländer[6] beteiligt haben, ist am

[4] Vgl. zu den Einzelheiten Presse- und Informationsamt der Bundesregierung (1993).

[5] Vgl. Bundesrat (1993).

[6] Beispielhaft sei hingewiesen auf: Baden-Württemberg (1992) und Rheinland-Pfalz (1993).

Gesetzentwurf der Länder offenbar spurlos vorbeigegangen. Die Grundregeln für die Gestaltung des Länderfinanzausgleichs lauten: Es bleibt alles beim alten und dort, wo wegen der finanziellen Probleme der neuen Bundesländer Belastungen auf die alten Bundesländer zukommen könnten, werden ungeniert Forderungen an den Bund adressiert: Er soll sieben Prozentpunkte vom Umsatzsteueraufkommen an die Ländergesamtheit abtreten und darüber hinaus verschiedene Arten von Ergänzungszuweisungen an die Länder leisten. Das ursprünglich einmal als subsidiäres Instrument zum Ausgleich von Fehlbeträgen nach Abwicklung des Länderfinanzausgleichs vorgesehene und quantitativ begrenzte Instrument der Bundesergänzungszuweisungen wird nun quasi zum finanzausgleichspolitischen „Mädchen für alles“: Neben den Fehlbetrags-Bundesergänzungszuweisungen vergibt der Bund Sonderlasten-Bundesergänzungszuweisungen, Übergangs-Bundesergänzungszuweisungen und Bundesergänzungszuweisungen zur Beseitigung der Haushaltsnotlagen der Länder Bremen und Saarland.

Bei diesem Sachstand ist es interessant, aber auch dringend geboten, noch einmal zu diskutieren, wie denn eine Reform des Finanzausgleichs aussehen müßte, wenn sie allokativen und distributiven Anforderungen gerecht werden soll. Damit ist das eigentliche Thema angesprochen. Vorweg noch eine definitorische Klarstellung: Den Begriff Länderfinanzausgleich will ich im folgenden in einem etwas weiteren Sinne verstanden wissen: die Steuerverteilung zwischen den Bundesländern, der horizontale Finanzausgleich unter den Ländern nach Art. 107 Abs. 2 Satz 1 und 2 GG und die Zahlung von Bundesergänzungszuweisungen nach Art. 107 Abs. 2 Satz 3 GG. Ziel dieses — so definierten — Länderfinanzausgleichs ist es, allen Bundesländern eine in etwa gleiche Finanzausstattung pro Kopf der Bevölkerung zu sichern.

2. Ökonomische Anforderungen an ein System des Finanzausgleichs

a) Allokationspolitische Begründung

Die Gestaltung des Finanzausgleichs steht im Widerstreit zwischen allokativen und distributiven Zielsetzungen.

Die ökonomische Begründung für den dezentralen Aufbau unseres Staates — wodurch das Problem eines Finanzausgleichs ja erst geschaffen wird — ist primär ein *allokationspolitisches* Argument.[7] Die öffentlichen Leistungen sollten effizient bereitgestellt und möglichst gut an die Präferenzen der Bürger angepaßt werden. Allgemein wird unterstellt, daß die Ermittlung der Präferenzen auf nachgeordneten Ebenen (Ländern, Gemeinden) eher gelingt. Dort bestehen auch bessere Möglichkeiten, auf politische Entscheidungen Einfluß zu nehmen und die öffentlichen Aktivitäten zu kontrollieren. Dazu kommt, daß selbst bei Verstößen gegen die Präferenzen einzelner Bürger diese in eine Region abwandern können, die das gewünschte Angebot an öffentlichen Gütern bereitstellt.

Die bessere Berücksichtigung der Präferenzen auf der unteren Ebene im Staatsaufbau ist aber nur dann ein durchschlagendes Argument für den dezentralen Aufbau des Staates, wenn die nachgeordneten Körperschaften bei Ausgaben- und Einnahmenentscheidungen eine weitgehende Autonomie haben *(Prinzip der Autonomie)*. Zudem muß aus allokationspolitischen Gründen das Zusammenfallen von Nutznießern und Kostenträgern gesichert sein *(Prinzip der fiskalischen Äquivalenz)*. Schließlich muß die Ausgabenverantwortung der Aufgabenkompetenz folgen *(Prinzip der Konnexität)*. Wären diese drei Prinzipien — Autonomie, fiskalische Äquivalenz und Konnexität — verwirklicht, dann gäbe es keine Veranlassung für allokationspolitisch begründete Finanzausgleichsmaßnahmen. Freilich ist dies das Ergebnis einer statischen Betrachtung bei homogenen Produktionsfaktoren. Würde sich dagegen durch Verlagerung von Ressourcen aus einer Region in eine andere in der empfangenden eine höhere Grenzproduktivität ergeben, dann könnten Effizienzgründe durchaus für einen Finanzausgleich sprechen. Dieses Argument ist z. B. für den Fall der neuen Bundesländer anwendbar: Wegen des desolaten Zustandes der Infrastruktur kann es allokations- und wachstumspolitisch geboten sein, Ausgabenkürzungen im Westen vorzunehmen und die freiwerdenden Mittel in die Infrastruktur im Osten zu investieren. Allerdings wären solche Transfers nicht über den Länderfinanzausgleich abzuwickeln, der ja ungebundene Zuweisungen zur Verbesserung der finanziellen Ausstattung der Empfänger bereitstellt. Im hier diskutierten Fall müßten dagegen zweckgebundene Zahlungen geleistet werden, die wohl in vertikaler Richtung fließen müssen.[8] Die geplante Umschichtung der Mittel nach dem Städtebauförde-

---

[7] Zum folgenden vgl. Peffekoven (1980), S. 611 ff.; Sachverständigenrat zur Begutachtung der gesamtwirtschaftlichen Entwicklung (1990), Ziff. 435 ff.; Bohley (1992), S. 49 ff.; Wissenschaftlicher Beirat beim Bundesministerium der Finanzen (1992), S. 42 ff.

[8] Vgl. Peffekoven (1990b), S. 507 f.

rungsgesetz (Art. 104a Abs. 4 GG) ist ein Beispiel dafür, wie hier vorgegangen werden müßte.

Regionale Unterschiede im Angebot an öffentlichen Gütern und in der Steuerbelastung sind Ergebnis unterschiedlicher Präferenzen und unterschiedlicher Zahlungsbereitschaft der Bürger sowie unterschiedlicher Produktionsverfahren im öffentlichen Sektor.[9] Würde man dennoch Transfers zwischen den Gebietskörperschaften leisten, dann würde es zu einer Ausweitung des Angebots an öffentlichen Leistungen über das Maß hinaus kommen, das die Bürger selbst zu finanzieren bereit sind. Das aber bedeutet ineffiziente Faktorallokation.

Die hier entwickelten Prinzipien sind in der geltenden Finanzverfassung der Bundesrepublik keineswegs verwirklicht, so daß von daher allokationspolitisch durchaus Reformen des Finanzausgleichs — also Änderungen in der Aufgaben-, Ausgaben- und Einnahmenverteilung — geboten sein können.

Das *Prinzip der Autonomie* ist auf der Länderebene nicht verwirklicht. Die Länder haben keine Steuerautonomie, und auch die Aufgabenautonomie ist stark eingeschränkt, zumal der Bund die konkurrierende Gesetzgebung nach Art. 72 GG weitgehend für sich in Anspruch nimmt — und dies auch mit einer gewissen Selbstverständlichkeit. In den ersten Jahren seit Verabschiedung des Grundgesetzes hat sich der Bundesgesetzgeber noch einige Mühe gemacht, im Einzelfall nachzuweisen, daß bei einer konkreten Gesetzesvorlage die Voraussetzungen gegeben seien, die eine bundesgesetzliche Regelung sinnvoll erscheinen ließen. Heute beschränkt er sich in Gesetzesanträgen meist auf die lapidare Feststellung: „Die Voraussetzungen des Art. 72 Abs. 2 GG sind gegeben." Eine Reform des Finanzausgleichs unter diesem Aspekt müßte also eine stärkere Beteiligung der Länder an der Gesetzgebung und die Einführung einer, wenn auch begrenzten Steuerautonomie für die Länder sein.[10] Hierzu wären Verfassungsänderungen notwendig, die offenbar bisher in der Gemeinsamen Verfassungskommission von Bund und Ländern nicht einmal diskutiert worden sind. Allerdings kann die mangelnde Autonomie nicht über Reformen im System des Länderfinanzausgleichs angegangen werden.

Auch das *Prinzip der Konnexität* wird in vielen Fällen durchbrochen, z. B. wenn der Bund gesetzliche Regelungen erläßt, die Ausgabenver-

---

[9] Vgl. Wissenschaftlicher Beirat beim Bundesministerium der Finanzen (1992), S. 45.

[10] Vgl. Peffekoven (1987), S. 223 f.

pflichtungen aber die nachgeordneten Körperschaften treffen. Das gilt für alle Formen der Mischfinanzierung, vor allem bei den sog. Geldleistungsgesetzen nach Art. 104a Abs. 3 GG. Reformen könnten demnach beim Abbau der Mischfinanzierung ansetzen, wie es von Bund und Ländern gleichermaßen, wenn auch mit unterschiedlichen Argumenten, gefordert wird. Denkbar wäre auch, daß der Bund Kostenersatz leistet, wenn er die Länder zu bestimmten Ausgaben verpflichtet. Das aktuelle Beispiel hierfür ist die Forderung, vor allem von Hamburg, daß der Bund den Ländern und deren Gemeinden zumindest Teile der Ausgaben für die Sozialhilfe erstattet, womit letzten Endes die sog. Albrecht-Initiative wieder aufgegriffen wird.[11] Allerdings gilt auch hier: Fehlende Konnexität kann nicht über Maßnahmen im horizontalen Finanzausgleich kompensiert werden.

Gegen das *Prinzip der fiskalischen Äquivalenz* wird vielfach verstoßen: Die von einer Region angebotenen Leistungen betreffen positiv oder negativ auch die Bürger anderer Regionen. In einer Region erhobene Steuern müssen die Bürger oder Unternehmen anderer Regionen tragen (Steuerexporte). Solche regionalen externen Effekte, auch Spillover-Effekte genannt, sind allokationspolitisch negativ zu beurteilen.

Die Existenz von Spillover-Effekten ist allerdings kein hinreichendes Argument, die Zentralisierung der Aufgaben und der regional streuenden Steuern zu verlangen. Für die Aufgaben hätte dies nämlich zur Folge, daß nahezu alle öffentlichen Aufgaben zentral erledigt werden müßten. Gordon Tullock[12] hat dies einmal anschaulich für die Straßenreinigung — sozusagen eine geborene lokale Leistung — demonstriert: Da z. B. in Bonn nicht nur Bonner Bürger die Straße benutzen, sondern auch andere Bewohner Nordrhein-Westfalens, müßte die Straßenreinigung schon Landesaufgabe sein. Weil zudem Einwohner anderer Bundesländer, EG-Bürger und generell Ausländer die Straßen nutzen, müßte es wohl eine UNO-Aufgabe werden, wenn Spillover-Effekte vermieden werden sollen. Das aber hieße, das Kind mit dem Bade auszugießen.

Hat man sich einmal für ein dezentrales Angebot entschieden, dann muß man versuchen, Spillover-Effekte zu internalisieren. Hierzu bieten sich mehrere Wege an, z. T. auch finanzausgleichspolitische Maßnahmen. Ich will mich auf eine Aufzählung beschränken: Privatisierung öffentlicher Leistungen, Gebührenfinanzierung, horizontale oder vertikale Zuweisungen mit Zweckbindung und Eigenbeteiligung. Zur Inter-

---

[11] Vgl. hierzu Fischer (1990), S. 131 ff.

[12] Vgl. Tullock (1969), S. 19 ff.

nalisierung externer Effekte bietet dagegen der heute geltende Finanzausgleich zwischen den Ländern überhaupt keinen Ansatz, weil er mit ungebundenen Transfers arbeitet, deren Höhe im wesentlichen von der Finanzkraft eines Landes im Verhältnis zur durchschnittlichen Finanzkraft aller Bundesländer bestimmt wird. Hier fehlt jeglicher Bezug zu konkreten Leistungen und den bei ihnen entstehenden externen Effekten. Man kann diese Zusammenhänge am besten veranschaulichen am Beispiel der sog. Seehafenlasten. Nach § 7 Abs. 3 FAG dürfen zur Abgeltung der Sonderbelastungen, die den Ländern Bremen, Hamburg und Niedersachsen aus der Unterhaltung und Erneuerung ihrer Seehäfen erwachsen, bestimmte Pauschalbeträge bei der Ermittlung der Finanzkraft abgesetzt werden. Die Begründung ist allokationspolitischer Natur; externe Effekte sollen internalisiert werden. Wie ich für das Jahr 1986 einmal nachgewiesen habe, führt dieses Vorgehen zu erstaunlichen und unvertretbaren Ergebnissen:[13]

— Niedersachsen profitiert von dieser Regelung nicht, sondern gehört sogar zu den Verlierern. Das hängt damit zusammen, daß Niedersachsen im Vergleich zu Hamburg und Bremen niedrige Abzugsbeträge pro Kopf geltend machen kann; die relative Position dieses Landes in der Finanzkraftreihenfolge wird also verbessert.

— Nordrhein-Westfalen ist von dieser Regelung nicht betroffen, aber nicht etwa, weil dieses Land die Seehäfen nicht nutzt. Das Ergebnis ist Folge der Tatsache, daß im Jahr der Untersuchung Nordrhein-Westfalen in der sog. „toten Zone" lag, also weder Zuweisungen erhielt noch zu leisten hatte.

— Die höchsten Belastungen haben Baden-Württemberg und Hessen zu tragen, nicht weil sie die Seehäfen so stark nutzen, sondern weil sie besonders finanzkräftige Länder sind.

Gerade das Beispiel der Seehafenlasten macht deutlich, daß es für den Finanzausgleich unter den Ländern keine allokationspolitische Begründung gibt und daß folglich auch allokationspolitische Ziele im Rahmen dieses Ausgleichs nicht verfolgt werden sollten.

Es ist deshalb grundsätzlich zu begrüßen, daß das Bundesverfassungsgericht[14] die Berücksichtigung von Sonderbedarfen im Länderfinanzausgleich im engeren Sinn — freilich mit der ökonomisch nicht zu begründenden Ausnahme der Seehafenlasten — nicht zugelassen hat

[13] Vgl. Peffekoven (1988), S. 397 ff.

[14] Vgl. BVerGE 72, 330, S. 413.

und daß die Sonderbedarfe der neuen Bundesländer durch direkte Zahlungen des Bundes abgedeckt werden, die außerhalb des horizontalen Länderfinanzausgleichs laufen. Die dazu geschaffenen Sonderlasten-Bundesergänzungszuweisungen, die immerhin das beträchtliche Volumen von 14 Mrd. DM pro anno ausmachen, sind allerdings nicht zweckgebunden und deshalb unter allokationspolitischem Aspekt falsch konstruiert. Davon einmal abgesehen bleibt fraglich, ob man überhaupt das Instrument der „Sonderlasten-Bundesergänzungszuweisungen" hätte schaffen müssen; denn mit den Finanzhilfen nach Art. 104a Abs. 2 GG und den Gemeinschaftsaufgaben nach Art. 91a GG hätte der Bund eh schon geeignete Instrumente gehabt, um die Sonderbedarfe der neuen Bundesländer befriedigen zu können. Es wäre sicher besser, vorhandene, verfassungsrechtlich abgesicherte, den ökonomischen Anforderungen eher gerecht werdende und schon erprobte Instrumente einzusetzen, als immer neue Einzelmaßnahmen zu erfinden und damit auch neue Finanztöpfe zu öffnen.[15]

b) Distributionspolitische Begründung

Als Begründung für den Finanzausgleich werden auch distributionspolitische Argumente vorgetragen. In *vertikaler* Hinsicht sollen „im Rahmen der laufenden Einnahmen ... der Bund und die Länder gleichmäßig Anspruch auf Deckung ihrer notwendigen Ausgaben (haben)" (Art. 106 Abs. 3 Satz 4 GG). Dieses Ziel wird über die Verteilung des Umsatzsteueraufkommens angestrebt. Die ökonomische und die juristische Literatur gehen übereinstimmend davon aus, daß bei dieser Verteilung Deckungsquoten für den Bund und die Ländergesamtheit ermittelt werden sollen und diese dann als Maßstab für die Berechnung der Anteile zugrunde zu legen sind. Da in die Bestimmung der Deckungsquote „laufende Einnahmen" und „notwendige Ausgaben" einbezogen werden sollen, aber nicht eindeutig feststeht, was dazu zu rechnen ist, kann der Verteilungsstreit ökonomisch nicht objektiviert oder gar zu einer bloßen Rechenoperation gemacht werden.[16] Die Verteilung des Umsatzsteueraufkommens ist stets das Ergebnis eines politischen Kompromisses, wie nicht zuletzt die Verhandlungen um den Solidarpakt

---

[15] Vgl. Sachverständigenrat zur Begutachtung der gesamtwirtschaftlichen Entwicklung (1992), Ziff. 374.

[16] Vgl. Sachverständigenkommission zur Vorklärung finanzverfassungsrechtlicher Fragen für künftige Neufestlegungen der Umsatzsteueranteile (1981); Peffekoven (1985), S. 53 ff.

gezeigt haben. Dennoch sollte man im Zuge einer Reform des Finanzausgleichs auch prüfen, ob das Verteilungsverfahren nicht verbessert werden kann. Hierzu hat der Wissenschaftliche Beirat beim Bundesministerium der Finanzen[17] in seinem jüngsten Gutachten Vorschläge gemacht, die aufgegriffen werden sollten.

Eine dominierende Rolle spielen distributionspolitische Argumente bei der *horizontalen* Einnahmenverteilung, also bei der Begründung des Länderfinanzausgleichs. Man strebt eine in etwa gleiche Finanzausstattung der Bundesländer an, weil dann zu erwarten ist, daß in den einzelnen Ländern auch ein in etwa gleiches Leistungsangebot erstellt werden kann. Dadurch soll die im Grundgesetz an zwei Stellen angesprochene „Wahrung der Einheitlichkeit der Lebensverhältnisse" verwirklicht werden. Nicht zu bestreiten ist, daß ein gewisser Ausgleich der Unterschiede auch zur Stabilität einer Föderation beitragen kann. Viele der politischen Spannungen oder gar der Separationsbewegungen in einigen europäischen Staaten sind ja gerade damit zu erklären, daß sich Teilgebiete übervorteilt oder nicht hinreichend unterstützt sehen. Für einen Finanzausgleich unter den Ländern sprechen also distributions- und allgemein politische Argumente.

Die „Einheitlichkeit der Lebensverhältnisse" ist ein unbestimmter Rechtsbegriff bzw. eine Leerformel. Es müssen deshalb Verfahren entwickelt werden, die eine Konkretisierung erlauben. Hierzu sind in der ökonomischen Theorie[18] verschiedene Konzepte entwickelt worden, die sich in erster Linie hinsichtlich des Indikators für fiskalische Gleichheit unterscheiden. Allen Konzepten ist wiederum gemeinsam, daß sie allokative Neutralität anstreben. Das bedeutet, daß durch den Ausgleich keine negativen Anreizwirkungen auf Seiten der zuweisungsberechtigten und der zuweisungspflichtigen Körperschaften entstehen sollen. Solche disincentive-Effekte sind immer dann zu erwarten, wenn eine weitgehende Nivellierung der Finanzausstattung erreicht wird: Die Länder werden dann veranlaßt, sich bei der Ausschöpfung ihrer Steuerquellen zurückzuhalten und in ihren Bemühungen um eine Verbesserung ihrer Wirtschaftsstruktur nachzulassen. Diese Reaktionen könnte man auch als eine Art Freerider-Verhalten bezeichnen, sie sind nicht nur aus allokationspolitischen, sondern auch aus finanz- und staatspolitischen Gründen unerwünscht.

---

17 Vgl. Wissenschaftlicher Beirat beim Bundesministerium der Finanzen (1992), S. 62 ff.

18 Vgl. Musgrave (1961), S. 97 ff.

Wenn die Hypothese richtig ist, daß die allokative Neutralität um so eher verletzt wird, je höher das Ausmaß des Ausgleichs ist, befindet man sich in einem Zielkonflikt: Dem Verteilungsziel wird man im horizontalen Einnahmenausgleich um so eher gerecht, je stärker sich die Länder in ihrer Finanzausstattung annähern. Gleichzeitig nehmen dann aber auch die disincentive-Effekte zu, so daß die zu verteilende Finanzmasse zurückgeht. Für ein einzelnes Bundesland mag aber ein kleinerer Anteil an einem großen Kuchen attraktiver sein als ein großer Anteil an einem kleinen Kuchen. Dieser zugegebenermaßen triviale Zusammenhang ist in der Wirtschaftspolitik derzeit kaum noch zu vermitteln. Auch bei der Gestaltung des Finanzausgleichs gilt: Für Wachstumsorientierung — gegen lähmenden Verteilungsstreit.[19]

Die Frage nach dem „richtigen" Ausgleichssatz kann man wissenschaftlich nicht beantworten. Man steht hier vor dem gleichen Dilemma, das auch in anderen Bereichen der Wirtschaftspolitik auftritt: Welcher Steuertarif bringt die gewünschte Umverteilung, aber wann wirkt er investitionshemmend? Welche Höhe des Arbeitslosengeldes ist verteilungspolitisch geboten, aber werden dann nicht Motivationen genommen, eine neue Arbeit aufzunehmen?

Bei einem distributionspolitisch begründeten Länderfinanzausgleich ergeben sich vor allem drei Probleme: Es muß der Finanzbedarf ermittelt werden, der der Finanzkraft gegenüberzustellen ist, und sodann muß das Ausgleichsmaß bestimmt werden. In allen drei Fällen sind die derzeit geltenden gesetzlichen Regelungen allokationspolitisch bedenklich.

— Die „Wahrung einheitlicher Lebensverhältnisse" kann nur dann mit einer gleichen Finanzausstattung pro Kopf der Bevölkerung identifiziert werden, wenn die Bundesländer in etwa den gleichen Entwicklungsstand aufweisen. Das ist mit Blick auf Gesamtdeutschland heute sicher nicht mehr der Fall. Um den neuen Bundesländern eine vergleichbare Versorgung mit öffentlichen Gütern zu garantieren, müßten dort pro Kopf höhere Ausgaben getätigt werden als im Westen. Das Problem der Sonderlasten kann man allokationspolitisch allerdings nur dann befriedigend in den Griff bekommen, wenn alle Arten von Sonderbedarfen (Infrastruktur, Schuldendienst, Wohnungsprobleme) außerhalb des eigentlichen Länderfinanzausgleichs

[19] So der Titel des Jahresgutachtens 1992 / 93 des Sachverständigenrates, vgl. Sachverständigenrat zur Begutachtung der gesamtwirtschaftlichen Entwicklung (1992).

durch direkte zweckgebundene Zahlungen abgegolten werden. Dieser Forderung werden die Beschlüsse im Rahmen des Solidarpaktes gerade nicht gerecht, weil — wie schon erwähnt — die neugeschaffenen Sonderlasten-Bundesergänzungszuweisungen ungebundene Zuweisungen sind, die gemäß Legaldefinition des Art. 107 Abs. 2 GG zur ergänzenden Deckung des allgemeinen Finanzbedarfs gewährt werden. Verfechter einer weitgehenden Autonomie der Länder werden stets solche ungebundenen Zuweisungen vorziehen, zumal wenn sie darauf vertrauen können, daß die (neuen) Bundesländer selbst ein Interesse an der Beseitigung der strukturellen Nachteile haben und deshalb ihnen zufließende Finanzmittel schon sachgerecht verwenden werden, ohne daß es dafür einer Zweckbindung, also des „goldenen Zügels", bedürfte. Diese Argumentation kann allerdings nur akzeptiert werden, wenn Fehlentscheidungen auch allein zu Lasten der Empfängerländer gehen und deren Folgen nicht auf andere Länder überwälzt werden können. Diese Voraussetzung ist beim geltenden Finanzausgleich nicht gegeben.[20] Deshalb sollte man die Sonderlasten der neuen Bundesländer auch nicht über Bundesergänzungszuweisungen kompensieren.

Die Abgeltung der Sonderbedarfe außerhalb des Länderfinanzausgleichs im engeren Sinn hat den nicht unwesentlichen Vorzug, daß der *Finanzbedarf* an der Einwohnerzahl gemessen werden kann, was technisch einfach und nachvollziehbar ist. Es bleibt dann lediglich die Frage, ob eine Einwohnergewichtung noch vertretbar ist. Die dafür vorgetragenen Argumente sind entweder nicht durchschlagend (z. B. höhere Kosten der Leistungserstellung in den Ballungszentren sollten aus regionalpolitischen Gründen nicht kompensiert werden), oder sie führen (z. B. Abgeltung von Umlandlasten) zur Forderung nach anderen Ausgleichsmaßnahmen als der Veredelung.[21]

— Im geltenden System wird die *Finanzkraft* am regionalen Steueraufkommen pro Kopf gemessen. Dabei wird nicht gefragt, wovon diese Unterschiede eigentlich bestimmt werden. Insoweit stellt der Länderfinanzausgleich ein Kurieren an Symptomen (mangelnde Finanzkraft) dar, fragt aber nicht nach den Ursachen der relativ geringen Finanzkraft.[22] Offenbar bestehen aber schon Unterschiede, ob eine geringe Finanzkraft Folge steuertechnischer Regelungen oder ob sie

20 Vgl. Peffekoven (1990a), S. 340 f.

21 Vgl. Wissenschaftlicher Beirat beim Bundesministerium der Finanzen (1992), S. 71 ff.

22 Vgl. dazu Peffekoven (1987), S. 210.

das Ergebnis unterschiedlicher Wirtschaftskraft ist. Im ersten Falle könnte man durch entsprechende Änderungen in den Steuerverteilungsregeln das Problem lösen: etwa durch einen Übergang vom Wohnsitzprinzip zum Quellenprinzip, also durch Änderungen der Zerlegungsformeln. Sind die Unterschiede dagegen Ergebnis unterschiedlicher Wirtschaftskraft, sollten eher wirtschaftspolitische Maßnahmen ergriffen werden — etwa über die Gemeinschaftsaufgabe „Förderung der regionalen Wirtschaftsstruktur" oder die Gewährung von Finanzhilfen nach Art. 104a Abs. 4 GG. In beiden Fällen könnten allokationspolitisch günstigere Ergebnisse erzielt werden als durch den bloßen Ausgleich über ungebundene Transfers. Empirische Untersuchungen über die Ursachen unterschiedlicher Steuerkraft liegen bis heute nicht vor.

Die Verwendung des regionalen Steueraufkommens als Indikator begegnet weiteren Bedenken: Indikator der Leistungskraft einer Region ist letzten Endes das regionale Bruttoinlandsprodukt. Das Steueraufkommen kann ersatzweise nur dann herangezogen werden, wenn zumindest in allen Ländern das gleiche Steuersystem mit der gleichen Steueranspannung gilt. Diese Voraussetzungen waren in den alten Bundesländern weitgehend verwirklicht. Nach der Vereinigung sind hier einige Zweifel angebracht. Für die neuen Bundesländer gilt zwar das gleiche Steuersystem, allerdings gibt es auch Ausnahmen (Gewerbekapitalsteuer und Vermögensteuer, Tariffreibetrag bei der Einkommensteuer). Zudem gelingt es in den neuen Bundesländern bisher nicht, die Steuergesetze mit der gleichen Strenge und Konsequenz durchzusetzen, wie dies im Westen der Fall ist. Je mehr im übrigen Steuervergünstigungen für Investitionen das regionale Steueraufkommen mindern, desto weniger kann das Steueraufkommen Indikator der Finanzkraft sein.[23]

— Allokationspolitisch am meisten umstritten ist das *Ausgleichsmaß*. Im Länderfinanzausgleich im engeren Sinne wird allen Bundesländern eine Garantie von mindestens 95 vH der durchschnittlichen Finanzkraft aller Bundesländer geboten. Berücksichtigt man daneben, daß — wie für die Zukunft geplant — über die sog. Fehlbetrags-Bundesergänzungszuweisungen die nach Länderfinanzausgleich an 100 vH noch fehlende Finanzkraft zu 90 vH ausgeglichen wird, dann ergibt sich für alle Bundesländer eine Garantie von mindestens 99,5 vH. Das ist nach weitgehend übereinstimmender Meinung der Wis-

[23] Vgl. Peffekoven (1990b), S. 487 ff. und die dort angegebene Literatur.

senschaft[24] ein viel zu hohes Ausgleichsniveau, so daß negative Anreizwirkungen zu erwarten sind. Warum sollte man eigentlich eigene Steuerquellen entwickeln und pflegen, wenn man auch ohne den damit verbundenen Aufwand 99,5 vH des durchschnittlichen Steueraufkommens erhält?

Ein weiteres Argument ist zu beachten: Auch im privaten Bereich wird ja im Rahmen der Verteilungspolitik aus guten, nämlich allokationspolitischen Gründen nicht jedem Bürger das (Brutto-)Durchschnittseinkommen garantiert mit der Maßgabe, daß jeder, der diesen Durchschnitt überschreitet, Steuern zu zahlen hat, und jeder, der den Durchschnitt nicht erreicht, durch Zahlung von Transfers an diesen Durchschnitt herangeführt wird. Es geht vielmehr um die Sicherung eines sozio-ökonomischen Existenzminimums. Ebenso müßte im Länderfinanzausgleich darauf abgestellt werden, den finanzschwächsten Ländern eine (politisch festzulegende) Mindestausstattung zu sichern. Man überfordert das Ausgleichssystem auch und mindert damit die politische Akzeptanz, wenn sich der Ausgleich zwischen den Ländern und vielleicht in Zukunft dann auch noch zwischen den Regionen in Europa an der durchschnittlichen Finanzkraft der jeweiligen Gesamtheit ausrichtet.

Allgemein wird die Forderung gestellt, das Ausgleichsmaß im horizontalen Finanzausgleich abzusenken. Das allerdings kann nicht losgelöst von den Bundesergänzungszuweisungen gesehen werden. Ein Absenken des Ausgleichssatzes beim horizontalen Ausgleich führt bei Beibehaltung der Regeln für die Verteilung der Fehlbetrags-Bundesergänzungszuweisungen nur zu einer Reduktion der disincentive-Effekte auf Seiten der ausgleichspflichtigen Länder, das Ausgleichsvolumen und damit auch die disincentive-Effekte bei den Empfängern bleiben unverändert. Die negativen allokationspolitischen Wirkungen wird man nur ändern können, wenn das Ausgleichsniveau insgesamt deutlich abgesenkt wird.

3. Ansatzpunkte einer Reform

Die allokationspolitisch gebotenen Reformen im deutschen Finanzausgleich betreffen überwiegend Fragen der Aufgabenverteilung (Abbau der Mischfinanzierung, stärkere Gesetzgebungskompetenzen für die

---

[24] Vgl. z. B. Wissenschaftlicher Beirat beim Bundesministerium der Finanzen (1992), S. 49 f.

Länder) und der Neuverteilung der Steuerkompetenzen. Dafür sind Änderungen des Grundgesetzes erforderlich; sie sind wohl nur im Rahmen einer umfassenden Verfassungsreform zu lösen, zumal diese Aspekte politisch umstritten sind. Was hierzu die Gemeinsame Verfassungskommission von Bund und Ländern vorschlagen wird, ist im Augenblick nicht zu prognostizieren. Kurzfristig wird sich deshalb die Diskussion auf die Fragen der Einnahmenverteilung konzentrieren, und hierbei insbesondere auf die Reform des Länderfinanzausgleichs.

Die Beseitigung der Finanzschwäche der neuen Bundesländer, die im wesentlichen auf den Zusammenbruch von Produktion und Beschäftigung im Osten zurückzuführen ist, und die Sicherung einer vergleichbaren Finanzausstattung in diesen Ländern, ist nicht nur eine Aufgabe der alten Bundesländer, sondern auch des Bundes. Er wird sich deshalb an der Finanzierung des Länderfinanzausgleichs auf Jahre hinweg beteiligen müssen. Es gibt verschiedene Wege, wie dies geschehen kann. Der Sachverständigenrat hat dazu das Verfahren der Vorabauffüllung vorgeschlagen:[25] Der Bund leistet Zahlungen an die Bundesländer dergestalt, daß alle Länder zunächst eine bestimmte Mindeststeuerkraft erreichen, z. B. 85 vH der durchschnittlichen Finanzkraft. Im Solidarpakt ist nunmehr ein anderer Weg gewählt worden: Der Bund verzichtet auf sieben Prozentpunkte seines Anteils am Umsatzsteueraufkommen.[26] Diese Regelung kann unter fiskalischem Aspekt durchaus zum gleichen Ergebnis führen. Der Vorschlag des Sachverständigenrates hat dennoch Vorzüge: Verbesserungen der finanziellen Situation der neuen Bundesländer gehen dabei zunächst zugunsten des Bundes, die vertikale Ausgleichskomponente im Länderfinanzausgleich würde damit automatisch zurückgeführt. Für den Bund würde zudem ein Anreiz geschaffen, weiterhin den wirtschaftlichen Aufbau im Osten zu unterstützen, weil im Erfolgsfalle die Zahlungen für Vorabauffüllung zurückgehen würden. Bei der Umsatzsteuerneuverteilung gehen dagegen positive Entwicklungen in den neuen Ländern zunächst zugunsten der alten Bundesländer. Der Bund könnte daran nur partizipieren, wenn die Umsatzsteuerverteilung in Zukunft wieder zu seinen Gunsten verändert würde. Er kommt damit in eine schwierige Verhandlungssituation, da für die Bundesländer kein Zwang und auch kein Interesse an einer Einigung besteht. Bisher hat der Bund bei solchen Verhandlungen eher den Kürzeren gezogen.

---

[25] Vgl. zum folgenden: Sachverständigenrat zur Begutachtung der gesamtwirtschaftlichen Entwicklung (1992), Ziff. 368 ff.

[26] Vgl. Bundesrat (1993).

Auch zur Gestaltung des Länderfinanzausgleichs im engeren Sinne hat der Sachverständigenrat Vorschläge gemacht. Er ist dabei davon ausgegangen, daß ein reformiertes System u. a. folgenden Anforderungen entsprechen muß:[27]

— Das Verfahren des Finanzausgleichs sollte technisch einfach, transparent und nicht strategieanfällig sein.

— Die Anreize, selbst Steuereinnahmen zu erzielen, sollten für die empfangenden und die leistenden Länder erhalten bleiben.

— Der Finanzausgleich sollte ein Finanzkraftausgleich und ein Spitzenausgleich bleiben.

Wenn man von diesen Zielen ausgeht, kommt man zu einem Modell, das für die drei Kernfragen des horizontalen Finanzausgleichs folgende Regelungen vorsehen müßte:

Die *Finanzkraft* sollte am Steueraufkommen eines Landes unter Einschluß der (normierten) Gemeindesteuern zu 100 vH gemessen werden.

Der *Finanzbedarf* sollte ausschließlich an der nicht-veredelten Einwohnerzahl gemessen werden.

Das *Ausgleichsniveau* sollte deutlich unter 100 vH liegen. Die Ausgleichsbeiträge sollten nach einem linearen Ausgleichstarif ermittelt werden. Der Vorabauffüllungssatz und die Höhe des linearen Ausgleichssatzes bestimmen automatisch das Ausgleichsniveau (die Mindestgarantie).

Vergleicht man dieses Modell mit dem Gesetzantrag der Bundesländer zur Neuordnung des Finanzausgleichs, dann muß man leider feststellen, daß alle ökonomischen Argumente bei der politischen Entscheidung keinerlei Beachtung gefunden haben. Dabei ist es keineswegs so, als würden die Bundesländer die ökonomischen Argumente nicht auch diskutieren. Das Land Rheinland-Pfalz hat z. B. ein Modell für die zukünftige Gestaltung des Länderfinanzausgleichs vorgelegt, das weitgehend mit den Vorstellungen des Sachverständigenrates identisch ist.[28] Offenbar ist ein solches Modell aber nicht mehrheitsfähig, weil Verschiebungen in der finanziellen Belastung zu erwarten sind. Wichtigstes Ziel in der politischen Diskussion scheint zu sein, die Belastungen der alten Bundesländer in engen Grenzen zu halten und gleichmäßig zu verteilen. Das ist eine schlechte Ausgangsbedingung für eine Reform,

---

[27] Vgl. Sachverständigenrat zur Begutachtung der gesamtwirtschaftlichen Entwicklung (1992), Ziff. 369.

[28] Vgl. Rheinland-Pfalz (1993).

die diesen Namen wirklich verdient. In diesem Fall ist man sehr bald bei der Strategie des Gesetzentwurfs der Länder: Es soll im Länderfinanzausgleich möglichst alles beim alten bleiben, und soweit zusätzliche Belastungen der (westlichen) Bundesländer entstehen, werden Ausgleichsforderungen an den Bund gerichtet.[29]

Nur dort, wo das Urteil des Bundesverfassungsgerichtes vom 27.5.1992[30] Änderungen erforderlich macht, ist dies natürlich berücksichtigt worden. Ansonsten wird offenbar nur noch nach den quantitativen Ergebnissen geschielt. Nach jahrelangen Diskussionen um die Regelung des Finanzausgleichs in Deutschland muß es schon wie blanker Hohn klingen, wenn im Gesetzantrag die übliche Frage nach Alternativen mit dem ebenso üblichen wie auch knappen „keine" beantwortet wird. In der wissenschaftlichen Diskussion müssen also weiterhin die ökonomischen Argumente und Zielsetzungen für eine Neugestaltung des Finanzausgleichs herausgearbeitet und propagiert werden. Wenn der Kuchen öffentlichen Geldes in den nächsten Jahren nicht mehr stark wachsen kann, dann muß man um so mehr eine ökonomisch rationale Verteilung der Einnahmen finden.

Literatur

Bohley, P. (1992): Chancen und Gefährdungen des Föderalismus, in: K. Bohr (Hrsg.), Föderalismus. Demokratische Struktur für Deutschland und Europa, München, S. 31-84.

Bundesrat (1993): Entwurf eines Gesetzes zur Neuordnung des bundesstaatlichen Finanzausgleichs, in: Bundesrats-Drucksache 163 / 93 vom 26. März 1993, Bonn.

Bundesverfassungsgericht (1986): Entscheidung vom 24. Juni 1986, in: Entscheidungen des Bundesverfassungsgerichts, Bd. 72, Tübingen, S. 330-436 (zitiert als BVerGE 72, 330).

— (1993): Entscheidung vom 27. Mai 1992, in: Entscheidungen des Bundesverfassungsgerichts, Bd. 86, Tübingen, S. 148-279 (zitiert als BVerGE 86, 148).

Fischer, H. (1990): Sozialhilfe und Bund-Länder-Finanzausgleich, in: W. Kitterer (Hrsg.), Sozialhilfe und Finanzausgleich, Heidelberg, S. 131-143.

Kommission Finanzverfassungsreform (1992): Zwischenbericht, Stuttgart (zitiert als Baden-Württemberg 1992).

Musgrave, R. A. (1961): Approaches to a Fiscal Theory of Political Federalism, in: National Bureau of Economic Research (Hrsg.), Public Finances: Needs, Sources, and Utilization, Princeton, S. 97-122.

---

29 Vgl. Peffekoven (1993), S. 20.

30 Vgl. BVerGE 86, 148, S. 192 ff.; vgl. dazu Peffekoven (1992), S. 351 ff.

Peffekoven, R. (1980): Finanzausgleich I: Wirtschaftstheoretische Grundlagen, in: W. Albers u. a. (Hrsg.), Handwörterbuch der Wirtschaftswissenschaft, Bd. 2, Stuttgart u. a. O., S. 608-636.

— (1985): Zur Problematik der Umsatzsteuerverteilung, in: D. Cansier / D. Kath (Hrsg.), Öffentliche Finanzen, Kredit und Kapital. Festschrift für W. Ehrlicher zur Vollendung des 65. Lebensjahres, Berlin, S. 53-79.

— (1987): Zur Neuordnung des Länderfinanzausgleichs, in: Finanzarchiv, N. F., Bd. 45, S. 181-228.

— (1988): Berücksichtigung der Seehafenlasten im Länderfinanzausgleich?, in: Finanzarchiv, N. F., Bd. 46, S. 397-415.

— (1990 a): Finanzausgleich und Sonderbedarfe. Thema und vier Variationen, in: F. X. Bea / W. Kitterer (Hrsg.), Finanzwissenschaft im Dienste der Wirtschaftspolitik. D. Pohmer zum 65. Geburtstag, Tübingen, S. 323-341.

— (1990 b): Deutsche Einheit und Finanzausgleich, in: Staatswissenschaften und Staatspraxis, 1. Jg., S. 485-511.

— (1992): Das Urteil des Bundesverfassungsgerichtes zum Länderfinanzausgleich, in: Wirtschaftsdienst, 72. Jg., S. 349-354.

— (1993): Im Finanzausgleich alles beim alten. Die Reform der Beziehungen zwischen Bund und Ländern läßt neuen Streit befürchten, in: Süddeutsche Zeitung, Nr. 95 vom 26. April 1993, S. 20.

Pressedienst des Ministeriums der Finanzen Rheinland-Pfalz (1993): Rheinland-Pfalz-Modell zum bundesstaatlichen Finanzausgleich. Neues Konzept für einen starken Föderalismus, Mainz (zitiert als Rheinland-Pfalz 1993).

Presse- und Informationsamt der Bundesregierung (1993): Solidarpakt für Deutschland, in: Aktuelle Beiträge zur Wirtschafts- und Finanzpolitik, Nr. 10 / 1993 vom 17. März 1993, Bonn.

Sachverständigenkommission zur Vorklärung finanzverfassungsrechtlicher Fragen für künftige Neufestlegungen der Umsatzsteueranteile (1981): Maßstäbe und Verfahren zur Verteilung der Umsatzsteuer nach Art. 106 Abs. 3 und Abs. 4 Satz 1 GG, in: Bundesministerium der Finanzen (Hrsg.), Schriftenreihe des Bundesministeriums der Finanzen, Heft 30, Bonn.

Sachverständigenrat zur Begutachtung der gesamtwirtschaftlichen Entwicklung (1990): Auf dem Wege zur wirtschaftlichen Einheit Deutschlands, Jahresgutachten 1990 / 91, Stuttgart.

— (1992): Für Wachstumsorientierung — gegen lähmenden Verteilungsstreit, Jahresgutachten 1992 / 93, Stuttgart.

Tullock, G. (1969): Federalism: Problems of Scale, in: Public Choice, Vol. 6, S. 19-29.

Wissenschaftlicher Beirat beim Bundesministerium der Finanzen (1992): Gutachten zum Länderfinanzausgleich in der Bundesrepublik Deutschland, in: Bundesministerium der Finanzen (Hrsg.), Schriftenreihe des Bundesministeriums der Finanzen, Heft 47, Bonn.

Finanzreform 1969: Anspruch und Wirklichkeit

Eine kritische Analyse des bundesdeutschen Finanzausgleichs in den vergangenen zweieinhalb Jahrzehnten*

Von Hans Dietrich von Loeffelholz, Essen

Die Finanzreform von 1969, deren gesetzgeberische Voraussetzungen von Bundestag und Bundesrat im Laufe des Jahres 1969 geschaffen worden waren, trat am 1. Januar 1970 in Kraft. Sie bedeutete nach der Reform von 1955 den zweiten entscheidenden Eingriff in die Finanzverfassung des Grundgesetzes der Bundesrepublik[1]. Mit den u. a. von der „Troeger-Kommission"[2] in finanzwissenschaftlicher und -verfassungsrechtlicher Hinsicht vorbereiteten und schließlich nach heftigen politischen Auseinandersetzungen zwischen Bund und Ländern, aber auch zwischen den finanzschwächeren und -stärkeren Ländern von Bundestag und Bundesrat beschlossenen Regelungen[3] wurde der Rahmen festgelegt, in dem sich seit nunmehr fast zweieinhalb Jahrzehnten die Finanzbeziehungen zwischen Bund und Ländern auf der einen Seite und den Ländern untereinander auf der anderen abspielen. In dieses Geflecht sollen nach dem Vertrag zwischen den beiden (ehemaligen) deutschen Staaten zur Herstellung der Einheit Deutschlands (Einigungsvertrag) ab 1995 auch die jungen Bundesländer in Ostdeutschland einbezogen werden[4]. Nicht nur diese Einbeziehung der in einem tiefgreifenden

---

* Überarbeitete Fassung eines Vortrags im Rahmen der 56. Mitgliederversammlung der Arbeitsgemeinschaft deutscher wirtschaftswissenschaftlicher Forschungsinstitute e. V. am 13. Mai 1993 in Bonn.

1 Vgl. im einzelnen W. Renzsch, Finanzverfassung und Finanzausgleich. Die Auseinandersetzungen um ihre politische Gestaltung in der Bundesrepublik Deutschland zwischen Währungsreform und deutscher Vereinigung (1948 bis 1990). Bonn 1991, S. 130 ff.

2 Vgl. Kommission für die Finanzreform, Gutachten über die Finanzreform in der Bundesrepublik Deutschland. Stuttgart u. a. 1966.

3 Vgl. die Darstellung bei W. Renzsch, S. 219 ff.

4 Vgl. Art. 7 des Vertrags zwischen der Bundesrepublik Deutschland und der Deutschen Demokratischen Republik über die Herstellung der Einheit Deutschlands — Einigungsvertrag. In: K. Stern und B. Schmidt-Bleibtreu (Hrsg.), Verträge und Rechtsakte zur Deutschen Einheit, Band 2, München 1990, S. 131 ff.

Umbruch von Wirtschaft und Gesellschaft[5] und im Aufholprozeß gegenüber Westdeutschland befindlichen Länder in ein über längere Zeit unter gänzlich anderen ökonomischen Voraussetzungen gewachsenes System, sondern auch die vor allem in den achtziger Jahren zunehmenden Klagen einiger (westdeutscher) Länderregierungen vor dem Bundesverfassungsgericht gegen das jeweils geltende Finanzausgleichsgesetz[6] legen die Frage nach Anspruch und Wirklichkeit der Finanzreform von 1969 nahe.

Was den Anspruch der Finanzreform 1969 angeht, waren die beiden wesentlichen Zielsetzungen,

— in einigen staatlichen Aufgabenbereichen die Aufgabenverteilung zwischen Bund und Ländern zu verändern, um den gewachsenen Bedürfnissen nach einer wirtschafts- und gesellschaftspolitisch effizienteren Ausgabenpolitik besser gerecht zu werden. Die einzelnen staatlichen Ebenen sollten im Sinne eines sog. kooperativen Föderalismus mit Gemeinschaftsaufgaben und gemeinsamer Finanzierung von gesamtwirtschaftlich wichtigen Investitionsprojekten zu einer verfassungsrechtlich klar definierten Zusammenarbeit kommen[7].

---

[5] Zur aktuellen Situation in den neuen Bundesländern vgl o. V., Die Lage der Weltwirtschaft und der deutschen Wirtschaft im Frühjahr 1993. Beurteilung der Wirtschaftslage durch folgende Mitglieder der Arbeitsgemeinschaft deutscher wirtschaftswissenschaftlicher Forschungsinstitute: Deutsches Institut für Wirtschaftsforschung, Berlin, HWWA-Institut für Wirtschaftsforschung, Hamburg, ifo Institut für Wirtschaftsforschung, München, Institut für Weltwirtschaft an der Universität Kiel, Institut für Wirtschaftsforschung Halle, Rheinisch-Westfälisches Institut für Wirtschaftsforschung, Essen. München 1993, S. 16 ff.

[6] Vgl. O.-E. Geske, Der bundesstaatliche Finanzausgleich im Streit der Länder — Schlichtung durch das Bundesverfassungsgericht. „Die öffentliche Verwaltung", Stuttgart, Jg. 38 (1985), S. 421 ff., ders., Der bundesstaatliche Finanzausgleich auf dem Prüfstand. „Wirtschaftsdienst", Hamburg, Jg. 65 (1985), S. 446 ff., M. Kops, Die Rolle des Bundes beim Verfassungsstreit. „Wirtschaftsdienst", Jg. 66 (1986), S. 137 ff., und R. Peffekoven, Das Urteil des Bundesverfassungsgericht zum Länderfinanzausgleich. „Wirtschaftsdienst", Jg. 72 (1992), S. 349 ff.

[7] Bis zur Finanzreform 1969 nahmen Bund und Länder schon eine Reihe wichtiger Aufgaben gemeinschaftlich wahr, wie die Förderung der wissenschaftlichen Forschung (Verwaltungsabkommen von 1964), die Entwicklung der deutschen Landwirtschaft („Grüner Plan"), die sogenannten Bundesausbaugebiete der regionalen Wirtschaftspolitik, den sozialen Wohnungsbaus sowie den gemeindlichen Verkehrsausbau. Vgl. Kommission für die Finanzreform, S. 10 ff., und F. J. Strauß, Die Finanzverfassung. (Geschichte und Staat, Bd. 144 / 145.) München und Wien 1969, S. 71 ff. Zum Komplex der neuen Aufgabenabgrenzung zwischen Bund und Ländern und vor allem zu dem durch die Finanzreform 1969 in das Grundgesetz eingefügten Katalog der „Gemeinschaftsaufgaben" (Art. 91 a und 91 b GG) vgl. u. a. die kritische Analyse von M. Köppel, Zehn Jahre Gemeinschaftsaufgabe „Verbesserung der regionalen Wirtschaftsstruktur" — Eine kritische Würdigung. „RWI-Mitteilungen", Berlin, Jg. 31 (1980), S. 185 ff.

Damit sollte nicht zuletzt der Einfluß des Bundes auf die gemeinsam wahrzunehmenden Bereiche begrenzt werden;

— das System der Steuerverteilung zwischen Bund, Ländern und Gemeinden stabiler zu gestalten sowie die Steuerkraftunterschiede zwischen ärmeren und reicheren Ländern zu vermindern. Stabilität der Steuerverteilung wurde als Konstanz der Anteile der einzelnen Ebenen am gesamten Steueraufkommen verstanden[8].

Der vorliegende Beitrag beschränkt sich auf den zuletzt genannten Komplex. Er beschäftigt sich mit der Frage, ob das seit Beginn des Jahres 1970 zwischen Bund und Ländern und zwischen den einzelnen Ländern geltende System der Verteilung der Steuererträge[9] bzw. des Ausgleichs der unterschiedlichen Steuerkraft der einzelnen Bundesländer, z. B. im Wege des Länderfinanzausgleichs (LFA) oder von Zuweisungen des Bundes an finanzschwache Länder (Bundesergänzungszuweisungen BEZ), den genannten Ansprüchen gerecht geworden ist. Inwieweit hat es vor allem zu einer gleichmäßigeren Finanzausstattung der einzelnen Körperschaftsebenen im Zeitablauf beigetragen sowie die Steuerkraftunterschiede zwischen den finanzschwächeren und den finanzstärkeren Bundesländern reduziert? Dies interessiert vor allem unter wachstumspolitischen Gesichtspunkten sowie unter distributiven Aspekten: die Steuerkraft steht im interdependenten Zusammenhang mit dem wirtschaftlichen Wachstum eines Landes, weil sie einerseits von der ökonomischen Entwicklung bestimmt wird, andererseits aber Steuereinnahmen zur Erhaltung und Verbesserung der Standortqualität eines Landes und einer Region eingesetzt werden bzw. das Wirtschaftswachstum positiv beeinflussen können. Der genannte Zusammenhang wird freilich durch Umverteilungsmaßnahmen zwischen steuerstarken und steuerschwachen Ländern sowie durch Bundeszuweisungen an letztere mehr oder weniger stark gelockert, was die Anreize zu einer eigenverantwortlichen und wachstumsfreundlichen Finanz- und Haushaltspolitik auf Länderebene erheblich vermindern könnte.

---

[8] Vgl. auch H. Görgens, Ergebnis und Bedeutung der Finanzreform. „WWI-Mitteilungen", Köln, Jg. 23 (1970), Heft 3, S. 70.

[9] Es geht hier um die Frage, welche Steuer welcher Körperschaftsebene im deutschen Bundesstaat zufließt (Ertragskompetenz). Unberücksichtigt bleibt dabei die Frage der Gesetzgebungskompetenz, welche in der Bundesrepublik vor allem beim Bund liegt, oder der Aspekt der Verwaltungskompetenz, die i. d. R. bei den Ländern angesiedelt ist. Vgl. dazu die Übersicht des Instituts „Finanzen und Steuern" e. V., Strukturprobleme des bundesdeutschen Finanzausgleich in der Bundesrepublik Deutschland. Heft Nr. 311, Bonn 1992, S. 27.

Im folgenden werden zunächst die im Zuge der Finanzreform 1969 beschlossene Neuregelung der Steuerverteilung und die Neuabgrenzung der Steuern, deren Aufkommen Bund, Länder und Gemeinden in unterschiedlichem Ausmaß gemeinsam zustehen (Gemeinschaftssteuern), dargestellt (Abschnitt 1), bevor die Entwicklung der Verteilung der Steuereinnahmen insgesamt und der Gemeinschaftssteuern auf die Gebietskörperschaften untersucht wird. Dabei liegt es nahe, den Verlauf der am Bruttoinlandsprodukt (BIP) gemessenen Wirtschaftskraft der Länder als entscheidenden Indikator ihrer originären Steuerkraft zu verfolgen und den Beitrag der einzelnen Finanzausgleichsmechanismen zur Verminderung der Steuerkraftunterschiede zu berechnen (Abschnitt 2). Anschließend werden die im Rahmen des jüngst vereinbarten Föderalen Konsolidierungsprogramms („Solidarpakt") getroffenen Regelungen zugunsten der neuen Bundesländer untersucht (Abschnitt 3). Die Analyse schließt mit einer kritischen Würdigung der Untersuchungsergebnisse — vor allem auch im Hinblick darauf, inwieweit und in welcher Frist erwartet werden kann, daß das ab 1995 auch in den jungen Bundesländern geltende Finanzausgleichssystem die zwischen ihnen insgesamt und den westdeutschen Bundesländern bestehenden Steuerkraftunterschiede reduzieren kann (Abschnitt 4).

1. Zur Neuordnung der Steuerverteilung

Die Verteilung der Steuererträge auf die verschiedenen Körperschaftsebenen hat im föderalistischen System der Bundesrepublik grundlegende Bedeutung, weil sie die entscheidende Voraussetzung für eine unabhängige politische Entfaltung und für die Machtverteilung auf die einzelnen Träger des Gemeinwesens darstellt. Die Verteilung der Steuereinnahmen ist vor allem wichtig bei den ergiebigsten Steuern, der Einkommen- und der Umsatzsteuer. Zum einen dominiert diese Steuerverteilung die Finanzausstattung der einzelnen Ebenen, zum anderen ist von ihr aufgrund der unterschiedlichen Aufkommensentwicklung der genannten Steuern im Wirtschaftsprozeß (Aufkommenselastizitäten[10]) längerfristig das finanzielle Gleichgewicht und damit letztlich die Machtbalance zwischen Bund und Ländern abhängig.

---

[10] Dieser Terminus bezeichnet in der engsten Definition die Veränderungsrate des Aufkommens einer Steuer in Relation zur Veränderungrate der jeweiligen Bemessungsgrundlage; in einer allgemeineren Fassung wird auch die Relation zur Veränderungsrate des Sozialprodukts gebildet.

Die Zuordnung der Steuererträge erfolgte bis 1955 nach der ursprünglichen Regelung des Grundgesetzes, nach der dem Bund das gesamte Aufkommen aus der Umsatzsteuer und den Länder das Aufkommen aus der Einkommen- und Körperschaftsteuer zustand (gebundenes Trennsystem[11]). Freilich war schon die Möglichkeit gegeben, daß der Bund das Einkommen- und Körperschaftsteueraufkommen mit in Anspruch nahm; von dieser Befugnis, die immer wieder für Konfliktstoff mit den Ländern sorgte, machte er schon 1951 in Höhe von 27 vH, 1952 von 37 vH und 1953 und 1954 von jeweils 38 vH Gebrauch. Diese Steuerverteilung wurde Ende 1955 dem Prinzip nach verfassungsrechtlich festgeschrieben[12], wobei die Anteile des Bundes an dem Aufkommen aus der Einkommen- und Körperschaftsteuer zwischen 1955 und 1969 zwischen 33 1/3 und 39 vH variierten. Unmittelbar vor Inkrafttreten der Finanzreform 1969 lag der Anteilswert bei 35 vH[13].

Es ist in erster Linie dieser Steuerverteilung und der günstigen wirtschaftlichen Entwicklung in der Bundesrepublik zu verdanken, daß der Anteil der Länder (und Gemeinden[14]) an den Steuereinnahmen insgesamt von 38 vH im Jahr 1955 über knapp 44 vH in 1960 auf reichlich 45 vH in 1969 stieg (vgl. *Tabelle 1)*. Im Wachstumsprozeß, der in den sechziger Jahren zu jahresdurchschnittlichen Zuwachsraten des (realen) Sozialprodukts in Höhe von rd. 4 1/2 führte, entwickelte sich das Aufkommen der Einkommensteuern aufgrund der progressiven Gestaltung des Einkommensteuertarifs weit überproportional, während das Aufkommen der Umsatzsteuern, das — wie erwähnt — bis zur Finanzreform 1969 noch vollständig dem Bund zustand, in etwa parallel

---

11 Dem Trennsystem liegt die Vorstellung zugrunde, daß das Aufkommen einer Steuer derjenigen staatlichen Ebene zukommen solle, der es wirtschaftlich zugerechnet werden kann, m. a. W. auf der sie „radizierbar" ist. Diesem steuersystematischen Gesichtspunkt entsprechend wurde die Einkommen- und Körperschaftsteuer als Ländersteuer, die Umsatzsteuer als Bundessteuer definiert. Vgl. im einzelnen zu den unterschiedlichen Ausgestaltungsmöglichkeiten eines Trennsystems H. Zimmermann und K.-D. Henke, Finanzwissenschaft. Eine Einführung in die Lehre von der öffentlichen Finanzwirtschaft. München 1975, S. 83 ff.

12 Als neue Bundessteuer wurde im Zuge dieser Gesetzesänderungen die Ergänzungsabgabe zur Einkommen- und Körperschaftsteuer eingeführt; sie wurde bisher nur zwischen 1968 und 1974 bzw. 1975 erhoben, wenn man von dem im Zuge der Finanzierung der deutschen Einheit zwischen Mitte 1991 und Mitte 1992 erhobenen „Solidaritätszuschlag" absieht.

13 Vgl. Bundesministerium der Finanzen (Hrsg.), Finanzbericht 1993. Bonn 1992, S. 204 ff.

14 Die Länder werden hier und im folgenden einschließlich ihrer Gemeinden betrachtet. Die Kommunen sind verfassungsrechtlich keine eigenständige staatliche Ebene, sondern Teile der Länder.

Tabelle 1

Verteilung der Steuereinnahmen auf Bund, Länder, Gemeinden und Sonstige
1955 - 1990

	1955	1960	1965	1969	1970	1980	1990	1970/60	1990/70	1980/70	1990/80
				in Mill. DM				jahresdurchschnittliche Veränderung in vH			
Bund	23 215	36 372,5	58 374,0	78 280,9	83 596,6	176 140,7	258 830,0	8,9	5,8	7,7	3,9
Länder	10 770	20 396,0	32 366,4	46 684,4	50 481,6	126 876,0	194 268,7	9,6	7,0	9,7	4,4
Gemeinden	4 980	9 636,5	13 063,4	18 892,2	18 477,0	51 280,2	75 184,8	7,8	7,3	10,7	3,9
Länder und Gemeinden	15 750	30 032,5	45 429,8	65 576,6	68 958,6	178 156,2	269 453,5	9,1	7,1	10,0	4,2
Sonstige (z.B. LAG, EG)	2 505	2 042,9	1 659,6	1 493,3	1 581,6	10 694,3	21 383,6	-3,5	13,9	21,4	7,2
insgesamt	41 470	68 447,9	105 463,4	145 350,8	154 136,8	364 991,2	549 667,1	8,7	6,6	9,0	4,2
nachrichtlich:											
Gemeinschaftssteuern Bund	4 063[a]	24 629,0	40 232,0	53 756,0	56 201,0	136 014,0	196 011,0	9,0	6,4	9,2	3,7
Gemeinschaftssteuern Länder und Gemeinden	8 137[a]	15 874,0	25 044,0	36 826,0	54 835,9	153 682,7	234 240,6	9,8	7,5	10,8	4,3
				in vH der Steuereinnahmen insgesamt							
Bund	56	53,1	55,4	53,9	54,2	48,3	47,1	x	x	x	x
Länder	26	29,8	30,7	32,1	32,8	34,8	35,3	x	x	x	x
Gemeinden	12	14,1	12,4	13,0	12,0	14,0	13,7	x	x	x	x
Länder und Gemeinden	38	43,9	43,1	45,1	44,8	48,8	49,0	x	x	x	x
Sonstige (z.B. LAG; EG)	6	3,0	1,6	1,0	1,0	2,9	3,9	x	x	x	x
insgesamt	100	100,0	100,0	100,0	100,0	100,0	100,0	x	x	x	x

Eigene Berechnungen nach amtlichen Angaben.- [a]Aufteilungsverhältnis ab 1.4.1955 33 1/3 : 66 2/3 (Einkommen- und Körperschaftsteuer).

RWI ESSEN

zur wirtschaftlichen Entwicklung verlief[15]. Diese Zusammenhänge bedeuten aber auch, daß konjunkturelle Schwächephasen zu entsprechenden Einnahmeausfällen bei der Einkommensteuer und damit bei den Ländern führen. Hätte eine solche Phase in den sechziger Jahren länger gedauert, wäre der Anteil der Länder an den Steuereinnahmen insgesamt im Vergleich zum Bund tendenziell zurückgegangen[16].

Die mangelnde Ausgleichs- und Stabilitätswirkung eines nur die Einkommen- und Körperschaftsteuer umfassenden (kleinen) Steuerverbunds wurde schon vom Parlamentarischen Rat erkannt[17]; er hatte sich seinerzeit zu einer Aufnahme auch der Umsatzsteuer in den Steuerverbund bekannt[18], war aber mit diesen Vorstellungen eines „großen" Steuerverbunds am Widerstand der Hohen Kommissare gescheitert[19]. Die Einbeziehung der Umsatzsteuer in die Gemeinschaftssteuern von Bund und Ländern gehörte denn auch nicht zu den umstrittenen Teilen der Finanzreform von 1969. Seitdem wird die Einkommen- und Körperschaftsteuer je zur Hälfte auf Bund und Länder aufgeteilt. Von der Einkommensteuer erhalten die Gemeinden vorab einen Anteil, der bis einschließlich 1979 14 vH und seit 1980 — als finanziellen Ausgleich für die gleichzeitige Abschaffung der Lohnsummensteuer als Teilsteuer der Gewerbesteuer — 15 vH beträgt[20]. Dieser Aufteilungsmodus, der nach

[15] Die Aufkommenselastizität der Lohn- und Einkommensteuer in bezug auf das Sozialprodukt betrug zwischen 1960 uns 1970 durchschnittlich knapp 1,4; zwischen 1970 und 1989 belief sie sich auf 1,22. Die entsprechenden Werte in bezug auf die Umsatzsteuer lauten 1,08 und 1,03.

[16] Tatsächlich ist das (reale) Sozialprodukt nur im Jahr 1967 gegenüber dem Vorjahr zurückgegangen (- 0,2 vH), in allen anderen Jahren zwischen 1960 und 1969 mehr oder weniger stark gestiegen (1969: 7,5 vH, 1963: 2,8 vH). Im Jahresdurchschnitt hat es sich um 4,4 vH erhöht. Der Anteil der Länder und Gemeinden am gesamten Steueraufkommen ging zwischen 1966 und 1968 um 0,8 vH-Punkte zurück und erhöhte sich in den folgenden beiden Jahren um 1,2 vH-Punkte.

[17] Diese verfassungsgebende Versammlung der Bundesrepublik war von den Ministerpräsidenten der 11 damaligen westdeutschen Länder aufgrund der Londoner Erklärung der West-Alliierten vom 1. Juni 1948 einberufen worden und beriet vom 1. 9. 1948 bis zum 8. 5. 1949 über die Ausgestaltung des Grundgesetzes. Für die Neuordnung der Finanzverfassung war der „Ausschuß für Finanzfragen" zuständig. Vgl. dazu ausführlich E. Schweigert, Die Finanzverwaltung Westdeutschlands in der Zeit vom Ende des 2. Weltkriegs bis zu ihrer Neuordnung durch das Grundgesetz. (Schriftenreihe des Bundesministerium der Finanzen, Heft 12.) Bonn 1970, S. 165 ff.

[18] Vgl. auch schon vor dem II. Weltkrieg J. Popitz, Der Finanzausgleich. „Handbuch der Finanzwissenschaft", Bd. 2, Tübingen 1927, S. 356 ff.

[19] Die Hohen Kommissare befürchteten offensichtlich ein zu starkes Gewicht des Bundes bei einer solchen Steuerverteilung. Vgl. L. Clay, Entscheidung für Deutschland. Frankfurt / M. o. J., S. 458 ff., sowie E. Schweigert, S. 174 ff.

[20] Als Teilausgleich für die Beteiligung der Gemeinden an der Einkommensteuer erhalten Bund und Länder seit 1970 je zur Hälfte ca. 15 vH des Gewerbe-

wie vor das Übergewicht der wachstumskräftigen Einkommensteuer mit 57 vH (bis 1979) bzw. 57,5 vH (ab 1980) bei den Ländern und ihren Gemeinden beläßt, ist im Grundgesetz kodifiziert und deshalb nur mit Zweidrittel-Mehrheiten im Bundestag und Bundesrat änderbar. Als bewegliches Element, das (z. B. wachstums- oder aufgabenbedingten) Verschiebungen in der Einnahmen- bzw. Ausgabenentwicklung zwischen den Ebenen Rechnung tragen soll, ist die Aufteilung der Umsatzsteuer gedacht; diese kann durch ein einfaches Gesetz, das der Zustimmung des Bundesrats bedarf, geändert werden. 1970 erhielt der Bund 70 vH der Umsatzsteuer, die Länder 30 vH. Das Verhältnis hat sich immer stärker zugunsten der Länder entwickelt. Zwischen 1986 und 1992 betrug der Schlüssel 65 vH (Bund) zu 35 vH (Länder), 1993 beträgt er 63 vH zu 37 vH. Im Zuge der Einbeziehung der jungen Bundesländer in den Länderfinanzausgleich soll der Anteil der Länder an der Umsatzsteuer ab 1995 zwecks Milderung der Finanzierungslasten der westdeutschen Länder von 37 vH auf 44 vH angehoben werden[21].

Der 57- bzw. 57,5-prozentige Anteil der Länderebene an der Einkommensteuer sowie die Erhöhung des Länderanteils an der Umsatzsteuer von ursprünglich 30 vH auf 35 vH bzw. 37 vH sind die wesentlichen Ursachen dafür, daß der Anteil der Länder an den Steuereinnahmen insgesamt seit Inkrafttreten der Finanzreform 1969 laufend gestiegen ist. Betrug dieser Anteil 1970 noch 44,7 vH, so entfiel 1990 mit 49 vH fast jede zweite Steuermark auf die Länder (vgl. *Tabelle 1*). Entsprechend ging der Anteil des Bundes (einschließlich z. B. Lastenausgleichsfonds und EG[22]) von fast 55 vH auf 51 vH zurück. Hinsichtlich der Stabilität der Anteile von Bund und Ländern am Steueraufkommen haben sich die Erwartungen der Finanzreform 1969 also nicht erfüllt[23].

---

steueraufkommens der Gemeinden (Gewerbesteuerumlage). Im Jahr 1989 standen insgesamt 5,3 Mrd. DM Gewerbesteuerumlage rd. 32,8 Mrd. DM Gemeindeanteil an der Einkommensteuer gegenüber.

21 Für sich genommen entsprechen 7 vH-Punkte der Umsatzsteuer 1995 einem Betrag in Höhe von grob geschätzt 16 Mrd. DM. Der Bund leistet aus seinem Anteil (1995: 56 vH oder reichlich 130 Mrd. DM) Bundesergänzungszuweisungen an finanzschwache Länder und die sog. Umsatzsteuereigenmittel an die Europäische Gemeinschaft (EG).

22 Bis 1974 finanzierte sich der Haushalt der EG durch Mitgliedsbeiträge der Partnerländer, seit 1975 durch das sogenannte System der „eigenen Einnahmen". Dazu zählen die Zölle und Agrarabschöpfungen sowie Einnahmen der Mitgliedstaaten aus der Mehrwertsteuer. Diese Steuern bzw. Steueranteile sind vom Bund zu tragen und reduzieren insoweit die finanziellen Möglichkeiten des Bundes bei der Erfüllung nationaler Aufgaben.

23 Etwaige Erwartungen wurden schon 1970 von H. Görgens, S. 74, gedämpft, indem er schrieb: „Der Anteil der wachstumskräftigen Lohn- und veranlagten

Dazu mit beigetragen hat sicher die Tatsache, daß seit Ende der siebziger Jahre die keynesianische Globalsteuerung und damit die Verantwortung des Bundes für die kurzfristige Stabilisierung des Wirtschaftsablaufs an Bedeutung verlor und schließlich in den achtziger Jahren von einer längerfristig ausgerichteten, angebotsorientierten Wirtschaftspolitik mit Schwergewicht auf Reduzierung der Staatsquote sowie auf Haushaltskonsolidierung und Steuerentlastungen abgelöst wurde[24]. Dieser Paradigmenwechsel ließ die Notwendigkeit eines stabilen Anteils des Bundes an den Steuereinnahmen offensichtlich geringer erscheinen.

Seit der deutschen Vereinigung betont der Bund seine erhöhte Verantwortung für die wirtschaftliche und soziale Entwicklung im Osten Deutschlands und moniert zunehmend die „deutliche Schräglage in den Finanzausstattungen der Ebenen zulasten des Bundes"[25]. In diesem Zusammenhang sind die 1991 und 1992 vorgenommenen Erhöhungen von Einkommensteuern und speziellen Verbrauchssteuern (Solidaritätszuschlag zur Einkommen- und Körperschaftsteuer bzw. Mineralölsteuer und Versicherungsteuer) zu sehen[26], die als reine Bundessteuern den Anteil des Bundes am Steueraufkommen um 1 1/2 vH-Punkte auf 52 vH (1993) und damit wieder auf das Niveau vom Ende der siebziger Jahre steigen ließen. Mit den im Rahmen des Solidarpakts zum Aufbau Ostdeutschlands und zur Konsolidierung der öffentlichen Haushalte in Deutschland getroffenen einnahmepolitischen Vereinbarungen[27] soll

---

Einkommensteuer ist beim Bund auch nach der Finanzreform noch geringer als bei den Ländern".

24 Vgl. die kritische Würdigung dieser Politik bei H. Gebhardt, Finanzpolitik nach dem Regierungswechsel. „RWI-Mitteilungen", Jg. 40 (1989), S. 41 ff. Zu den gesamtwirtschaftlichen Auswirkungen der Steuerentlastungen 1986 / 88 / 90 vgl. z. B. B. Fritzsche, U. Heilemann und H. D. von Loeffelholz, Was bringt die „Große Steuerreform"? „Wirtschaftsdienst", Jg. 67 (1987), S. 230 ff.

25 Bundesministerium der Finanzen (Hrsg.), 40 Jahre Verantwortung für die Finanzen des Bundes. Das Bundesministerium der Finanzen — Geschichte, Aufgaben, Leistungen. München 1989, S. 60. Diese „Schieflage" zeige sich nicht zuletzt in den unterschiedlichen Kreditfinanzierungsquoten. Der Bund hätte z. B. 1987 seine Ausgaben wesentlich stärker durch Kredite finanzieren müssen als Länder und Gemeinden. Diese Divergenz trifft nach den vorliegenden Rechnungsergebnissen für die Mehrzahl der achtziger Jahre zu.

26 Vgl. dazu im einzelnen B. Fritzsche, Wer finanziert die deutsche Einheit? — Zur Diskussion um die „Gerechtigkeitslücke". „RWI-Konjunkturbrief", Nr. 3 Oktober 1992, Essen 1992, S. 2. In dieser Untersuchung wird im übrigen die beträchtliche Heranziehung der Beitragszahler der Sozialversicherung zur Finanzierung der Transfers nach Ostdeutschland kritisch betrachtet.

27 Zu den einzelnen Vereinbarungen vgl. U. Heilemann, H. D. von Loeffelholz und H. Rappen, Finanzielle Auswirkungen des Solidarpakts auf die Gemeinden des Ruhrgebiets. (RUFIS-Beiträge, Nr. 1 / 1993.) Bochum 1993, S. 1 ff. Vgl. auch Abschnitt 3 des vorliegenden Beitrags.

der Bundesanteil stabilisiert werden. Wenn mit Wirkung vom 1.1.1995 der Ende 1992 ausgelaufene Solidaritätszuschlag wiederaufleben[28] und der Anteil der Länder am Umsatzsteueraufkommen — wie erwähnt — von gegenwärtig 37 auf 44 vH angehoben werden soll, dann dürfte es zu einem Austausch eines Anteils am gesamten Steueraufkommen in Höhe von — rein rechnerisch — reichlich 2 vH-Punkte zugunsten des Bundes kommen.

Ob die damit verbundene Stärkung der Zentralebene im deutschen Bundesstaat die angemessene Antwort auf die finanzwirtschaftlichen Herausforderungen der deutschen Vereinigung darstellt, erscheint aus mehreren Gründen zweifelhaft. Erstens haben die Ministerpräsidenten der Länder in ihrer Konferenz vom 5. Juli 1990 gegenüber dem Bund ihre der Stellung in der Verfassung gemäße, gleichgewichtige Verantwortung für den Prozeß der deutschen Einigung betont[29]. Zweitens erforderten das Subsidiaritätsprinzip und die Solidarität zwischen alten und neuen Länder ein stärkeres Engagement und eine entsprechend bessere Finanzausstattung der Länder- und Gemeindeebene als bisher vorgesehen[30]. Dies entspräche eher der Maxime, nach der Entscheider, Anbieter, Zahler und Nutzer öffentlicher Leistungen soweit als möglich identisch sein sollten (oder — weniger präzise — fiskalische Äquivalenz herrschen sollte[31]), um so die Effizienz staatlichen Handelns und des Einsatzes von knappen volkswirtschaftlichen Ressourcen zu gewährleisten. Neben diesen (polit-)ökonomischen Aspekten sprechen für eine

---

28 Ein solcher Zuschlag zur Einkommen- und Körperschaftsteuer, dessen Ertrag allein dem Bund zusteht, wurde schon in den Jahren 1991 und 1992 mit Blick auf die Finanzierung einigungsbedingter Belastungen der öffentlichen Haushalte in Höhe von 3,75 vH p. a. erhoben und hatte ein Aufkommen von jährlich 10,5 (1991) bzw. 11,8 Mrd. DM (1992). Der im Rahmen des Solidarpakts ab 1995 wiederauflebende Zuschlag soll 10 vH betragen und zu einem Aufkommen von 28 Mrd. DM p. a. führen. Vgl. U. Heilemann, H. D. von Loeffelholz und H. Rappen, S. 1 ff.

29 Vgl. den „Beschluß der Ministerpräsidentenkonferenz vom 5. Juli 1990 über Eckpunkte der Länder für die bundesstaatliche Ordnung im vereinten Deutschland", unveröffentlicht, S. 1 ff.

30 Dies entspräche auch eher dem föderativen Verfassungsprinzip, nach dem finanzielle Probleme zunächst auf horizontaler Ebene geregelt werden sollen, bevor die Zentralebene gefordert wäre. Vgl. auch schon die Kommission für die Finanzreform, S. 71, Ziff. 283. Aus heutiger Sicht sprechen U. Heilemann and R. Jochimsen, Christmas in July? The Political Economy of German Unification Reconsidered. (Brookings Occasional Papers.) Washington, D.C., 1993, von der Notwendigkeit einer „Restructuring German Federalism" (S. 46 ff.).

31 Vgl. zu diesem Erfordernis als Vorausetzung zur Vermeidung von Ineffizienzen im öffentlichen Sektor H.-C. Recktenwald, Markt und Staat. Fundamente einer freiheitlichen Ordnung. Göttingen 1980, S. 157 ff., und ders., Lexikon der Staats- und Geldwirtschaft. Artikel: Verbundprinzip. München 1983, S. 667 ff.

Dezentralisierung auch der vereinigungsbedingten Aufgaben und Belastungen, drittens, die Erfahrungen in den Jahren zwischen 1980 und 1989; in dieser Phase hielten Länder und Gemeinden — ebenso wie der Bund — zum Zwecke der Haushaltskonsolidierung trotz ihres zunehmenden Anteils am Steueraufkommen ihre Ausgaben relativ kurz und leisteten einen wesentlichen Beitrag zur Verringerung der Haushaltsdefizite und zur Reduzierung des Anteils der Staatsausgaben am Sozialprodukt (Staatsquote) von fast 49 vH (1980) auf reichlich 45 vH (1989). Während der Bund den Anteil seiner Ausgaben am Sozialprodukt lediglich um 1,4 vH-Punkte reduzierte, betrug die entsprechende Verringerung bei den Ländern und Gemeinden 2,8 vH-Punkte[32]. Insofern kann die vielfach geäußerte, pauschale Kritik an einem im Gegensatz zum Bund expansiven Ausgabengebaren von Länder und Gemeinden nicht generell überzeugen[33]; freilich ist zuzugeben, daß ihr Verhalten in den letzten drei Jahren mit durchschnittlichen Steigerungsraten bei den Ausgaben von jährlich 6 vH durchaus Anlaß zur Kritik ist. — Im übrigen erscheint die Stabilität des bundesstaatlichen Systems in der Bundesrepublik auf Dauer kaum gewährleistet, wenn die aus der Vereinigung resultierenden Lasten vorrangig dem Bund zugerechnet[34] und ihm die als erforderlich angesehenen Mittel gewährt werden. Dies führt zu einer dauerhaften Stärkung der Stellung des Bundes, weil zu vermuten steht, daß selbst dann, wenn die Einheitslasten abgeklungen sind, die freiwerdenden Mittel dann für neue Bundesaufgaben verwendet werden[35].

---

[32] Vgl. Statistisches Bundesamt (Hrsg.), Der Staat in der Volkswirtschaftlichen Gesamtrechnung 1950 bis 1991. Früheres Bundesgebiet. Arbeitsunterlage, Stand: September 1992. Wiesbaden 1992, S. 8 ff. In den Jahren von 1970 bis 1980 waren Länder und Gemeinden sowie die Sozialversicherung mit jeweils 3,7 vH-Punkten gegenüber 2,5 vH-Punkten an der Ausweitung des Anteils der staatlichen Ausgaben am Sozialprodukt um fast 10 vH-Punkte auf 48,9 vH (1980) beteiligt.

[33] Z. B. schreibt R. Peffekoven, Im Finanzausgleich bleibt alles beim alten. „Süddeutsche Zeitung", München, Ausgabe vom 26. 4. 1993, S. 20, bei der Beurteilung der Verhandlungsergebnisse zum Solidarpakt: „... die Bundesländer (und damit auch ihre Gemeinden) sind erneut dem Druck entkommen, ihre Ausgaben zu reduzieren". Vgl. indes die Ergebnisse der Untersuchung von U. Heilemann, H. D. von Loeffelholz und H. Rappen, S. 5 ff., die einen erheblichen Konsolidierungsbedarf bei den westdeutschen Ländern und ihren Gemeinden aufgrund des Solidarpakts konstatieren.

[34] Vgl. z. B. W. Tretner, Vielfalt von Aachen bis Zittau. „Frankfurter Allgemeine", Frankfurt / Main, Ausgabe vom 28. 9. 1991, S. 13, der die Einheitslasten mit Kriegsfolgelasten gleichsetzt, die nach Art. 120 GG der Bund zu tragen habe.

[35] Vgl. auch Institut „Finanzen und Steuern", S. 94.

2. Länderfinanzausgleich und ökonomische Konvergenz

Im folgenden soll weder auf die komplizierten Einzelregelungen der „primären" Verteilung des Anteils der Ländergesamtheit an den Gemeinschaftssteuern auf die einzelnen Bundesländer nach dem Prinzip des „örtlichen Aufkommens" (Einkommensteuer) bzw. der Einwohnerzahl (Umsatzsteuer) eingegangen werden noch auf das ausgefeilte Regelwerk des Länderfinanzausgleichs im eigentlichen Sinn (LFA) einschließlich der Bundesergänzungszuweisungen (BEZ) an finanzschwache Bundesländer[36]. Im Vordergrund steht vielmehr zunächst die Entwicklung des Ausgleichsvolumens in den siebziger und achtziger Jahren, welche anschließend mit dem Verlauf der Wirtschaftskraft der Bundesländer (in der „alten" Bundesrepublik)[37] kontrastiert wird.

Auf dem Weg über die Umsatzsteuerzerlegung und den umsatzsteuerlichen Vorwegausgleich zwischen den Ländern sowie über den LFA und die BEZ wird eine beträchtliche Umverteilungsmasse bewegt; sie ist in den letzten 20 Jahren, in denen sich das Sozialprodukt auf das Dreieinhalbfache und die Staatsausgaben auf fast das Vierfache des Betrags von 1970 erhöht haben, auf fast das Viereinhalbfache auf inzwischen etwa 16 Mrd. DM (1990) gestiegen[38] (vgl. *Tabelle 2)*. Der weit überwiegende Anteil der Ausgleichsleistungen unter den Ländern[39] entfällt heute ebenso wie Anfang der siebziger Jahre mit reichlich 70 vH auf die finanzschwächeren Länder Schleswig-Holstein, Niedersachsen und Bayern, während die finanzstärkeren Länder Nordrhein-Westfalen, Hessen und Baden-Württemberg sowie die Hansestadt Hamburg die Ausgleichszahlungen heute ebenso wie im Jahr 1970 zu tragen haben[40].

---

[36] Vgl. im einzelnen dazu W. Fuest und K. Lichtblau, Finanzausgleich im vereinten Deutschland. (Beiträge zur Wirtschafts- und Sozialpolitik, Nr. 192.) Köln 1991.

[37] Einschließlich Stadtstaaten, aber ohne Berlin (West), das bis zur deutschen Vereinigung nicht am Länderfinanzausgleich teilnahm und statt dessen namhafte Beträge vom Bund erhielt. Vgl. dazu die Aufstellung der Aufwendungen bei Bundesministerium der Finanzen (Hrsg.), Finanzbericht 1990. Bonn 1989, S. 105 ff.

[38] Darunter machten die Umsatzsteuerzerlegung und der -vorwegausgleich im Jahr 1990 etwa 9 Mrd. DM, der LFA reichlich 4 Mrd. DM und die BEZ 3 Mrd. DM aus. Nimmt man noch die im Zuge des Finanzausgleichs durchgeführte Lohn- und Körperschaftssteuerzerlegung (nach dem örtlichen Aufkommen) im Umfang von 3 Mrd. DM (1990) hinzu, erhöht sich das Umverteilungsvolumen auf 19 Mrd. DM. Vgl. auch W. Fuest und K. Lichtblau, S. 25 ff.

[39] Also ohne BEZ, die im Jahr 1990 knapp 3 Mrd. DM betragen haben.

[40] Absolut am stärksten zum Finanzausgleich herangezogen werden Nordrhein-Westfalen und Hamburg — vor allem via Umsatzsteuerzerlegung, die den beiden Fisci zusammen etwa 9,7 Mrd. DM kostet (1990) und knapp zwei Drittel

Dieses Ergebnis macht deutlich, daß im gesamten Betrachtungszeitraum unverändert eine Gruppe von Empfängerländern und eine Gruppe von Zahlerländern (einschl. Hamburg) existiert, deren jeweilige Zusammensetzung über zwei Dekaden hin unverändert geblieben ist.

Vor diesem Hintergrund stellt sich die Frage, inwieweit sich darin eine mangelnde (relative) Konvergenz der wirtschaftlichen Entwicklung in den Bundesländern widerspiegelt oder — wie man mit Blick auf das im Vergleich zum Sozialprodukt und zu den Staatsausgaben insgesamt überproportionale Anwachsen des Umverteilungsvolumens vermuten könnte — ob evtl. die Entwicklungsunterschiede zwischen den Bundesländern in den letzten 20 Jahren sogar noch größer geworden sind. Damit wären aber Zweifel darüber angebracht, ob die Finanzreform 1969 dazu beitragen konnte, die originären — oder in der Terminologie der Troeger-Kommission „natürlichen"[41] — Steuerkraft- und Entwicklungsunterschiede zwischen reicheren und ärmeren Ländern zu vermindern.

Bis Mitte der achtziger Jahre errechnet sich eine deutliche Zunahme der mit Hilfe des Variationskoeffizienten gemessenen Streuung der Pro-Kopf-Einkommen[42] in den einzelnen Ländern und Stadtstaaten[43] (vgl. *Schaubild 1*); dieser Koeffizient stieg von 24 vH (1970) auf 28 vH (1985). Die Erhöhung ist freilich der vergleichsweise expansiven Entwicklung in Hamburg und (bis 1980) auch Bremen zuzuschreiben, denn der Variationskoeffizient in bezug auf die Flächenländer ging zwischen 1970 und 1980 von 11 vH auf 9 vH zurück. Seitdem ist hier wieder eine Zunahme auf fast 13 vH festzustellen, während die Streuung der Pro-Kopf-Einkommen bundesweit, d. h. unter Einschluß der Stadtstaaten, wegen der dort vor allem in der zweiten Hälfte der achtziger Jahre relativ zum Bundesdurchschnitt verhaltenen Wirtschaftsentwicklung auf 23,5 vH (1990) abnahm (vgl. *Schaubild 2*[44]). Das oft zitierte „Nord-

der gesamten Ausgleichsleistungen ausmacht — sowie Baden-Württemberg und Hessen — insbesondere über den LFA mit zusammen 3,9 Mrd. DM.

[41] Vgl. Kommission für die Finanzreform, S. 70 f., wo vor allem die „finanzielle Eigenverantwortung der Länder" und der „Wille der finanzschwachen Länder zur Selbsthilfe" betont wird (Ziff. 282).

[42] Als Maßgröße für das Einkommen bzw. die Wirtschaftskraft wurde das laufende Bruttoinlandsprodukt (BIP) herangezogen.

[43] Berlin (West) wurde analog zum Länderfinanzausgleich nicht in die folgende Betrachtung einbezogen.

[44] In diesem Zusammenhang sei noch einmal auf das *Schaubild* 1 verwiesen, in dem gezeigt wird, daß die Streuung der Steuereinnahmen pro Einwohner (nach Steuerverteilung und Finanzausgleich) insgesamt in den letzten 10 Jahren nicht zuletzt aufgrund der zunehmenden Beiträge von Hamburg und der zunehmenden

Tabelle 2

Umsatzsteuerausgleich, Länderfinanzausgleich (LFA) und Bundesergänzungszuweisungen (BEZ)

1970 - 1990; in Mill. DM

Jahr	Bundesgebiet	Schleswig-Holstein	Niedersachsen	Hamburg	Bremen	Nordrhein-Westfalen	Hessen	Rheinland-Pfalz	Saarland	Baden-Württemberg	Bayern
					Umsatzsteuerausgleich						
1970	1918,3	415,8	762,4	-723,4	-104,3	-716,8	-282,4	223,7	102,0	-218,8	414,4
1974	2727,2	322,3	1519,6	-1057,1	-199,6	-1393,0	-348,4	247,2	93,7	-296,1	544,3
1975	2386,2	323,6	1235,6	-924,7	-149,8	-1122,0	-255,0	209,1	111,1	-187,9	506,9
1976	2704,7	365,2	1443,8	-1005,3	-182,4	-1262,3	-277,7	205,5	164,3	-248,6	525,9
1979	3480	568,4	1647,9	-1705,7	-190,6	-1431,9	-192,7	370,4	157,5	-12,2	735,8
1980	3474,1	520,9	1588,0	-1801,1	-204,8	-1633,0	-130,1	445,8	218,0	59,4	642,0
1985	5064,9	850,3	2435,2	-2383,8	-387,1	-2587,7	-217,4	616,7	315,7	271,1	575,9
1989	5552,1	784,1	3011,0	-2243,2	-260,8	-2867,0	-651,7	683,5	304,3	-329,1	769,2
1990	8902,6	1095,1	3871,0	-1831,1	-139,0	-7926,5	15,3	954,1	316,3	693,1	1957,7
					Länderfinanzausgleich (LFA)						
1970	1215,3	199,1	407,3	-294	89,5	-316,9	-290	228,4	142,8	-314,4	148,2
1974	1910	272,6	742,8	-508	54,8	-572,2	-321,4	298,6	194,8	-508,4	346,4
1975	1844,3	239,4	717,6	-544,2	45,5	-433,5	-206,1	294,3	178,9	-660,5	368,6
1976	1957,4	269,3	768,3	-541,5	51,5	-504,6	-192	340,7	195,5	-719,3	332,1
1979	2485,8	401,6	1002,2	-832,5	235		-517,7	291,1	228	-1135,6	327,9
1980	2191,3	323	753,5	-313,2	178,2	-76,3	-297,7	246,7	287,3	-1504,1	402,6
1985	2575,5	564,1	826,8	-406,7	332,7	90,7	-724,6	374,3	359,2	-1444,1	27,5
1989	3515,1	578,7	1673,8	-12,4	630,3	-98,9	-1926,5	303,6	328,8	-1412,6	-64,7
1990	4023,8	601,6	1926,6	-7,9	639,6	-62,9	-1445,6	489,9	366,2	-2471,6	-35,9
					Bundesergänzungszuweisungen (BEZ)						
1970	500	100	100	0	0	0	0	100	100	0	100
1974	750	114	250	0	38,7	0	0	144,1	72	0	131,3
1975	802	122	267,3	0	41,4	0	0	154,1	77	0	140,4
1976	883	134,3	294,3	0	45,6	0	0	169,7	84,8	0	154,6
1979	1278	194,3	426	0	66	0	0	245,6	122,7	0	223,7
1980	1366	207,7	455,3	0	70	0	0	262,5	131,2	0	239,1
1985	1634	248,5	544,6	0	84	0	0	314	156,9	0	286
1989	2656,5	428	1063,9	0	228,1	81,4	0	523,5	331,5	0	0
1990	2998,8	513,3	1299	0	256,4	2,8	0	561,7	365,3	0	0

RWI ESSEN

noch Tabelle 2

Umsatzsteuerausgleich, Länderfinanzausgleich (LFA) und Bundesergänzungszuweisungen (BEZ)
1970 - 1990; in Mill. DM

Jahr	Bundesgebiet	Schleswig-Holstein	Niedersachsen	Hamburg	Bremen	Nordrhein-Westfalen	Hessen	Rheinland-Pfalz	Saarland	Baden-Württemberg	Bayern
					Ausgleichsleistungen insgesamt						
1970	3633,6	714,9	1269,7	-1017,4	-14,8	-1033,7	-572,4	552,1	344,8	-533,2	662,6
1974	5387,2	708,9	2512,4	-1565,1	-106,1	-1965,2	-669,8	689,9	360,5	-804,5	1022,0
1975	5032,5	685,0	2220,5	-1468,9	-62,9	-1555,5	-461,1	657,5	367,0	-848,4	1015,9
1976	5545,1	768,8	2506,4	-1546,8	-85,3	-1766,9	-469,7	715,9	444,6	-967,9	1012,6
1979	7243,8	1164,3	3076,1	-2538,2	110,5	-1431,9	-710,4	907,1	508,2	-1147,8	1287,4
1980	7031,4	1051,6	2796,8	-2114,3	43,4	-1709,3	-427,8	955,0	636,5	-1444,8	1283,7
1985	9274,4	1662,9	3806,6	-2790,5	29,6	-2497,0	-942,0	1305,0	831,8	-1173,0	889,4
1989	11723,7	1790,8	5748,7	-2255,6	597,7	-2884,5	-2578,2	1510,6	964,6	-1741,7	704,5
1990	15925,2	2210,0	7096,6	-1839,0	757,0	-7986,6	-1430,4	2005,7	1047,8	-1778,6	1921,8
					nachrichtlich: in DM pro Einwohner						
1970	59,91	286,65	179,29	-567,11	-20,47	-61,12	-106,35	151,47	307,86	-59,94	63,23
1974	86,81	274,44	345,91	-897,92	-145,87	-114,06	-119,99	186,66	325,34	-86,15	94,18
1975	81,39	265,10	306,19	-851,06	-87,18	-90,56	-82,88	178,78	333,68	-92,28	93,80
1976	90,12	297,65	346,57	-905,63	-119,45	-103,35	-84,74	195,76	406,78	-105,95	93,73
1979	118,06	448,68	425,64	-1529,93	158,69	-84,22	-127,71	249,75	474,98	-125,30	118,66
1980	114,21	403,69	385,98	-1281,36	62,48	-100,28	-76,55	262,43	595,97	-156,48	117,78
1985	151,98	636,15	528,32	-1759,48	44,61	-149,65	-170,28	360,59	793,67	-126,75	81,13
1989	188,90	695,71	796,43	-1400,99	896,03	-170,14	-460,22	411,61	912,58	-183,24	63,39
1990	251,77	845,45	966,83	-1121,34	1114,87	-463,18	-250,19	537,15	979,25	-182,87	169,42

Eigene Berechnungen nach amtlichen Angaben.

RWI ESSEN

Süd-Gefälle" hat sich 1971 in ein „Süd-Nord-Gefälle" umgekehrt, das sich nicht nur im weiteren Verlauf der siebziger Jahren verstärkt hat[45], sondern auch in der zurückliegenden Dekade immer steiler geworden ist[46].

Schaubild 1

Streuung¹ des Bruttoinlandsprodukts (BIP) und der Steuereinnahmen² je Einwohner in den Ländern der Bundesrepublik³

1970 bis 1990; in vH

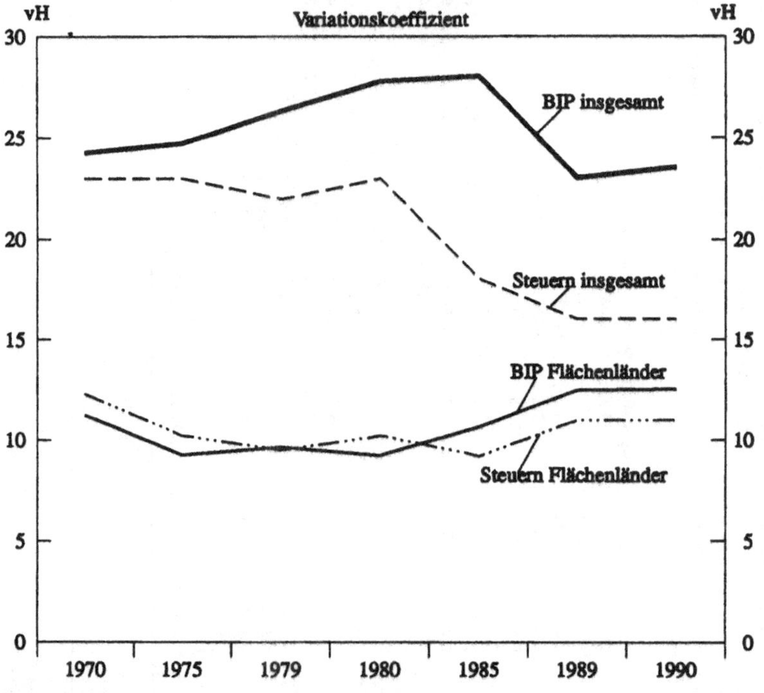

Eigene Berechnungen nach amtlichen Angaben. – ¹Gemessen am Variationskoeffizienten. – ²Nach Steuerverteilung und Finanzausgleich. – ³Bundesrepublik in den Grenzen bis zur deutschen Vereinigung am 3. Okt. 1990 (ohne Berlin/West).

Zahlungen an Bremen im Rahmen der diversen Ausgleichsmechanismen um etwa 7 vH-Punkte auf 16 vH abgenommen hat.

45 Vgl. für die siebziger Jahre M. Köppel, Das Nord-Süd-Gefälle verstärkt sich — Zur großräumigen Wirtschaftsentwicklung in der Bundesrepublik Deutschland. „RWI-Mitteilungen", Jg. 31 (1980), S. 225 ff.

46 Während im Jahr 1970 das durchschnittliche (laufende) BIP pro Einwohner in Schleswig-Holstein, Niedersachsen, Hamburg, Bremen und Nordrhein-Westfa-

Schaubild 2

Bruttoinlandsprodukt je Einwohner nach Bundesländern[1]

1970 bis 1990; in 1000 DM

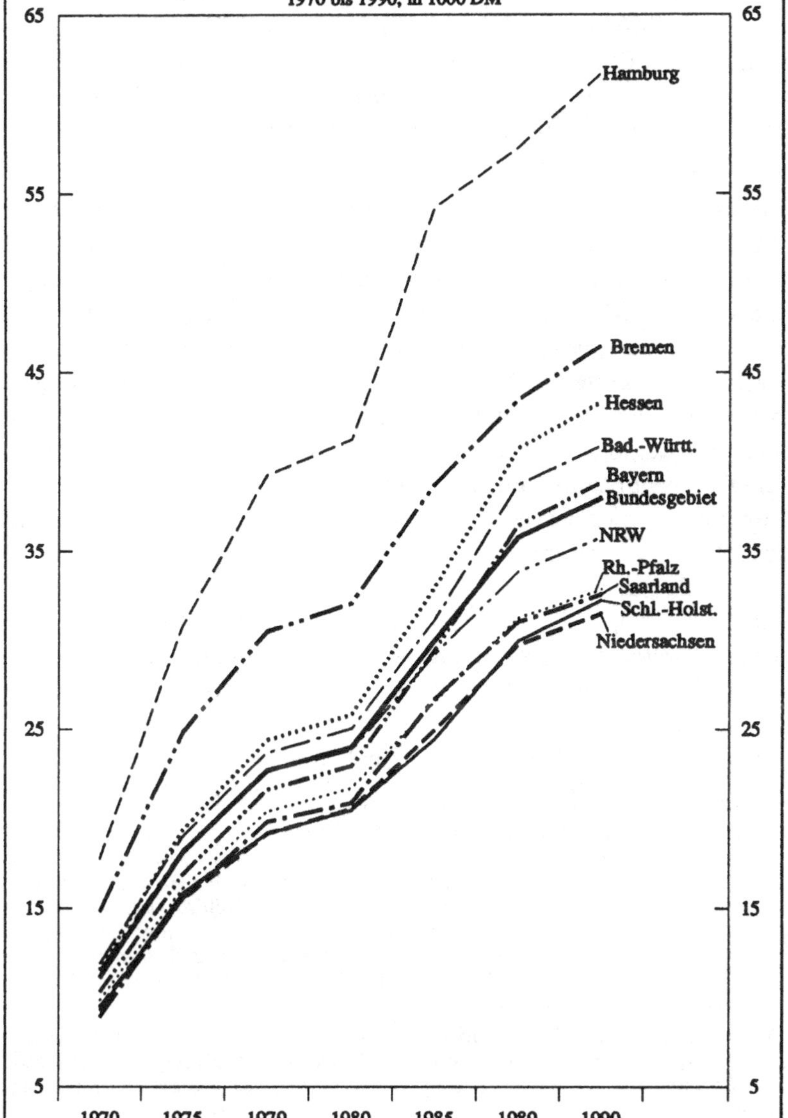

Eigene Berechnungen nach amtlichen Angaben. – [1]Ohne Berlin (West).

len („Nord") noch bei rd. 11300 DM lag und in Hessen, Rheinland-Pfalz, Saarland, Baden-Württemberg und Bayern („Süd") 10910 DM betrug, lauten die entsprechenden Werte für 1990 36130 DM (Nord) gegenüber 39430 (Süd).

Der empirische Befund läßt vermuten, daß so starke regionale Unterschiede bei den angebots- und nachfrageseitigen Wachstumsbedingungen bestehen, z. B. bei der Ausstattung mit materieller, aber auch mit immaterieller Infrastruktur[47], bei der jeweiligen Branchenstruktur und Konjunkturempfindlichkeit sowie bei der Art des Wachstumsprozesses, daß ein Finanzausgleich in dem bisherigen Volumen — als Spitzenausgleich konzipiert — die gegebenen Entwicklungsunterschiede kaum spürbar abmildern kann.

Abgesehen von der Frage, wie weit die Verfolgung des Ausgleichsziels zur Verringerung der Entwicklungsunterschiede in den divergierenden Regionen überhaupt wünschenswert und im Sinne des Verfassungspostulats von der „Einheitlichkeit der Lebensverhältnisse"[48] erforderlich wäre, könnte der gegebene Finanzausgleich aber allokative Probleme aufwerfen. Er könnte die Anreize der Länderregierungen zur Pflege und Verbesserung der Wachstumsbedingungen und der Steuerbasis ihrer Länder und Regionen reduzieren: Für die Zahlerländer durch die weitgehende Abschöpfung von aus einer dynamischeren Wirtschaftsentwicklung oder einer besseren Nutzung von Steuerquellen resultierenden zusätzlichen Steuereinnahmen und für die Empfängerländer durch die Anhebung der in den Länderfinanzausgleich einbezogenen Ländereinnahmen pro Kopf der Bevölkerung auf 95 vH des Länderdurchschnitts[49]. Ersteres könnte insbesondere für Nordrhein-Westfalen zutreffen[50], das im Jahr 1990 rd. 7 vH seiner Ausgaben in den Länderfi-

---

47 Zu diesen und anderen „harten" und „weichen" Standortfaktoren vgl. Rheinisch-Westfälisches Institut für Wirtschaftsforschung (Hrsg.), Analyse der strukturellen Entwicklung der deutschen Wirtschaft — RWI-Strukturberichterstattung. Schwerpunktthema 1988: Standortqualität der Bundesrepublik Deutschland und Veränderungen der Standortfaktoren im sektoralen Strukturwandel (Bearb.: K. Löbbe u. a.). Gutachten im Auftrag des Bundesministers für Wirtschaft. Essen 1989, und K. Schubert, Politische Maßnahmen zur Verbesserung von Standortqualitäten: Eine Problemskizze. In: P. Klemmer und K. Schubert (Hrsg.), Politische Maßnahmen zur Verbesserung von Standortqualitäten. (Schriftenreihe des Rheinisch-Westfälischen Instituts für Wirtschaftsforschung, Neue Folge Heft 53.) Berlin 1992, S. 1 ff.

48 Vgl. Art. 72 Abs. 2 Nr. 3 und Art. 106 Abs. 3 Nr. 2 GG. Ministerpräsident Biedenkopf spricht sich abweichend vom Verfassungsauftrag in bezug auf die jungen Länder für die Herstellung „vergleichbarer" Lebensverhältnisse in Deutschland aus.

49 Eine entscheidende Änderung im Zuge der Finanzreform 1969 war die Intensivierung des LFA, wonach nunmehr die Steuerkraft ausgleichsberechtigter Länder auf mindestens 95 vH statt 91 vH des Länderdurchschnitts angehoben wurde. Vgl. Bundesministerium der Finanzen (Hrsg.), S. 65.

50 "Zahlerland" ist im vorliegenden Zusammenhang nicht (nur) im Sinne des LFA zu verstehen, bei dem Nordrhein-Westfalen ab 1979 (mit Unterbrechung 1980) als Zahlerland weggefallen und in den letzten Jahren sogar Empfängerland

nanzausgleich einzahlen mußte gegenüber nur knapp 3 vH im Jahr 1970 (vgl. *Schaubild 3)*, oder für Hamburg, das vor 20 Jahren über 20 vH seiner Ausgaben bereitstellen mußte und 1990 immerhin noch 11,4 vH. Baden-Württemberg und Hessen waren als die in den letzten Jahren beiden wichtigsten ausgleichspflichtigen Länder des LFA mit 2,5 vH bzw. 3,3 vH ihrer Ausgaben vergleichsweise gering belastet[51].

Auf der Empfängerseite stehen die Länder Schleswig-Holstein, Niedersachsen und das Saarland sowie Bremen; bei dieser Gruppe erreichen die Anteile der von ihnen empfangenen Zahlungen an ihren Einnahmen insgesamt im Jahr 1990 zwischen 12 vH (Bremen) und reichlich 15 vH (Niedersachsen und Saarland). Ob dadurch die Anreize zur eigenverantwortlichen Pflege und Verbesserung der jeweiligen Standortbedingungen und zur Ausschöpfung der Steuer- und Abgabenquellen gestört werden, ist nicht abschließend zu beurteilen[52]. Jedenfalls dürften die entsprechenden Anteile in den neuen Bundesländern noch wesentlich über die genannten Werte hinausgehen, während tendenziell alle Bundesländer und Stadtstaaten in der „alten" Bundesrepublik in Zukunft zu Zahlerländern im Finanzausgleichsystem werden. So wichtig diese Hilfen der westlichen Bundesländer (und des Bundes), wie sie etwa im Solidarpakt ab 1995 vorgesehen sind, zur Vitalisierung der Wirtschaft und zur Verbesserung der dortigen Standortbedingungen erscheinen, sollte im Interesse der Erhaltung und Stärkung der angesprochenen Anreize auf Seiten der Zahler und der Empfänger alles darangesetzt werden, diese Mittel längerfristig zurückzuführen.

---

geworden ist. Die Zahlerfunktion Nordrhein-Westfalens resultiert vor allem aus dem Umsatzsteuervorwegausgleich und aus der Umsatzsteuerzerlegung nach der Einwohnerzahl.

51 Insofern erscheint die Klage dieser beiden Länder über die Konzentration der Zahllast des LFA auf ihren Schultern nicht ohne weiteres überzeugend.

52 Die laufende Verringerung der bergrechtlichen Förderabgabe (§ 31 Bundesberggesetz) in Niedersachsen nach der hälftigen Einbeziehung dieser Abgabe in den Länderfinanzausgleich in den Jahren nach 1986 von 2,1 Mrd. DM (1985) auf 7 Mill. DM (1990) deutet indes auf derartige Disincentives hin. Vgl. lfd. Haushaltspläne des Landes Niedersachsen, Einzelplan 08, Kapitel 08 10, Titel 122 01-4. Auch das im Rahmen des Normenkontrollantrags Baden-Württembergs gegen den Länderfinanzausgleich angeführte Beispiel, nach dem von 100 Mill. DM zusätzlichen Einnahmen dem Land nur noch 16 Mill. DM verbleiben, wobei durch den Finanzausgleich 60 Mill. DM und durch den vorgeschalteten Umsatzsteuerausgleich 24 Mill. DM abgezogen werden, kann die genannten Wirkungen implizieren. Vgl. P. Reinhardt, Friauf: Länderfinanzausgleich verweist die stärksten Länder auf die letzten Plätze. „Handelsblatt", Düsseldorf, Ausgabe vom 6. 4. 1992, S. 4.

Schaubild 3

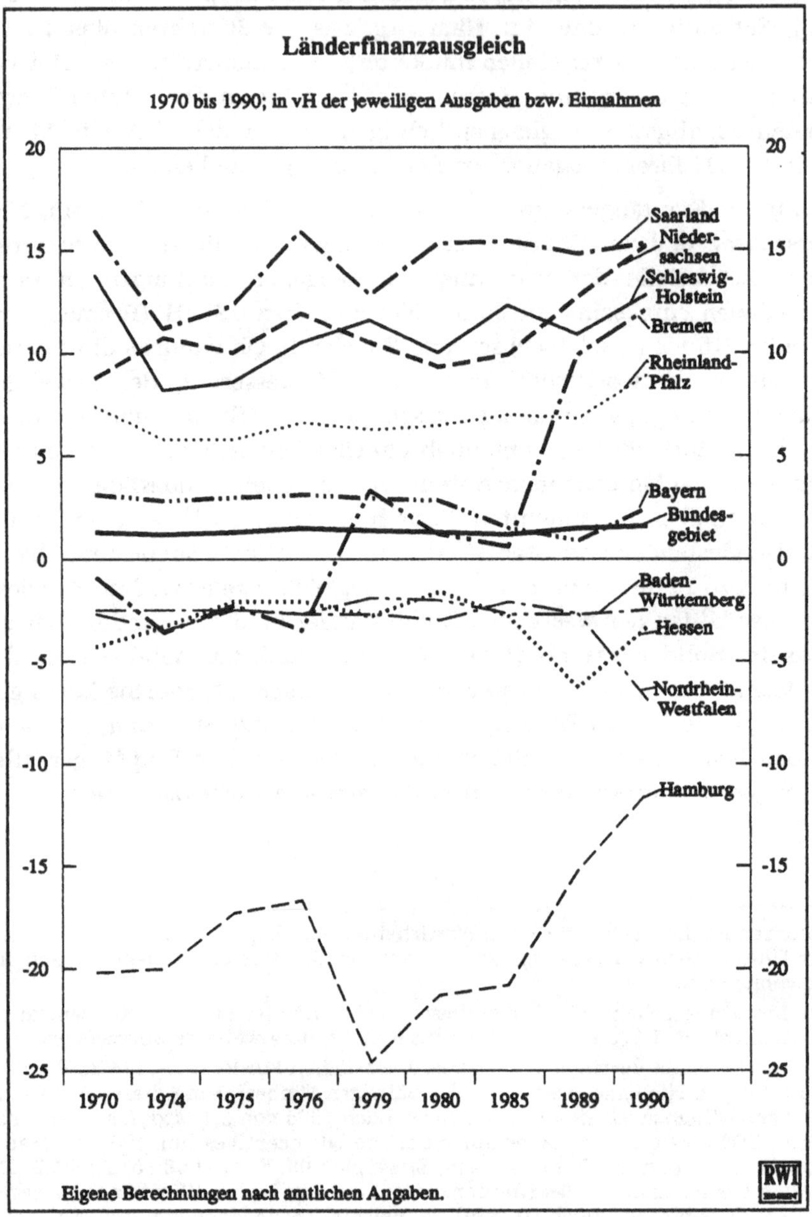
Länderfinanzausgleich
1970 bis 1990; in vH der jeweiligen Ausgaben bzw. Einnahmen
20
15
10
5
0
-5
-10
-15
-20
-25
Saarland
Nieder-sachsen
Schleswig-Holstein
Bremen
Rheinland-Pfalz
Bayern
Bundes-gebiet
Baden-Württemberg
Hessen
Nordrhein-Westfalen
Hamburg
1970 1974 1975 1976 1979 1980 1985 1989 1990
Eigene Berechnungen nach amtlichen Angaben.

3. Zur Zukunft des Finanzausgleichs vor dem Hintergrund des Solidarpakts

Die Vereinbarungen zum Solidarpakt[53] regeln neben der Bewältigung der finanziellen Altlasten der ehemaligen DDR[54] auch die zukünftigen finanziellen Beziehungen zwischen Bund und Ländern (Umsatzsteueranteile, BEZ) sowie der Länder untereinander (LFA). In diesem Zusammenhang werden auch finanzielle Hilfen zur Sanierung der Länderhaushalte von Bremen und des Saarlandes geleistet, die jüngst vom Verfassungsgericht angemahnt wurden und insofern eine fiskalische Altlast Westdeutschlands darstellen.

Das Volumen der genannten Maßnahmen beläuft sich im Haushaltsjahr 1995 auf insgesamt knapp 110 Mrd. DM. Darunter entfallen ca. 42 Mrd. DM auf die Übernahme von fiskalischen Altlasten der ehemaligen DDR durch den Bund; weitere 56 Mrd. DM erhalten die ostdeutschen Länder im Zuge der Umsatzsteuerneuverteilung und ihrer Einbeziehung in den Länderfinanzausgleich (34,9 Mrd. DM) sowie durch Ergänzungszuweisungen (11,1 Mrd. DM) und Finanzhilfen (10 Mrd. DM) des Bundes[55]. Reichlich 39 Mrd. DM oder fast 70 vH der Transfers an Ostdeutschland trägt der Bund, während die westdeutschen Länder und Gemeinden mit knapp 17 Mrd. DM oder mit drei Zehnteln beteiligt werden.

Je Einwohner in Ostdeutschland bedeuten diese Übertragungen von insgesamt 56 Mrd. DM 1995 einen Betrag in Höhe von etwa 3500 DM[56]

---

[53] Vgl. zu den einzelnen Regelungen U. Heilemann, H. D. von Loeffelholz und H. Rappen, S. 1 ff.

[54] Ein anderer wichtiger Bereich sind die Verbindlichkeiten des Kreditabwicklungsfonds und der Treuhandanstalt, die nach den getroffenen Vereinbarungen in ein Sondervermögen des Bundes — den sog. Erblastfonds — eingebracht werden. Der Bund übernimmt danach nicht nur die Annuitätsleistungen für diesen Fonds, sondern auch für einen Teil der Altschulden des Wohnungsbestandes in Ostdeutschland.

[55] Außerdem leistet der Bund Ergänzungszuweisungen in Höhe von 7,1 Mrd. DM an finanzschwache alte Bundesländer. Dabei nehmen Bremen und das Saarland eine Sonderstellung ein, die 1,8 Mrd. DM bzw. 1,6 Mrd. DM an zweckgebundenen Mitteln zur Sanierung ihrer Haushalte erhalten. Diese Sonderzuweisungen sollen mit der Auflage gewährt werden, sie ausschließlich für die Schuldentilgung zu verwenden. Dadurch entstehende Finanzierungsspielräume können entweder für investitive Maßnahmen zur Stärkung der Wirtschafts- und Finanzkraft des Landes oder zum Abbau der Nettoneuverschuldung genutzt werden. Vgl. Empfehlungen der Ausschüsse zum Entwurf eines Gesetzes zur Neuordnung des bundesstaatlichen Finanzausgleichs. — Antrag der Länder Bayern und Nordrhein-Westfalen. Bundesrat, Drucksache 163 / 1 / 93. Bonn 1993, S. 4 f.

oder fast das Fünfzehnfache des Vergleichswerts für Westdeutschland. In bezug auf die voraussichtlichen Gesamteinnahmen der öffentlichen Haushalte in den neuen Bundesländern dürften diese Transfers im Haushaltsjahr 1995 schätzungsweise ein Drittel bis die Hälfte ausmachen — gegenüber 1,6 vH im Jahr 1990 in der „alten" Bundesrepublik. Die überragende Bedeutung der Umverteilungsmittel aus dem Westen Deutschlands für die öffentlichen Finanzen in Ostdeutschland unterstreicht die Verantwortung der ostdeutschen Länderregierungen für die effiziente Verwendung der Mittel. Die Transfers sind soweit als möglich für die Modernisierung und Erweiterung der materiellen und immateriellen Infrastruktur einzusetzen[57], um von daher die Voraussetzungen für einen zügigen Aufholprozeß und — als Folge einer Annäherung der wirtschaftlichen Gegebenheiten an Westdeutschland — für eine Rückführung der Übertragungen und der finanzwirtschaftlichen Abhängigkeiten[58] zu schaffen.

Freilich sollte der Zeitbedarf für den Aufholprozesses nicht unterschätzt werden[59]. Die wirtschaftlichen Diskrepanzen zu den westlichen Bundesländern sind wesentlich stärker ausgeprägt als sie es jemals innerhalb der „alten" Bundesrepublik waren. Z. B. erreichte Schleswig-Holstein im Jahr 1960 als das Land unter den Flächenländern mit dem niedrigsten (laufenden) Bruttoinlandsprodukt pro Kopf (BIP) der Bevölkerung fast 72 vH des Niveaus von Nordrhein-Westfalen, dem Land mit dem seinerzeit höchsten Vergleichswert. Im Jahr 1990 realisierte Niedersachsen als das Land mit dem in diesem Jahr niedrigsten BIP pro Einwohner immerhin 73 vH des Niveaus von Hessen, dem Land mit dem

---

56 In bezug auf die Bevölkerung in Westdeutschland entspricht dies knapp 900 DM.

57 Vgl. H. Gebhardt, U. Heilemann und H. D. von Loeffelholz, Finanzhilfen der Bundesrepublik für die DDR: Umfang, Formen, Wirkungen. „RWI-Mitteilungen" Jg. 40 (1989), S. 323 ff., und H. D. von Loeffelholz, Öffentliche Hilfen für die DDR unter Effizienzgesichtspunkten. „RWI-Mitteilungen", Jg. 41 (1990), S. 143 ff.

58 Die Vermeidung von finanzwirtschaftlichen Abhängigkeiten betonte seinerseits auch die Kommission für die Finanzreform, S. 71, Ziff. 283, indem sie auf die „Gefahr, im landeseigenen Verantwortungsbereich von zentralen Dotationen abhängig zu werden", hinwies.

59 Zur Zeitdauer des wirtschaftlichen Aufholprozesses in Ostdeutschland insgesamt gegenüber Westdeutschland insgesamt vgl. Rheinisch-Westfälisches Institut für Wirtschaftsforschung (Hrsg.), „RWI-Konjunkturberichte". Berlin, Jg. 41 (1990), Heft 1, S. 72 ff., wo gezeigt wurde, daß in den neuen Bundesländern — bei einer trendmäßigen Entwicklung des realen Sozialprodukts in Westdeutschland von 3 vH — durchschnittliche Wachstumsraten von mehr als 8 vH notwendig sind, wenn es ihnen in absehbarer Zeit — etwa 10 Jahren — gelingen soll, den Einkommensrückstand zu Westdeutschland aufzuholen.

höchsten Vergleichswert. Die neuen Bundesländer dürften gegenwärtig im Durchschnitt nur etwa reichlich 40 vH des Niveaus von Hessen und knapp 60 vH von Niedersachsen erreichen. Hier stellt sich die Frage, wie lange es wohl dauern dürfte, bis die neuen Bundesländer die Hälfte des Abstands zu Niedersachsen und die Hälfte des Abstands zu Hessen aufgeholt haben werden, d. h. bis 80 vH des Niveaus von Niedersachsen und 70 vH von Hessen realisiert sein werden. Geht man von einer jährlichen Wachstumsrate des BIP pro Einwohner in Niedersachsen und Hessen in Höhe von (real) 1,5 vH bzw. 2,5 vH[60] aus und unterstellt eine Rate von 6 vH in Ostdeutschland[61], so dauert es (rechnerisch) reichlich 6 1/2 Jahre, bis der halbe Abstand zu Niedersachsen aufgeholt sein wird, und es wird 17 Jahre dauern, bis der halbe Abstand zu Hessen realisiert sein wird. Dies entspricht in bezug auf Hessen einer jährlichen Konvergenzrate beim BIP pro Einwohner von 1,7 vH, in bezug auf Niedersachsen einer Annäherungsrate von fast 10 vH[62].

4. Zusammenfassung und Ausblick

Die vorliegende Analyse macht deutlich, daß die an die Finanzreform von 1969 geknüpften Erwartungen weder hinsichtlich eines stabilen Anteils der einzelnen Körperschaftsebenen im deutschen Bundesstaat am Gesamtsteueraufkommen noch im Hinblick auf die Verringerung der

---

60 Vgl. auch U. Heilemann, Mo' Money — Zu den mittelfristigen Aussichten der westdeutschen Wirtschaft. Erscheint demnächst. Diese Untersuchung gelangt für die westdeutsche Wirtschaft insgesamt zu einer jährlichen Wachstumsrate von ebenfalls (real) 2,5 vH.

61 Für das Jahr 1993 wird in o. V., S. 34, eine Wachstumsrate des (realen) BIP in Ostdeutschland in Höhe von 5,5 vH prognostiziert; 1992 hatte diese Rate bei 6,8 vH gelegen. In den Jahren von 1980 bis 1990 wies Niedersachsen ein jahresdurchschnittliche Wachstumsrate des (realen) BIP pro Einwohner in Höhe von 1,6 vH und Hessen von 2,5 vH auf. Vgl. Statistisches Landesamt Saarland (Hrsg.), Volkswirtschaftliche Gesamtrechnungen. Entstehung des Bruttoinlandsprodukt. (Einzelschrift zur Statistik des Saarlands, Nr. 93.) Saarbrücken 1993, S. 24 ff.

62 Eine jährliche Verringerung des BIP-Abstands zwischen dem Durchschnitt der ostdeutschen Ländern und Hessen um 1,7 vH bzw. Niedersachsen um 10 vH läge etwas unter bzw. weit über den 2 vH, die jüngst R. J. Barro and X. Sala-Y-Martin, Convergence Across States and Regions. „Brookings Papers on Economic Activity", Washington, D.C., 1991, vol. 1991, no. 1, S. 107 f., quasi als ehernes Gesetz der wirtschaftlichen Konvergenz unterschiedlich entwickelter Räume in ihren empirischen Arbeiten ermittelt haben. Freilich sind in keinem Fall derart massive Transfers geleistet worden, wie für Ostdeutschland mit weit über 100 Mrd. DM pro Jahr. Vgl. auch die Diskussion bei R. Dornbusch and H. Wolf, Economic Transition in Eastern Germany. „Brookings Papers on Economic Activity", vol. 1992, no. 1, S. 235 f.

Unterschiede zwischen den einzelnen Bundesländern bei der Steuerkraft und bei der wirtschaftlichen Entwicklung erfüllt wurden. So kam es in den letzten zwanzig Jahren zu einer wesentlichen Erhöhung des Anteils der Länder einschließlich der Stadtstaaten am Steueraufkommen. Trotz eines erheblichen Umverteilungsvolumens im Rahmen des Länderfinanzausgleichs in Höhe von zusammen 1,6 vH der staatlichen Ausgaben und von bis zu 15 vH der Einnahmen einzelner ausgleichsberechtigter Länder in Westdeutschland bzw. über 11 vH der Ausgaben ausgleichspflichtiger Körperschaften (1990) hat die wirtschaftliche Divergenz in den achtziger Jahren wieder zugenommen, während sie in den Siebzigern etwas abgenommen hatte. Der Finanzausgleich war nach den vorliegenden Untersuchungsergebnissen offensichtlich nicht in der Lage, die Finanzkraft- und Wachstumsdifferenzen spürbar abzubauen. Dieser empirische Befund dämpft entsprechende Erwartungen bezüglich der neuen Bundesländer mit der Konsequenz, daß — ohne eine angemessene Finanzausstattung der neuen Bundesländer und ihrer Gemeinden in Frage zu stellen — der Pflege und Verbesserung der angebots- und nachfrageseitigen Standort- und Wachstumsbedingungen Vorrang vor spezifischen ausgleichspolitischen Maßnahmen gebührt. Die Forderung nach der „Einheitlichkeit“ der Lebensverhältnisse in Deutschland, die sich in erster Linie am einheitlichen Einkommen orientiert, ist vor diesem Hintergrund eher skeptisch zu betrachten. Ob dieser Verfassungsauftrag angesichts der völlig veränderten ökonomischen und gesellschaftlichen Situation in Deutschland seit der Vereinigung der beiden deutschen Staaten eher im Sinne „vergleichbarer“ Lebensverhältnisse in West- und Ostdeutschland interpretiert werden kann und was darunter im einzelnen zu verstehen wäre, reicht über den gegebenen Rahmen hinaus und muß an dieser Stelle offen bleiben.

Probleme der Finanzverfassung im vereinten Deutschland

Von Konrad Littmann, Baden-Baden

Ein Jubiläum besonderer Art ist im kommenden Jahr zu begehen: die noch geltende Grundordnung für die öffentlichen Finanzen der Bundesrepublik, die 69er Finanzverfassung, besteht dann just ein Vierteljahrhundert. Eine Zeitspanne von zweieinhalb Dezennien sollte wohl genügen, um ein abgewogenes Urteil über die Qualität dieses, für die Funktionsfähigkeit der Staatswirtschaft außerordentlich bedeutsamen Regelwerkes zu fällen, genauer, die Zeit sollte reichen, um die Frage beantworten zu können, ob tragende Elemente des rechtlichen Konstrukts den ökonomischen und finanzpolitischen Anforderungen von Gegenwart und Zukunft entsprechen.

Tatsächlich ist es jedoch recht schwierig, Auskünfte auf Probleme dieses Kalibers zu erteilen, da in der Sache kein Konsens über die anzuwendenden Entscheidungskriterien herrscht. Auch die gern geübten Hinweise auf die mit zahlreichen Anträgen beladenen Verfahren vor dem Bundesverfassungsgericht, die zumeist als Indiz für Mängel von Finanzausgleichsgesetzen gewertet werden, vermögen nicht ganz zu überzeugen. Das Gericht hat doch allein darüber zu entscheiden, ob bestimmte Gesetzsnormen verfassungsgemäß sind, aber es hat wahrlich nicht darüber zu befinden, ob aus politischer, aus ökonomischer oder aus staatsrechtlicher Sicht die im X. Abschnitt des Grundgesetzes verankerte Finanzverfassung eine optimale Lösung der finanzpolitischen Strukturen erlaubt.

Konkret: Das Bundesverfassungsgericht erkannte beispielsweise in seinem Urteil vom 27. 5. 1992, daß die hälftige Kürzung von Gemeindeeinnahmen bei der Feststellung der Finanzkraft der Länder gemäß § 8, Abs. 5 FAG mit dem Grundgesetz vereinbar ist. Das war kein überraschender Spruch, denn Art. 107, Abs. 2 GG postuliert bekanntlich, daß beim Ausgleich der unterschiedlichen Finanzkraft der Länder „die Finanzkraft und der Finanzbedarf der Gemeinden (GV) zu berücksichtigen ist.“ Das Wort „berücksichtigen“ läßt sich aber nur als eine Norm interpretieren, die offensichtlich nicht notwendig eine vollständige Einbeziehung der relevanten Gemeindeeinnahmen in die Finanzkraft der Länder verlangt, sie allerdings auch nicht ausschließt.

Der Kalkül von Ökonomen, soweit er sich wenigstens von Allokationserwägungen leiten läßt, kollidiert hingegen erheblich mit der hälftigen Kürzung der Gemeindesteuern. Die Ökonomen sollten freilich nicht die Karlsruher Richter schelten, die nicht mit der Elle der Allokation, sondern mit dem Wortlaut der Verfassung die Aktivitäten des Finanzausgleichsgesetzgebers vermessen. Der Finanzausgleichsgesetzgeber ist mithin auch der erste Adressat wirtschaftswissenschaftlicher Kritik. Allerdings könnte sein Gestaltungsraum u. U. vom Grundgesetz so nachhaltig eingeengt werden, daß politisch und wirtschaftlich annehmbare Lösungen nicht zu erreichen sind. Die Möglichkeit einer derart mißlichen Konstellation, die in der Folge eine Überprüfung und gegebenenfalls eine Revision der Finanzverfassung von 1969 verlangen würde, kann zumindest nicht ausgeschlossen werden. Ich vermute sogar, sie ist gegeben.

Unter diesen Umständen spricht vieles dafür, einige prinzipielle Erwägungen zur Finanzverfassung als Basis für die Erörterung von Finanzausgleichsproblemen zu wählen. Das Vorgehen empfiehlt sich um so mehr, als sich die praktische Politik — wie sie von den Finanzministern des Bundes und der Länder betrieben wird — bei der Finanzausgleichsgesetzgebung recht schlichter Orientierungspunkte bedient. Hier dominiert nämlich die sehr exakte Methode der spitzen Bleistifte, nach der diejenige Regelung am besten ist, die den größten finanziellen Vorteil für den eigenen Haushalt verspricht.

Soviel zur Gefechtsvorbereitung. Zugang zu den Grundsatzfragen eröffnet ein kurzer Blick auf die Staatsorganisation der Bundesrepublik. Die föderative Verfassung, die nicht nur politisch und staatsrechtlich prägend, sondern auch für die finanzpolitische Kompetenzverteilung bestimmend sein sollte, weist de facto hierzulande eine eigenartige Struktur auf. Der Gedanke vom Primat der Länder, der sich in allen föderalen Konzepten mehr oder weniger deutlich abzeichnet und der u. a. in den Artikeln 70 GG ff. verfassungsmäßig verankert ist, erfährt erhebliche Einbußen durch unitaristische, durch fiskalistische Strömungen. *Hans Peter Schneider*[1] belegt den Föderalismus dieser Prägung daher mit dem nicht sehr schmeichelhaften Prädikat: fiduziarischer Bundesstaat.

Es mag dahingestellt bleiben, ob und inwieweit der Bund unmittelbar während der letzten Jahrzehnte Kompetenzen aus dem Bereich der

---

[1] Hans Peter Schneider, Neuorientierung der Aufgaben- und Lastenverteilung im „sozialen Bundesstaat“, in: Staatswissenschaft und Staatspraxis, 1993.

konkurrierenden Gesetzgebung an sich gezogen hat. Auf jeden Fall ist — wie *Peter Bohley*[2] zu Recht bemerkt — seit der Finanzreform 1969 die Autonomie der einzelnen Bundesländer durch Zentralisierung, durch Gemeinschaftsaufgaben oder durch horizontale Verflechtungen — z. B. durch Beschlüsse von Fachministerkonferenzen — erheblich beschnitten worden. Diese Aussage gilt auch für jene Fälle, in denen die Gesamtheit der Länder Mitspracherechte besitzt, wie u. a. bei zustimmungspflichtigen Gesetzesvorlagen.

Der in das Unitarische abdriftende Föderalismus bewirkt unter den Verhältnissen der deutschen Verfassungswirklichkeit finanzpolitisch interessante Konsequenzen: Wie sicherlich bekannt, verfügt der Bund — abgesehen von der Bundeswehradministration und den in Art. 87 GG aufgeführten Fällen — faktisch über keine eigenen Verwaltungskompetenzen. Vielmehr exekutieren die Länder die Bundesgesetze, die ihrerseits wiederum zu einem beachtlichen Anteil Normen für öffentliche Güter enthalten. Aus der Sicht der Länder sind also die meisten öffentlichen Güter, die sie herstellen und anbieten, fremdbestimmt. D. h. die Länder sind — verfassungsrechtlich nach Art. 83 GG — gesetzlich oder sie sind durch Staatsvertrag bzw. durch Abkommen verpflichtet, zu im Regelfall festgelegten Konditionen aktiv zu werden. Und zumindest der Tendenz nach wird insoweit im Bundesgebiet eine gleichmäßige und gleichartige Versorgung mit öffentlichen Gütern erzielt, wenn ich die geschichtlich einmaligen Sonderverhältnisse in den neuen Ländern vernachlässigen darf.

Am Beispiel des Unterrichts in Schulen — zweifellos originär eine Aufgabe der Länder — läßt sich die Aussage leicht konkretisieren. Ich beschränke mich auf Stichworte. Durch Bundesgesetz wird u. a. der für die Länder wichtigste Kostenfaktor im Schulwesen, die Besoldung der Lehrkräfte, festgezurrt. Und durch die Kultusministerkonferenz wird die Zahl der Unterrichtsjahre in den einzelnen Schularten oder werden die Konditionen der Schulabschlüsse verbindlich vereinbart. Den Ländern verbleiben dann natürlich auch noch Aufgaben, wie die Aufstellung von Lehrplänen — dies allerdings auch schon eingeschränkt — oder die Bestimmung der Schwellen zur Klassenteilung etc.

Was die Länder eigenständig entscheiden können, ist gewiß wichtig, aber die eindeutig dominierende Position des Bundesgesetzgebers ist

---

[2] Vgl. Peter Bohley, Chancen und Gefährdungen des Föderalismus, in: K. Bohr (Hrsg.), Föderalismus — demokratische Struktur für Deutschland und Europa, München 1992, S. 45.

unstrittig. Sie harmoniert freilich selbst bei zustimmungspflichtigen Gesetzen schlecht mit föderalen Ideen oder mit dem Subsidiaritätsprinzip. Dieser Teilkomplex des Angebots an öffentlichen Gütern — aus Sicht der Länder handelt es sich um das fremdbestimmte Angebot — läßt sich durch eine schlichte Zuordnung von Einnahmekompetenzen allozieren. Weil der Bundesgesetzgeber einheitliche Normen für diese öffentlichen Güter als notwendig oder zumindest als zweckmäßig erachtet hat, ist cum grano salis zu schließen, daß jeder Bundesbürger zu gleichen Teilen diese öffentlichen Güter in Anspruch nehmen können soll. Entsprechend müßte jedes Land einen gleichhohen Pro-Kopf-Anteil an den Einnahmen haben, die der Gesamtheit der Länder zustehen. Oder: Der Finanzbedarf der Länder ist insoweit direkt abhängig von der Einwohnerzahl. Diese einfache Regel zur horizontalen Verteilung der Einnahmen müßte allein dann Korrekturen erfahren, wenn gewisse öffentliche Bedarfe eindeutig *nicht* durch die Einwohnerzahl, sondern durch andere Umstände, etwa dem Industrialisierungsgrad, bestimmt sein sollten. In dem umschriebenen Rahmen, der allein die durch Bundesgesetze determinierten Länderaufgaben umfaßt, wäre auch ein Finanzausgleich unter den Ländern nicht erforderlich, denn im Prinzip müßten die Länder nur mit gleichen Pro-Kopf- Anteilen am Aufkommen von Gemeinschaftssteuern beteiligt werden.

Mit Problemen dürfte hingegen die vertikale Aufteilung der staatlichen Einnahmen zwischen Bund und Ländergesamtheit einhergehen, wie bereits die tristen Erfahrungen mit Art. 106 Abs. 3 und 4 GG lehren. Es handelt sich dabei nicht allein um allfällige parlamentarische Reibungsverluste, sondern es geht vor allem um quantitativ kaum abzuschätzende allokative Einbußen, die mit der Festlegung und gegebenenfalls mit den erforderlichen Revisionen des Verteilungsschlüssels prozessual einhergehen.

In ihrer Speyerer Antrittsvorlesung hat *Gisela Färber* nachdrücklich auf derartige Zusammenhänge aufmerksam gemacht. Ich erwähne allein die von ihr diagnostizierten systematischen Anreize zur Überregulierung, die dadurch eintreten, daß der Bund — und gleiches gilt nebenbei für die EG — seine Gesetzgebungskompetenzen ausschöpfen kann und auch tatsächlich ausschöpft, ohne die entstehenden Verwaltungskosten der Exekutive tragen zu müssen. Die Länder haben indes die Bundesgesetze entsprechend Art. 83 GG als eigene Angelegenheiten auszuführen, und sie werden dabei mit den Verwaltungskosten ihrer Behörden belastet. Da existiert kein Regelmechanismus, der bewirkt, daß der Bund überbordende Aktivitäten zu Lasten der Länder einschränkt oder gar meidet. Und da besteht auch kein zwingender Anreiz für die Länder, rationale Haushaltspolitik zu betreiben, solange politisch noch die Chance gegeben ist, den Verteilungsschlüssel der Umsatzsteuer zum eigenen Vorteil revidieren zu können. An dieser Stelle kommt ein ernster Verdacht auf. Unter Ökonomen sei es geklagt: *Wicksell* stand wohl bei der Schöpfung der deutschen Finanzverfassung nicht Pate.

Das mag einstweilen als erste Annäherung an das Kernproblem genügen. Vielleicht entspricht dieser Ansatz nicht dem üblichen Vorgehen, aber mit wenigen Strichen ist die Verbindung zur traditionellen Sicht der Fakten herzustellen. Im Grunde genommen habe ich nur einige Verfassungsnormen über Kompetenzverteilungen erwähnt, die nicht unter der Rubrik „Finanzwesen", sondern im VII. und VIII. Abschnitt des Grundgesetzes zu finden sind.

Anknüpfend an die überkommene finanzpolitische Betrachtungsweise läßt sich der ganze Sachverhalt deshalb einerseits kürzen, doch bedarf er andererseits auch einiger Ergänzungen. Zur Diskussion steht ausschließlich die Finanzierungsseite — d. h. die staatlichen Leistungen werden als gegeben betrachtet. Die Gesetzgebungskompetenz über Steuern liegt faktisch zur Gänze beim Bund; mit der Einschränkung, daß Steuergesetze zustimmungspflichtig sind, bei denen das Steueraufkommen ganz oder teilweise Ländern oder Gemeinden zufließt. Zweifellos bietet bereits diese Norm des Art. 105 GG keine Garantie für allokativ gute Ergebnisse, da auch ökonomisch begründete regionale Differenzierungen von Steuergesetzen nicht mit autonomen Entscheidungen der Länder durchgesetzt werden können.

Noch bedenklicher ist indes die Aufkommenskompetenz der Steuern geregelt. Bund und Länder bewirtschaften gemeinsam die ertragsträchtigen Abgaben, also die Einkommensteuer, Körperschaftsteuer und Umsatzsteuer. Von diesen Gemeinschaftssteuern werden Einkommensteuer und Körperschaftsteuer nach einem festen Schlüssel, nämlich hälftig auf Bund und Länder aufgeteilt — sofern nicht das Aufkommen der Einkommensteuer den Gemeinden zusteht. Die anteilmäßige Zuordnung des Umsatzsteueraufkommens auf Bund und Länder ist hingegen nicht starr bestimmt, sie wird vielmehr in einem zustimmungspflichtigen Bundesgesetz festgelegt.

Die Verteilung des Aufkommens der Einkommensteuer und Körperschaftsteuer unter den Ländern folgt dem örtlichen Aufkommen, die Verteilung der Umsatzsteuer jedoch der Einwohnerzahl der Länder, sofern der Länderanteil an der Umsatzsteuer nicht als Ergänzungssanteil vorgesehen ist.

Die Finanzverfassung läßt bei diesen Zuständigkeitsverteilungen unberücksichtigt, in welchem Verhältnis die bundesgesetzlichen, also fremdbestimmten zu den autonomen, also durch eigene Gesetze festgelegten Landesaufgaben stehen. Ein hoher Anteil bundesgesetzlich geregelter Länderaufgaben, die — wie bereits abgeleitet — tendenziell gleiche Pro-Kopf-Bedarfe in den einzelnen Ländern bewirken, korrespondiert selbstverständlich besser mit der Umsatzsteuer, die einwohnerabhängig auf die Länder verteilt wird, als mit der Einkommensteuer oder der Körperschaftsteuer, die den Ländern entsprechend ihrem örtlichen Aufkommen zufließen. Bestehen unter den Ländern Finanzkraftunterschiede, die — wenn auch nicht ausschließlich, so doch vornehmlich — durch die regionale Streuung des Einkommensteuer- und des Körperschaftsteueraufkommens verursacht sind, dann treten wiederum unerwünschte Allokationseffekte ein. Finanzschwache Länder haben nur geringe, im Extrem keine Möglichkeiten, selbstbestimmte Landesaufgaben zu finanzieren, während finanzstarke Länder einen vergleichsweise großen Gestaltungsraum zur autonomen Aufgabenwahrnehmung besitzen. Steigt der Anteil der fremdbestimmten Landesaufgaben, so verbessert sich stets die relative Position der finanzstarken Gebietskörperschaften. Und daraus resultiert eben die Aussage, daß die Kompetenz hinsichtlich der Steuerverteilung allokationspolitisch fragwürdig ist.

Art. 107 GG scheint jedoch auf Abhilfe zu drängen, und zwar mit der Forderung, daß die unterschiedliche Finanzkraft der Länder angemessen auszugleichen ist. Was „angemessen" heißt, bleibt freilich unbestimmt. Ein vollständiger Ausgleich kann offensichtlich nicht gemeint sein. Er wäre doch annäherungsweise schon dadurch zu erreichen, daß Einkommensteuer und Körperschaftsteuer nicht nach dem örtlichen Aufkommen, sondern ebenfalls nach der Einwohnerzahl den Ländern zugeordnet würde. Aber der Verfassungsgeber wollte offensichtlich einen solchen Grad der Einheitlichkeit nicht herbeiführen.

Unglücklicherweise ist in der Literatur über den anzustrebenden Grad der Nivellierung von Finanzkraftunterschieden unter den Ländern wenig Gescheites zu finden. Der Wissenschaftliche Beirat beim Bundesministerium der Finanzen hat sich in seinem jüngsten Gutachten zum Länderfinanzausgleich dieser Fragen angenommen. Er beantwortet sie freilich auch nur mit einem sibyllinischen „einerseits — andererseits". Wörtlich ist zu lesen: „Zum einen sollte eine Mindestversorgung mit staatlichen Leistungen garantiert sein; dies impliziert eine Begrenzung der Finanzkraftstreuung nach unten. Zum anderen sollte die im horizontalen Länderfinanzausgleich angestrebte Umverteilung gegen mögliche Effizienzverluste abgewogen werden; dies läuft auf eine nur begrenzte Nivellierung der Finanzkraft hinaus."[3] Etwas konkreter und als aktuelle Maxime verstanden, heißt es an anderer Stelle: Ein „hohes Ausgleichsniveau ist in nahezu jeder Hinsicht unerwünscht. Es ist allokativ bedenklich, weil es mit negativen Anreizwirkungen verbunden ist."[4]

Von ökonomischer Seite verdienen in der Tat die geltenden Vorschriften über den Finanzausgleich unter den Ländern kein Lob. Doch das Gutachten des Beirats greift zu kurz, wenn wegen vermuteter Schwächung der Eigenverantwortlichkeit der Länder und wegen angeblich fehlendem Interesse an der Ausschöpfung ihrer Steuerquellen[5] dem Finanzausgleichsgesetzgeber empfohlen wird, die Finanzkraftunterschiede in einem geringeren Maße als bisher zu nivellieren. Zu prüfen ist vielmehr zunächst, auf welche Ursachen die Finanzkraftunterschiede zurückzuführen sind und zu untersuchen ist dann, ob die angeblich oder tatsächlich mit dem Finanzausgleich einhergehenden Fehlentwicklungen durch eine Spreizung des Nivellierungsschlüssels abgeschwächt oder sogar aufgefangen werden können.

Was die Ursachen der Finanzkraftunterschiede anlangt, so sind viele Faktoren am Werk. Die Wirtschaftskraft — gemessen in BIP / Einwohner —, das Einkommensniveau und die Einkommensstruktur spielen u. a. eine Rolle. Aber Finanzkaftunterschiede werden — u. U. sogar weit stärker — auch durch das teils in der Verfassung, teils durch Bundesgesetz festgezurrte Verhältnis der Aufkommensvolumina derjenigen Steuern bestimmt, die den Ländern zufließen. Stände den Ländern ein höherer Anteil am Umsatzsteueraufkommen und kompensierend ein geringerer Anteil am Einkommen- und Körperschaftaufkommen zu, dann wären die originären Finanzkraftunterschiede unter den Ländern bereits graduell eingeebnet.

Weiter: Gewisse Regelungen in den Steuergesetzen bewirken zuweilen ganz beachtliche Differenzen in der Steuerkraft. Das sind nicht nur die spezifischen Entlastungsvorschriften, z. B. die steuerlichen Begünstigungen der Landwirtschaft, die agrarisch betonte Bundesländer finanzschwach werden lassen. Vielmehr nehmen ganz grundsätzliche Festle-

---

[3] Wissenschaftlicher Beirat beim Bundesministerium der Finanzen, Gutachten zum Länderfinanzausgleich in der Bundesrepublik Deutschland, Schriftenreihe des Bundesministeriums der Finanzen, Heft 47, Bonn 1992, S. 66.

[4] Wissenschaftlicher Beirat, a. a. O., S. 49.

[5] Vgl. Wissenschaftlicher Beirat, a. a. O., S. 48.

gungen im Einkommensteuerrecht unmittelbar Einfluß auf die Verteilung des Steueraufkommens und damit auf die Finanzkraft der Länder. Ich erwähne insbesondere das Wohnsitzprinzip, das dem deutschen Einkommensteuerrecht eigen ist. Das Wohnsitzprinzip führt selbstverständlich zu einer anderen Struktur der Finanzkraft als das Quellenprinzip, das ebenfalls zur Verteilung des Steueraufkommens herangezogen werden könnte. Hamburg, das sich ähnlich wie das Saarland bei Anwendung des Quellenprinzips eine zu Buch schlagende Stärkung seiner Finanzkraft ausrechnen kann, hat schon vor vielen Jahren auf diesen Nexus verwiesen.

Spätestens hier tauchen wohl Zweifel auf, ob eine Politik wirklich empfehlenswert ist, die das Instrumentarium des Finanzausgleichs allein symptomatisch einer Revision unterwerfen will und von einer schwächeren Nivellierung der Finanzkraftunterschiede vor allem allokative Vorteile erhofft. Für den Eintritt solch positiver Allokationseffekte ist kein Beweis zu erbringen. In Anbetracht des multifaktorellen Ursachenbündels der Finanzkraftunterschiede dürften vielmehr generelle Aussagen über die Allokationseffeke derartiger Änderungen im Finanzausgleichssystem unmöglich sein.

Bei mir verfestigt sich daher immer mehr der Eindruck, es wäre Zeit, in grundsätzlicher Weise über eine Revision der Finanzverfassung — und in diesem Zuammenhang auch über den Finanzausgleich — nachzudenken. Grob skizziert sollte eine neue Finanzverfassung nachhaltig die Autonomie der Gebietskörperschaften stärken. Dies ist ökonomisch geboten und außerdem politisch klug. Eine Stärkung der Autonomie tritt ein, wenn die Länder erstens ihre Aufgaben in einem größeren Umfange als bisher selbst bestimmen und zugleich zweitens eigenständig Einfluß auf die Höhe ihrer Einnahmen nehmen können, wenigstens soweit sie die Mittel zur Finanzierung ihrer „freien" Aufgaben benötigen. D. h. den Ländern sollten in diesem Rahmen Gesetzgebungskompetenzen eingeräumt werden.

Eine neue Finanzverfassung müßte entsprechend vorsehen, daß die Länder vom Bund gleich hohe Pro-Kopf-Zuweisungen zur Abdeckung des fremdbestimmten Grundbedarfes erhalten. Dieser Sockel, dessen Höhe von Bund und Ländern analog dem geltenden Verfahren zur Verteilung des Umsatzsteueraufkommens bestimmt werden müßte, bedarf der Ergänzung durch eigene, autonom zu gestaltende Steuereinnahmen. Um die räumliche Streuung des Aufkommens möglichst eng zu begrenzen, sollten die den Ländern zustehenden Einnahmen weder direkt noch mittelbar progressiv gestaltet sein. Solchen Anforderungen genügt zum Beispiel eine Einkommensteuer, deren Bemessungsgrundlage durchaus bundeseinheitlich festgelegt sein könnte. Den Ländern wäre dann — wie gegenwärtig den Gemeinden bei den Realsteuern — das Recht einzuräumen, auf diese Basis proportionale Hebesätze anzuwenden. Um unerwünschte Verzerrungen durch das Wohnsitzprinzip des Einkommensteuerrechts zu vermeiden, wäre eine zweite Landessteuer empfehlenswert, die auf dem Quellenprinzip beruht. Irre ich mich nicht, liefe eine derartige Lösung auf ein Konstrukt hinaus, das zumindest in der Vergangenheit lange und erfolglos unter dem Titel Wertschöpfungsteuer diskutiert worden ist.

Ob sich im politischen Raum die Kräfteverhältnisse so ändern, daß sich eine steuerpolitische Idee zum Steuergesetz mausert, wage ich natürlich nicht zu prognostizieren. Aber die Finanzverfassung erhielte durch autonome Elemente einen gehörigen Schuß ratio verpaßt. Die politischen Planträger müßten nunmehr finanzpolitische Entscheidungen treffen, über deren Qualität der Konsument öffentlicher Güter, der zugleich als Steuerzahler involviert ist, in seiner Funktion als Wähler vielleicht nicht großen, doch auf jeden Fall nicht unbeachtbaren Einfluß nehmen kann.

Auf einen Finanzausgleich unter den Ländern wäre vielleicht auch in diesem System nicht zu verzichten, wenigstens so lange nicht, wie die wirtschaftlichen und sozialen Strukturen in der Bundesrepublik noch weit auseinanderklaffen. Aber das ist Tatfrage. Die Intensität des horizontalen Finanzausgleiches könnte — wenn er erforderlich bleibt — jedoch auf jeden Fall erheblich gesenkt werden, was nicht zuletzt aus allokativen Gründen wünschenswert erscheint.

Damit bin ich fast am Ende meiner Anmerkungen. Es bleiben drei abschließende Bemerkungen:

1. Die skizzierte Finanzordnung löst selbstverständlich nicht alle einschlägigen Fragen der anzustrebenden Kompetenzverteilung in einem föderativen Staatswesen. Jedoch könnten in dem neuen Rahmen auch für weitere Problemfelder, die bislang keine befriedigende Antwort gefunden haben, Ansätze entwickelt werden. Ich nenne hier die Haushaltsnotlagen, in die einzelne Länder beispielsweise aufgrund abrupter gesamtwirtschaftlicher Strukturwandlungen geraten können. Das vom Bundesverfassungsgericht umrissene Verfahren zur Überwindung solcher Notlagen geht von den außerordentlichen Starrheiten der gegenwärtigen Regelung aus. Eine neue Finanzverfassung, deren Elemente weitaus elastischer sein sollen, eröffnet prinzipiell größere Chancen zur Prävention von Haushaltsnotlagen.

2. Ähnlich wie Maßnahmen zur Überwindung von Haushaltsnotlagen sind auch die erforderlichen Schritte zur Annäherung der wirtschaftlichen und sozialen Verhältnisse der neuen Länder an die Situation der Westländer zweckmäßig nicht durch die Konstitution von Sonderbedarfen im Regelsystem des Länderfinanzausgleichs, sondern durch diskretionäre Aktivitäten des Bundes zu sichern. Der Finanzausgleich i. e. S. beruht notwendig auf ähnlichen Lebensbedingungen in den Ländern. Es wäre überfordert, sollten in ihm außerdem regionalpolitische Erfordernisse berücksichtigt werden. Zudem läßt die Konkurrenz unter den Ländern um Standortvorteile den horizontalen Ausgleich als ungeeigneten Ansatz in der Sache erscheinen. Regionalpolitik mit dem Ziel, die jungen Länder an den Standard der alten Länder heranzuführen, ist Aufgabe des Bundes. Die Ländergesamtheit kann diese Funktion nicht wahrnehmen. Um keine Mißverständnisse entstehen zu lassen: Selbstverständlich sind die neuen Länder in das Regelsystem der Finanzverfassung einzubeziehen. Aber darüber hinaus muß der Bund regionalpolitische Aktivitäten in Abstimmung mit den Ostländern entwickeln.

   In diesen Zusammenhang gehört dann die Empfehlung, eine grundsätzliche Überprüfung des Instituts der Bundesergänzungszuweisungen sowie jener staatlichen Aktivitäten vorzunehmen, die den Finanzausgleich i. w. S. ausmachen. Ich verweise auf die Gemeinschaftsaufgaben nach Art. 91 a und b sowie auf die Finanzhilfen gemäß Art. 104 a, 4 GG.

3. Eine föderative Finanzverfassung, die den Ländern und Gemeinden mehr Autonomie verleiht, wird den handfesten, zuweilen allerdings recht dezent institutionalisierten Egoismus der Finanzpolitiker, der auch Triebfeder für so manchen Gang nach Karlsruhe war, mehr oder weniger schwächen. Das ist schon ein recht erfreulicher Aspekt. Gelänge es, eine Neuordnung der Finanzverfassung auch noch mit wirtschaftlichem Sachverstand zu verbinden, so wäre es nahezu ein brillantes Werk. Und das scheint mir Grund genug, um auf Reformen zu drängen; Grund genug, um diese Aufgabe nicht ausschließlich den Rechenstiften der Finanzpolitiker und den Normen der Verfassungsjuristen zu überlassen.

Zusammenfassung der Diskussion

Referate Peffekoven, von Loeffelholz und Littmann

Siebert fragt: Wie reagiert ein föderatives System auf einen Schock? Bei einem konjunkturellen Schock reagiere das System mit verminderten Steuereinnahmen auf den einzelnen Ebenen, und daraufhin würden die Ausgaben entsprechend angepaßt. Eine ähnliche Reaktion sei für einen Ölschock typisch, wo infolge eines gestiegenen Ölpreises und über die makroökonomische Anpassung im System — also Arbeitslosigkeit, geringere Steuereinnahmen, geringeres Wachstum — die einzelnen Ebenen sich an diese neue Situation anpaßten, wenn auch mit Verzögerungen, die vielleicht auch zu Verzerrungen führten. In der aktuellen totalen Verwerfung der Rahmenbedingungen der deutschen Situation (Kapitalknappheit im vereinten Deutschland, Überschuß an Arbeitskräften) sei es interessant zu überlegen, wie z. B. das Littmann'sche System auf einen solchen realwirtschaftlichen Schock reagierte. Vielleicht mache man es sich doch zu einfach, wenn man davon ausginge, daß in dem von Littmann skizzierten System der Bund allein alle diese Probleme erledigte.

Die gleiche Frage stelle sich auch in dem real existierenden System, wo die West-Länder und West-Gemeinden mit einer geringen Ausgabeneinsparung zum Defizitabbau beitragen, während sie vom Ausgabenniveau her — 540 Milliarden DM Ausgaben des Bundes — einen erheblich höheren Ausgabenanteil zu tragen hätten.

In der aktuellen Übergangszeit müßten die Aufgaben neu verteilt werden. Dieses Problem sei auch in dem Referat von Loeffelholz angeklungen, wo ja geschildert worden war, daß über die Finanzreform 1969 die Länder und die West-Gemeinden besonders wachstumsträchtige Einnahmequellen bekommen haben. Diese Fragen müßten überdies in einen dynamischen Kontext gestellt werden und müßten die realwirtschaftlichen Veränderungen im Zeitablauf berücksichtigen.

Frau Färber konstatiert, die Referenten hätten sich zwar schwerpunktmäßig auf das Thema „horizontaler Finanzausgleich“ konzentriert; gleichwohl sei bei allen drei Referenten herausgekommen, daß eine ganze Reihe von Schwierigkeiten durch die vertikalen Finanzbeziehungen bzw. Aufgabenzuweisungen determiniert sei. Auch das Ergebnis, das gerade beim Bund-Länder-Kompromiß zum Länderfinanzausgleich zustande gekommen war, also fast eine Festschreibung des bestehenden Länderfinanzausgleichs, sei dadurch zu erklären, daß die Kompromißfähigkeit des Systems durch die vertikalen Spannungen überstrapaziert war. Mehr könne wohl politisch nicht erreicht werden — bei allem, was an Defiziten zu beklagen sei.

Allerdings seien die vertikalen Probleme in der Tat die größeren. Probleme, die den Staatssektor in der Bundesrepublik Deutschland allokativ erheblich belasteten. Siebert habe von der Reaktion auf einen Schock gesprochen. Auf den Schock der deutschen Einigung habe das föderalistische System in der Weise reagiert, daß statt Ausgabeneinsparungen seit 1990 Verschuldung produziert wurde, und zwar in einem Maß, wie es vorher unbekannt war! Aber es sei der Bund gewesen, der die Schulden aufgehäuft habe, auch durch seine Schattenhaushalte.

Ursache hierfür scheine — das sei weitgehend unbeachtet geblieben — das Deckungsquotenverfahren der vertikalen Umsatzsteuerverteilung zu sein, das es für die Länder irrational machte, zu konsolidieren angesichts der Verschuldungsstrategie des Bundes. Denn sonst hätten sie Versorgungsleistungen für die Bürger abgeben müssen. In der vertikalen Umsatzsteuerverteilung stecke somit ein systematischer Trend zur übermäßigen Verschuldung — für den Staatssektor der Bundesrepublik insgesamt problematisch, weil nur der Bund dem Risiko, seine Ausgaben hinterher einzuschränken, dadurch begegnen kann, daß er autonom Steuern erhöht.

Die Überbetonung dessen, was der Bund tun soll, scheine überhaupt problematisch zu sein. Herr Peffekoven habe von Sonderbedarfs- bzw. Bundesergänzungszuweisungen für die neuen Bundesländer als zweckgebundene vertikale Zuweisungen gesprochen. Anscheinend werde davon ausgegangen, der Bund wisse hier schon wieder besser, was für die Länder gut ist. Obwohl die Autonomie von Bund, Ländern und Gemeinden — also der föderativen Ebenen — ständig beschworen werde, wiederhole sich immer wieder der Fehler zu meinen, der Bund wisse es doch besser; er müsse irgendwelche zweckgebundenen Zuweisungen vergeben.

Zu dem Beitrag von Loeffelholz bemerkt *Frau Färber*, er beklage zu Recht das Fehlen empirischer Untersuchungen über die negativen Anreizwirkungen in bezug auf Zahlungen der finanzstarken an die finanzschwachen Länder im Länderfinanzausgleich. In der Tat sei die Zurechnung problematisch. Littmann habe allerdings eine ganze Reihe von Argumenten gebracht, die als Hypothesen auswertbar seien. Solange solche empirischen Untersuchungen nicht vorliegen, behaupte sie jedenfalls das Gegenteil. Es scheine eine der interessantesten Forschungsaufgaben der nächsten Jahre zu sein, die allokativen Wirkungen eines Länderfinanzausgleichs bzw. der Steuerverteilung genau zu ermitteln.

Auch *Lammers* geht auf die von Peffekoven befürworteten zweckgebundenen Zuweisungen im Falle einer Stukturschwäche von Bundesländern ein, also in Fällen, in denen die Ursachen für niedrige Wirtschaftskraft und niedrige Steuerkraft in strukturpolitischen Umständen zu suchen sind. Dem stimmt *Lammers* nur zu, soweit die Strukturpolitik eine Bundesaufgabe ist, soweit man ausgleichende Maßnahmen mit den räumlichen Streuungswirkungen bei großräumigen Infrastrukturprojekten begründen kann. Wenn es sich dagegen um Länderaufgaben handelte — wie erwähnt z. B. die Städtebauförderung —, sei eine Förderung durch den Bund abzulehnen.

Peffekoven geht zunächst auf den Beitrag von Sievert ein: In der Tat habe das System für dynamische Schocks — und als einen solchen könne man die Vereinigung betrachten — keine Vorkehrungen getroffen. Für alle außergewöhnlichen Entwicklungen habe es über die Finanzhilfen des Bundes — die man wachstumspolitisch, verteilungspolitisch, allokationspolitisch begründen könne — für den Fall besonderer Finanzbedürfnisse einen Mechanismus gegeben, aber nicht bei dem Schock „deutsche Wiedervereinigung". Er habe von Anfang an die These vertreten, man hätte die neuen Bundesländer ohne Wenn und Aber in die geltende Finanzverfassung einbeziehen sollen. Dann wäre eine sehr starke Belastung der alten Bundesländer eingetreten, aber darin sehe er nicht unbedingt einen Nachteil, vielmehr glaube er, daß dann das Konsolidierungsproblem vielleicht in andere Bahnen gelenkt worden wäre. Jetzt scheue sich jedes Land, Ausgaben zu kürzen unter der Überschrift „Weil das Geld in die neuen Bundesländer gelenkt werden muß." Daß der Bund sich hier immer wieder engagiert, habe ja durchaus auch politische Gründe: Der Bundeskanzler wolle auch in den neuen Bundesländern wiedergewählt werden; also sei es auch politisch verständlich, wenn sich der Bund dort engagiere. Ein Ministerpräsident eines westlichen Bundeslandes dagegen könne der Bevölkerung schwer klarmachen, sie müsse im Interesse der neuen Bundesländer zurückstekken. Bei der nächsten Wahl würden ihm die Belastungen natürlich negativ angelastet, die Vorteile in den neuen Bundesländern aber nicht honoriert. Die unmittelbare Einbeziehung der neuen Bundesländer in das vorhandene Finanzsystem wäre eine Frage der Neuregelung der Umsatzsteuerverteilung gewesen — auch dann übrigens zu Lasten des Bundes, wie es jetzt eingetreten sei. Nur sei dieses Verfahren so wenig ökonomisch rational, daß es immer wieder in einen politischen Kuhhandel ausarte.

Peffekoven untersteicht, man hätte den Schock „Vereinigung" zum Anlaß nehmen müssen, eine grundsätzliche Reform der Finanzverfassung in Deutschland in Erwägung zu ziehen. Das sei offenbar auch eine Aufgabe für die Verfassungsreformkommission. Er höre aber immer wieder, daß da bisher über eine Finanzverfassungsreform überhaupt keine Entscheidung getroffen, ja nicht einmal Diskussionen geführt worden seien, weil sich Bund und Länder aus guten Gründen gegenseitig blockierten. Daß es mit der Konsolidierung über Ausgabenkürzungen so schlecht vorangehe, sei auch eine Frage der Gestaltung des Finanzausgleichs. Die Länder und Gemeinden seien dazu im derzeitigen System schlecht zu gewinnen.

Sodann geht *Peffekoven* auf die Frage ein, warum er den nicht zweckgebundenen Sonderlasten-BEZ so kritisch gegenüberstehe. Im vorliegenden Fall müsse man berücksichtigen, daß Fehlentscheidungen der neuen Bundesländer immer auch zu Lasten der alten gehen. Und da hier enorme Finanztransfers erforderlich seien, die letzten Endes auch von den Bürgern im Westen aufgebracht werden müßten, bestehe eine gewisse Berechtigung, einen Nachweis über die Verwendung der Mittel zu verlangen. Mit dem Instrumentarium der Vorab-Auffüllung hätte man eine gewisse Garantie gehabt, daß das starke Engagement des Bundes mit der Zeit automatisch abgebaut worden wäre. Das, was jetzt gemacht werde, müsse dagegen als Beginn eines permanent starken Einflusses des Bundes angesehen werden. Wenn das nicht über eine Neuformulierung der Aufgabenverteilung kompensiert würde, könne man das Problem der übermäßigen Beteiligung des Bundes nicht beseitigen. Die starke Stellung des Bundes sei ein Widerspruch zum föderativen Prinzip. Aber es sei im Augenblick keine andere Möglichkeit zu erkennen. Ebenso müsse Mischfinanzierung im Westen heute anders diskutiert werden als Mischfinanzierung mit den neuen Bundesländern. Dort werde man leider über eine lange Zeit um eine Mischfinanzierung nicht herumkommen, und Mischfinanzierung heiße nun einmal in der Regel Zweckbindung.

Littmann plädiert dafür, bei den aktuellen Schwierigkeiten nicht alles in die Kategorie „Schock" einzuordnen. Man müsse deutlich unterscheiden, was aus konjunkturellen Gründen getan werden müßte und was bei einer Strukturkrise zu machen ist. Darüber hinaus sei bei einer Strukturkrise auch noch zu fragen, wie sie eigentlich aussieht. Bei den Problemen, mit denen der Bund, insbesondere aber die Länder in den nächsten Jahren auf Grund der starken Expansion der Ausgaben zu tun haben würden — etwa bedingt durch die Ruhestandsbezüge der Beamten, die ja bis zum Jahre 2010 in einer beängstigenden Form ansteigen —, scheine es doch sinnvoll zu sein, stärkere Zuordnungen zu Bund und Ländern, also mehr Eigenverantwortlichkeit als Rezept zu empfehlen. Die Kindergarten-Entscheidung durch Bundesgesetzgebung schlage jetzt voll auf die Gemeinden durch. Auch andere Fragen müsse man im einzelnen diskutieren, etwa am Beispiel der Stahlkrise: ob der Bund eine neue Zuständigkeit bekommen müßte bei solchen die gesamte Volkswirtschaft betreffenden Struktureinbrüchen.

Zu dem Vorschlag von Peffekoven gibt *Littmann* zu bedenken, bei einer sofortigen Einbeziehung der neuen Länder in den Finanzausgleich hätten die alten Bundesländer erhebliche Verschuldungen hinnehmen müssen, denn Ausgaben seien ja nicht von heute auf morgen abzubauen. Um öffentliche Ausgaben zu kürzen, brauche man langfristige Programme; das könne man über zehn, fünfzehn, zwanzig Jahre erreichen. Auch den öffentlichen Personalbestand könne man um 30 % senken, aber nicht von heute auf morgen und nicht in den nächsten drei Jahren. Dazu gehöre ein Konzept, das — über lange Fristen hinweg angelegt — im Laufe der Zeit über solche Strukturprobleme hinweghelfen würde.

Von Loeffelholz geht zunächst auf die Frage ein, wie der Schock der deutschen Einigung sozusagen finanzwirtschaftlich verarbeitet wurde. Z. B. sei die Abgabenquote in der Bundesrepublik in den letzten drei Jahren um 3 Prozentpunkte gestiegen, auf über 45 %. Auch sei die Verschuldung massiv angestiegen. Parallelen zu den Ölpreisschocks der 70er Jahre seien unübersehbar, auch damals sei die Verschuldung der Gebietskörperschaften massiv ausgeweitet worden. Das hänge auch mit der Verteilung der Einnahmekompetenzen zwischen Ländern auf der einen Seite und dem Bund auf der anderen Seite zusammen. Displacement-Effekte würden in der Regel auf die Zentralebene übertragen und von ihr verarbeitet. Die Zentralebene habe die Einnahmekompetenz und sehe dann im Regelfall Steuererhöhungen und zusätzlich noch vermehrte Verschuldung des Staates vor, zumindest auf kurze Frist. Längerfristig stelle sich dann die Frage, ob sich das Niveau der Staatstätigkeit wiederum auf ein Niveau einpendelt, das auch vor dem Displacement-Effekt gegeben war.

Unter gesamtwirtschaftlichen Vorzeichen sei zu fragen, ob eine andere Verarbeitung eines solchen Schocks konjunktur- und wachstumspolitisch günstiger erscheint. Hätte man den Schock dadurch verarbeitet, daß die Länder und Gemeinden massiv ihre Ausgaben gekürzt hätten, so hätte dies mit Sicherheit zu konjunkturpolitisch ungünstigen, kontraktiven Wirkungen geführt und hätte zur Folge gehabt, daß z. B. im Jahre 1991 die gesamtwirtschaftliche Wachstumsrate nicht um 1,5 Prozentpunkte erhöht werden wäre, wie dies tatsächlich der Fall war. Nach den Aussagen und den Absichtserklärungen der Finanzpolitiker werde sich die Staatstätigkeit auf längere Sicht auf ein Niveau einpendeln, wie es vor der deutschen Vereinigung erreicht war.

Zu Frau Färbers Beitrag bemerkt *von Loeffelholz*, sicherlich fehle es an einem Beleg für die negativen Anreizwirkungen einer hohen Ausgleichsintensität im Länderfinanzausgleich. Allerdings zeige sich am Beispiel Baden-Württembergs, daß von 100 Millionen DM zusätzlichen originären Steuereinnahmen eigentlich nur 16 Millionen DM übrigblieben. Es liege zumindest nahe, an eine negative Anreizwirkung im Sinne einer geringeren Ausschöpfung der Steuerquellen bzw. Pflege der Steuerquellen zu denken. Es bleibe die Aufgabe, dieses Problem generell zu untersuchen.

Donges meint, es sei wohl fraglich, ob es sich wirklich um einen gar so großen Schock gehandelt habe, vielleicht werde er in Anbetracht der geschichtlichen Einmaligkeit dieser Vereinigung nur so empfunden. Ein wirksamer Schock hätte ja dazu geführt, daß das bestehende System des Finanzausgleichs, wie es sich weiterentwickelt hat, von der Bildfläche verschwunden wäre. Dann wäre man weiter und könnte neu anfangen; die vielen Interessengruppen, die sich gegenseitig blockieren, wären für die nächsten Jahre erst einmal um ihre Wirkung gebracht. Sie würden sich dann zwar neu formieren, in fünf Jahren wären sie wieder da, aber man hätte zunächst einmal die Chance des Neuanfangs gehabt.

Stattdessen habe vor allem in den westlichen Ländern und in einigen Parlamenten — nicht nur im Bundestag, auch in einigen Länderparlamenten, in den Gemeindeparlamenten sowieso — die Einsicht gefehlt, daß sozusagen als Folge des Schocks auch konzeptionell neu gedacht werden müsse, daß an die Ausgaben herangegangen werden müsse, daß sie umgeschichtet und auch mal gekürzt werden müßten. Eine Chance, ineffiziente Ausgaben zu kürzen, bestehe eigentlich nur bei leeren Kassen. Im übrigen orientiere man sich bei Überlegungen über die Reform der Finanzverfassung immer stark auf die Einnahmeseite hin. Es sei aber doch zu prüfen, ob man nicht auch über Ausgaben nachdenken muß. Auch müsse irgend eine Form von Regelbindung gefunden werden, die sicherstellt, daß sich hier nicht in irgendeiner Form Moral-Hazard-Probleme entwickeln. Sicher sei vieles fremdbestimmt auf Länder- und Gemeindeebene, aber es gebe auch Gemeinden, denen selber viele fragwürdige Ausgaben einfielen. Ein Beispiel sei der Rückbau von Staßen. Das sei eine von Gemeinden ganz autonom, überhaupt nicht fremdbestimmt getroffene sogenannte Investitionsentscheidung, die sich viele noch leisteten.

Donges versteht nicht, warum man sich immer so schwertut mit der Konditionalität von Finanzzuweisungen, also den zweckgebundenen Finanzzuweisungen. Er findet sie eigentlich in Ordnung, nicht nur wegen der Schwierigkeiten, den Finanzausgleich besser zu gestalten, sondern weil hier ein Moral-Hazard-Problem bestehe. Natürlich hätten die Länder ihre eigenen Präferenzen und wollten die Dinge selber entscheiden. — Einverstanden, nur dann bitte auf eigene Rechnung! Die Erfahrung zeige, daß bei allgemeinen Haushaltshilfen nicht gewährleistet sei, daß sie in die beste Verwendung gehen. Häufig gingen sie noch nicht einmal in die zweit- oder drittbeste Verwendung.

Donges fordert dazu auf, bei der Neuordnung des Länderfinanzausgleichs auch den Gemeindefinanzausgleich mitzubedenken. Littmann habe in seiner Konzeption einer Reform der Finanzverfassung auch auf die Idee der Wertschöpfungssteuer hingewiesen, und auch die Gewerbesteuer sei ein Diskussionsthema.

Schirmeister erinnert an die Schattenhaushalte und insbesondere an die Frage der Verteilung der Lasten des Bundesvermögens im Osten. Zum einen sei hier die Treuhand angesprochen. Ein zweiter Bereich der Frage der Verteilung des Bundesvermögens im Osten ergebe sich daraus, daß auf der Grundlage des Einigungsvertrages alles, was im Immobilienbereich als DDR-Staatseigentum galt, zu Bundeseigentum gemacht wurde, — was bedeute, daß in dieser Hinsicht die Kommunen und Kommunalverbände im Osten in einer viel schwächeren Vermögenssituation antraten, als sie die Bundesrepublik selbst in den schlechtesten Zeiten, insbesondere in ihrer Anfangszeit gehabt habe. Es komme noch der Strom-Vertrag hinzu, der ja auch Aspekte der Vermögensverteilung enthielt: zunächst keine Durchleitungsrechte, womit man etwas verdienen konnte. Durch diese Vermögensverteilungskonstruktion sei ja mitverursacht worden — das nur als Randbemerkung außerhalb der fiskalpolitischen Diskussion —, daß die Gemeinden im Osten das einzige Instrument, das sie zunächst einmal besaßen, nämlich ihr Planungsrecht, als einen Hebel benutzten — und damit z. T. auch Projekte verzögerten. Es sei bekannt, daß die Kommunen in einem harten Kampf stünden, um Vermögen wiederzubekommen, überhaupt kommunales Vermögen vom Bund zu erhalten. Das letzte Problem bei der Verteilung des Bundesvermögens bestehe in der Übertragung der nicht mehr militärisch genutzten Militärliegenschaften. Sie würden jetzt den jungen Bundesländern vom Bund übereignet. Im Bundesland Brandenburg handele es sich um 7 % der Fläche. Sie verursachten allein für Gefahrenabwendung und Sicherung immense Kosten; Entsorgung, Sanierung usw. kämen noch hinzu. Es werde damit deutlich, daß der Einigungsvertrag auch aus diesem Grund auf längere Sicht eine besondere Belastung der Haushalte in den ostdeutschen Kommunen und den jungen Bundesländern schaffe. Sie mache Überlegungen notwendig, um überhaupt die Belastung vollständig zu erfassen und richtig zu berechnen, um von den Schattenhaushalten wegzukommen. Vielleicht sei dazu eine Institution wie ein Bundesschatzministerium sinnvoll, wo dieses Vermögen und die damit verbundenen Belastungen zusammenfassend dargestellt würden. Auf dieser Grundlage könnte auch darüber geredet werden, wie dieser Sonderfall in der Finanzverfassung berücksichtigt werden sollte, ohne daß daraus auf lange Sicht eine Belastung für die kommunalen und die Länderfinanzen im Osten wird.

Glaß macht einen konkreten Vorschlag, wie man vielleicht auf wirksame Weise Ausgaben kürzen könnte. Einen sehr wesentlichen Posten der staatlichen Ausgaben insgesamt stellten die Sozialausgaben dar. Man könnte überlegen, ob es vielleicht sinnvoll wäre, den einzelnen Ländern Gesetzgebungskompetenz für die inhaltliche Ausgestaltung der Sozialhilfe zu geben, so daß jedes einzelne Bundesland z. B. ein eigenes Sozialhilfegesetz erlassen könnte. Dann könnte es selber die Kriterien für die Zahlung von Sozialhilfe und auch die Beträge der Sozialhilfe festlegen. Das könnte auch für andere Sozialausgaben wie etwa Wohngeld oder Kindergeld gelten.

Der Vorteil bestünde darin, daß jedes Land für seine Sozialkosten selbst unmittelbar zuständig wäre und daß kein Land höhere Sozialausgaben tätigen könnte, als es sie sich leisten kann. Es würden auch die regionalen Präferenzen der Bürger in bezug auf Sozialhilfe besser berücksichtigt werden. Es müsse ja nicht alles ein Einheitsbrei im gesamten Bundesgebiet sein, sondern auch diese Fragen sollte man nach Ländern differenzieren.

Schirmeister entgegnet, daß dieser Vorschlag — bei Ausklammerung aus dem Finanzausgleich — der Errichtung einer Mauer zwischen den jungen Bundesländern und den übrigen gleichkäme. *Siebert* meint, dieser Vorschlag könne zunächst nur für den Westen angewendet werden. Die Ost-West-Frage sei hier nicht das Problem.

Glaß schließt eine weitere Frage an, nämlich ob man nicht sogar den einzelnen Gemeinden eine Entscheidungskompetenz darüber zusprechen könnte, inwieweit sie es Sozialhilfebeziehern zumuten, bestimmte Arbeitstätigkeiten auszuüben oder nicht. Das könne ja auch nach den regionalen Präferenzen entschieden werden. Wenn etwa in München beschlossen würde, daß Sozialhilfeempfänger bestimmte Arbeitsleistungen erbringen müssen, wenn sie schon die öffentlichen Kassen belasten, dann gehe das die Hamburger oder die Bremer nichts an.

In ähnlicher Weise könne man dafür argumentieren, daß auch die Gesetzgebungskompetenz für das Asylrecht den Ländern übertragen wird, so daß auch die regionalen Präferenzen der Bürger in bezug auf die Aufnahme von Asylanten besser zur Geltung kämen. Entsprechend müßten die Länder auch die Kosten für die Versorgung von Asylanten tragen.

Ein anderer Punkt, der ebenfalls auf Ausgabenkürzung hinausliefe, wäre die Überlegung, den Ländern eine Kompetenz für die Änderung des Beamtenrechts zuzugestehen, dergestalt, daß die Länder auch beschließen könnten, daß eine Entlassung von Beamten möglich wird, die nicht gut arbeiten oder die als überflüssig erkannt werden.

Siebert geht auf das Argument ein, das von Loeffelholz vorgetragen hatte, nämlich die negativen konjunkturellen Effekte, die eingetreten wären, wenn die West-Länder und West-Gemeinden stärker gespart hätten. Das Problem sei aber: Wenn sie nicht sparten, bestimme das in den weiteren 90er Jahren das Niveau der Staatsquote, der Steuer- und Abgabenquote und die Wachstumsbedingungen für das gesamte Land. Die Finanzverfassung müsse dazu führen, daß die langfristigen Interessen angemessen zum Ausdruck gebracht werden. Der Vorschlag von Littmann, die einzelnen Gebietskörperschaften beim Portepee zu fassen, ihnen die gesamtwirtschaftliche Budgetrestriktion klar zum Ausdruck zu bringen und damit auch Moral-Hazard-Probleme zu vermeiden, sei dann schon sehr attraktiv.

In einer Abschlußrunde nehmen die Referenten zu einigen Beiträgen Stellung: *Von Loeffelholz* wendet sich gegen des Argument von Donges, der Schock sei nicht stark genug gewesen, um Ausgabenkürzungen zu veranlassen. Die Verarbeitung des Schocks in erster Linie durch den Bund habe dazu geführt, daß auf Länder- und Gemeindeebene nicht die Notwendigkeit von Ausgabenkürzungen oder auch von Verlagerungen der Ausgabenprioritäten gesehen wurde, zumindest kurzfristig nicht. Längerfristig werde man wohl damit rechnen können, daß auch hier die Prioritäten sich ändern würden, nicht zuletzt mit Blick auf den Solidarpakt, der ja auch z. B. für die Gemeinden in Westdeutschland erhebliche Belastungen bringe. So werde Essen durch den Solidarpakt mit rund 70 bis 80 Millionen DM belastet. Dies werde sicher in den Gemeinden dazu führen, daß auch Ausgaben überdacht und Prioritäten neu gesetzt werden.

Eine generelle Rückführung von Ausgaben in kurzer Frist scheine zumindest nach den bisherigen Erfahrungen kaum möglich. Das hänge sicher auch damit zusammen, daß die Entscheidungskompetenzen im föderativen System so weit gestreut sind und auch mehr oder weniger voneinander unabhängig sind. Hinsichtlich der Konditionalität der Finanzzuweisungen erinnert *von Loeffelholz* daran, daß nicht nur das RWI, sondern auch die anderen Institute von Anfang des Vereinigungsprozesses an gesagt hätten, man sollte Finanzzuweisungen zweckbinden; in erster Linie sollten sie zur Verbesserung und Modernisierung der Infrastruktur verwendet werden. Die Institute hätten also mit der Konditionalität von Finanzzuweisungen überhaupt kein Problem.

Der Gemeindefinanzausgleich müsse sicher mit berücksichtigt werden. Es liege ja seit über zehn Jahren ein Vorschlag zur Reform der Gemeindefinanzen in Form der Wertschöpfungssteuer vor. Die Wissenschaft habe sich mit diesem Vorschlag inzwischen wohl mehrheitlich identifiziert; nur politisch sei bisher nichts getan worden. Ganz im Gegenteil, es werde eher die Gewerbesteuer weiter ausgehöhlt, als daß auf dem Weg einer Wertschöpfungsabgabe weitergegangen würde.

Bezüglich der Vermögenssituation der Kommunen in den neuen Bundesländern erinnert *Littmann* an die Beratungen des Parlamentarischen Rates. Damals habe die Frage des Lastenausgleichs — ob er auf Länder- oder auf Bundesebene geregelt werden sollte — eine ganz entscheidende Rolle gespielt. Von daher komme im übrigen die Verpflichtung auf die Wahrung der Einheitlichkeit der Lebensverhältnisse: In den einzelnen Ländern waren höchst unterschiedliche Kriegsfolgelasten festzustellen. Dies sei natürlich Bundesangelegenheit. Aber bloß zu sagen, „das überlassen wir dem Bund" reiche nicht aus; da müsse sehr viel mehr getan werden.

Sodann nimmt *Littmann* Stellung zu dem Vorschlag von Glaß zur Ausgabenautonomie der Länder. Das Prinzip sei schon richtig, bloß nicht bei denjenigen Ausgaben, wo das Substitutionsprinzip sofort wirksam würde: Wenn erst einmal die Münchener überhaupt keine Sozialhilfe mehr gäben, dann marschierten die Betreffenden nach Hamburg, und wenn sie in Hamburg dasselbe erlebten, gingen sie nach Bremen, und schließlich hätte man eine wahrscheinlich böse Situation. Man müsse zuweilen auch Opfer bringen können. Eine Lösung wäre vielleicht durch eine Rahmengesetzgebung möglich. In diesem Rahmen könnte man es den einzelnen Ländern überlassen, was sie im einzelnen tun.

Zu den Vorschlägen zum Beamtenrecht bemerkt *Littmann*, zwar seien die Personalausgaben die wichtigsten Ausgabenposten für die Länder. Bekanntlich existiere aber ein Artikel 33 Absatz 5 im Grundgesetz. Die überkommenen Rechte der Beamtenschaft seien nun einmal grundgesetzlich geschützt. Nicht einmal an den Ruhestandsbezügen könnte gekürzt werden, derartiges würde vom Bundesverfassungsgericht kassiert. Bis das Grundgesetz in diesem Punkt geändert sein würde, werde leider noch sehr viel Zeit vergehen. Littmann bedauert das aufs äußerste und sieht sich insoweit einig mit Donges.

Aber auch durch das Haushaltsrecht enthalte das System viele Starrheiten. Einmal bewilligt — das könne vor 50 Jahren eine gute Entscheidung gewesen sein —, würden Ausgabenposten durchgezogen bis heute. So sei die öffentliche Verwaltung auf EDV umgestellt, es werde aber immer noch so getan, als ob mit zwei Fingern geschrieben werden müßte. Im öffentlichen Bereich seien dort, wo EDV eingeführt worden war, sogar zusätzliche Kräfte gebraucht worden. In einem großen privaten Unternehmen beispielsweise müsse jede Führungskraft, die weiterhin EDV einführen will, für jedes neue Gerät 0,2 Arbeitskräfte streichen. Das sei der Vorteil, den man durch EDV hat! Produktivitätsgesichtspunkte in die Haushaltspolitik hineinzubringen, sei noch eine Aufgabe für die Zukunft. Das gelte genauso für die Bereiche, die dem Auditorium gut bekannt seien, etwa Hochschulen und Universitäten. So sei z. B. in Hamburg über die Frage, ob man nicht mehr Fachhochschulen statt weiterer Universitäten gründen sollte, ganz irrational entschieden worden.

Der Finanz-Egoismus sei bei allen zu finden, soweit sie überhaupt im öffentlichen Bereich tätig sind, alle Anwesenden nicht ausgeschlossen. Er müsse in der Tat überwunden werden, aber nicht dadurch, daß man irgendwo eine kleine Klausel einführt im Sinne einer 2 %-Kürzung nach der Rasenmähermethode. Dann habe man den Putzfrauen-Effekt, und die Putzfrauen kämen nachher über eine andere Position wieder in den Haushalt hinein. Nein, hier müsse ganz grundsätzlich durchgegriffen werden, und das sei nicht innerhalb eines halben Jahres und auch nicht innerhalb von zwei Jahren möglich, sondern dazu brauche man Programme auf mittlere und längere Sicht.

Auch *Peffekoven* geht auf die Frage ein, warum sich alle Verantwortlichen bei den Ausgabenkürzungen so schwer tun. Er hält z. B. den gesamten Ansatz im Konsolidierungspakt von der Sache her für falsch. Er solle ja ein föderales Konsolidierungsprogramm sein. Es sei aber im Grunde ein föderales Programm daraus geworden, und der Konsolidierungseffekt sei nur am Schluß, als man dem Bürger nicht mehr Steuererhöhungen glaubte zumuten zu können, wieder hineingekommen. Man hätte eigentlich zunächst einmal fragen müssen, wo Ausgaben gekürzt werden könnten, gleich auf welcher Ebene, und hätte dann je nach den Belastungen anschließend vielleicht ein Finanzausgleichskonzept draufpacken müssen.

Zur Konditionalität habe er deshalb differenzierter argumentiert, weil er im Vortrag nur zur Kompensation von Sonderlasten gesprochen habe. Hier befürwortet er eindeutig die Zweckbindung, sogar noch verbunden mit einer Eigenbeteiligung. Es gebe aber auch Zuweisungen, die dem Zweck dienten, fehlende Finanzkraft zu kompensieren, z. B. weil die Probleme der Verteilung des Steueraufkommens nicht hinreichend gelöst sind. Wenn man in dieser Weise nur Steuer-Ersatz bietet, könne man keine Zweckbindung befürworten, denn bei den Steuern, die ersetzt werden sollten, gebe es auch keine Zweckbindung.

Der Gemeindefinanzausgleich spiele nur wenig in den Länderfinanzausgleich hinein, nämlich mit der Berücksichtigung der Hälfte der Gemeindesteuereinnahmen. *Peffekoven* findet es unverständlich, warum man den Problemen der fünf neuen Bundesländer — plus einige arme — nicht mit der vollständigen Anerkennung der Gemeindesteuern Rechnung getragen hat. Das hätte den neuen Bundesländern einen enormen Gewinn gebracht, weil sie ja durchweg schwach in der Gemeindesteuerausstattung sind. Viele Probleme der neuen Bundesländer seien gar nicht Probleme der Länderfinanzen, sondern der Gemeindefinanzen. Wenn das System des Länderfinanzausgleichs geregelt sein werde, müsse die Regelung des Gemeindefinanzausgleichs das nächste, außerordentlich schwierige Problem sein, das zur Lösung anstehe. *Peffekoven* bezweifelt, ob noch einmal eine Chance bestehen werde, die Wertschöpfungssteuer einzuführen: Das sei für ihn durch die Vereinigung sogar fraglicher geworden, denn jetzt entstünden ganz neue Probleme und möglicherweise auch neue Argumente dagegen.

Zur Ausgabenautomie sei wohl festzustellen, daß dort, wo die Länder eigenverantwortlich eine Rahmengesetzgebung auszufüllen hätten, die Konkurrenz dann doch zu den gleichen Maßnahmen führe. Das gelte etwa beim Denkmalschutz: Über die Bundesrepublik hinweg seien die Aufwendungen pro Kopf überall ziemlich gleichmäßig obwohl hier Differenzierungen möglich wären.

II. Teil

Die Neugestaltung des Finanzausgleichs im vereinten Deutschland unter wachstums- und verteilungspolitischen Aspekten

Wettbewerb der Regionen und Finanzverfassung

Prinzipien einer Reform des Finanzausgleichs in der Bundesrepublik Deutschland

Von Alfred Boss, Kiel *

A. Problemstellung

Nach der deutschen Einigung herrscht die Meinung vor, daß die Verteilung der Steuereinnahmen auf die einzelnen Gebietskörperschaften korrigiert werden muß. Insbesondere sollen die neuen Bundesländer 1995 in den Länderfinanzausgleich einbezogen werden und dabei zusätzliche Mittel erhalten. Grundsatzbeschlüsse sind Anfang März 1993 gefaßt worden.[1] Auch unabhängig von der deutschen Einigung wird eine Reform des Finanzausgleichs und der Finanzverfassung überhaupt für erforderlich gehalten[2]; sie könnte anläßlich der ohnehin geplanten Änderung des Grundgesetzes[3] durchgeführt werden. In der Diskussion ist das Urteil des Bundesverfassungsgerichts vom 27. Mai 1992 von Bedeutung, das in Teilbereichen des Finanzausgleichsregelwerkes (z. B. bei den Regeln für den Fall der Haushaltsnotlage eines Bundeslandes) Änderungen verlangt.[4] Auslöser von Reformdiskussionen ist auch der Vertrag von Maastricht, mit dem Zentralisierungstendenzen nicht nur im Bereich der öffentlichen Finanzen angelegt werden.[5]

Das Konzept eines Wettbewerbs der Regionen spielt bei der bundesdeutschen Finanzausgleichsdebatte ebenso wie bei der Diskussion des

---

* Der Aufsatz ist im Rahmen des Projekts „Weiterentwicklung der sozialen Marktwirtschaft" der Bertelsmann-Stiftung entstanden.

1 Vgl. Presse- und Informationsamt der Bundesregierung, Bulletin, Nr. 22 / S. 185, Bonn, den 16. März 1993.

2 Vgl. beispielsweise Sachverständigenrat zur Begutachtung der gesamtwirtschaftlichen Entwicklung, Jahresgutachten 1990 / 91.

3 Bundestag und Bundesrat haben eine Verfassungsreformkommission eingesetzt; sie hat aber bisher keine Vorschläge zur Änderung der Finanzverfassung vorgelegt (und wird wohl auch keine Vorschläge machen).

4 Vgl. Peffekoven (1992).

5 Vgl. Laaser und Soltwedel (1993).

Maastricht-Vertrages eine untergeordnete Rolle. Vielmehr ist die Diskussion über den Finanzausgleich in einen Verteilungsstreit degeneriert. Auswirkungen von Ausgleichsregeln auf die Anreize für die Transferzahler, eine gute Wirtschaftspolitik zu betreiben, die sich in hohen Steuererträgen in der Zukunft niederschlägt, und auf die Anreize für die Transferempfänger, sich selbst zu helfen, werden völlig verkannt. Die Bedeutung, die den negativen Anreizen bundesweit hoher Steuersätze in Verbindung mit hohen Staatsausgaben zukommt, wird nur unzureichend gesehen.

In diesem Beitrag wird untersucht, wie die Finanzverfassung auszugestalten ist, wenn es — im Interesse der Freiheit und des Wohlstandes der Bürger — Wettbewerb der Regionen geben soll, seien diese Nationalstaaten, Länder eines Nationalstaates oder Gemeinden. Zunächst wird das Konzept des Wettbewerbs der Regionen dargestellt, dann werden die Vorteile der Dezentralisierung staatlicher Aufgaben aufgezeigt. Einige Argumente, die gegen Wettbewerb und für Zentralisierung und damit gegen die vorangehenden Überlegungen, die sich an die Thesen Tiebouts[6] anlehnen, vorgebracht werden (können), werden diskutiert. Sodann werden aus den vorangehenden Überlegungen die Prinzipien einer ökonomisch vernünftigen Finanzverfassung abgeleitet. Danach werden einige Änderungen der bestehenden Ordnung vorgeschlagen, mit deren Verwirklichung man der Schaffung einer effizienten Finanzverfassung näherkäme. Die Reformüberlegungen betreffen nur die deutsche Finanzverfassung; die EG-Verfassung ist Gegenstand eines anderen Beitrages.[7]

Unter Finanzverfassung wird ein System von Regeln verstanden, wie es beispielsweise in Form der Grundgesetz-Artikel 91a, 91b und 104a ff. besteht. Alternativ wird von Finanzausgleich in einem weiten Sinne gesprochen.[8] Gemeint sind immer Regelungen, die im angelsächsischen Sprachraum unter dem Stichwort „fiscal federalism" diskutiert werden. Es wird durchgängig bei gegebenen Gebietsabgrenzungen argumentiert.[9]

---

[6] Vgl. Tiebout (1956).

[7] Vgl. Lammers (1993).

[8] Vgl. Andel (1992).

[9] Zu Möglichkeiten und Implikationen der Neugliederung von Regionen vgl. Thiel, Eberhard, in diesem Heft, sowie Vesper, Dieter, in diesem Heft.

B. Das Konzept des Wettbewerbs der Regionen

Die folgenden — eher theoretischen — Ausführungen gelten für eine Gesamtheit von Regionen.[10] Dies können die Mitgliedsstaaten der EG, die Länder (Kantone) eines Staates oder die Gemeinden eines Bundeslandes sein. Die räumliche Abgrenzung der Regionen einer entsprechenden Regionengesamtheit wird als gegeben angenommen; sie wird nicht (beispielsweise mit Analogien zur Theorie optimaler Währungsräume) problematisiert.[11]

Die Modellüberlegungen basieren auf folgenden Annahmen: Die einzelnen Regionen sind wirtschaftlich integriert. Es gibt also einen gemeinsamen Markt in dem Sinne, daß Handelshemmnisse jeglicher Art fehlen; es gibt zudem keine Hindernisse für die Bewegungen der Produktionsfaktoren Arbeit, Kapital und technisches Wissen über die Grenzen der einzelnen Regionen hinweg.

In jeder Region betreibt der Staat Wirtschaftspolitik in dem Sinne, daß er bestimmte öffentliche Güter (z. B. Rechtssicherheit infolge der Schaffung und Durchsetzung einer Rechtsordnung) produziert (oder auch nur bereitstellt) und bestimmte Sozialleistungen (Sozialhilfe oder Leistungen von Sozialversicherungen) und Subventionen anbietet; nicht ausgeschlossen wird, daß der Staat auch private Güter anbietet. Finanziert werden die Ausgaben der Gebietskörperschaften durch Steuern, die der Sozialversicherungen durch Beiträge.

Bei freier Preisbildung (einschließlich freier Faktorpreisbildung) kommt es zu einer effizienten Ressourcenallokation und zu einer Maximierung des Wohlstands in dem integrierten Wirtschaftsraum. Freier Handel und Freizügigkeit sorgen für eine interregionale Angleichung der Faktorpreise. Die Allokation der Ressourcen wird dabei auch von der Art der regionalen Wirtschaftspolitik beeinflußt; denn diese wirkt — über ihre ökonomischen Kosten und ihre ökonomischen Nutzen — auf die komparativen Kostenunterschiede, die für den Handel bedeutsam sind, und auf die Anreize für interregionale Faktorbewegungen, also auf die Kapitalbewegungen und die Wanderungen von Arbeitskräften.

---

[10] Der Abschnitt verwendet Überlegungen, die Paqué bei einer Analyse der „sozialen Dimension" des EG-Binnenmarkts angestellt hat (vgl. Paqué 1989). Zum Modell des institutionellen Wettbewerbs vgl. auch Giersch (1989), Siebert (1990) sowie Siebert und Koop (1993).

[11] Vgl. aber Brennan und Buchanan (1980).

Die Qualität der Wirtschaftspolitik ist in der skizzierten Modellwelt nichts Anderes als eine Determinante der Wettbewerbsposition einer Region; andere Standortfaktoren sind die Verkehrsverhältnisse, der Ausbildungsstand der arbeitenden Bevölkerung, die Rohstoffausstattung, die Umweltqualität, etc. Jeder Regionalstaat offeriert mit seiner Politik ein Paket aus staatlichen Leistungen und Steuern zu deren Finanzierung, ein Paket, das sich im Wettbewerb der Regionen bewähren muß.[12]

C. Vorteile des Wettbewerbs der Regionen — Argumente für Dezentralisierung

Wettbewerb der Regionen und ihrer Systeme in dem skizzierten Sinne bedeutet Dezentralisierung. Die unteren Ebenen staatlichen Handelns nehmen ihre Aufgaben in eigener Kompetenz wahr. Bei ihnen sind die öffentlichen Aufgaben im föderativ aufgebauten Staat grundsätzlich angesiedelt.

Dezentralisierung verhindert unnötige Wohlfahrtsverluste, zu denen es bei Zentralisierung in Verbindung mit der Anwendung des Mehrheitsprinzips im demokratischen Entscheidungsprozeß kommt. Infolge der bei Zentralisierung notwendigerweise einheitlichen Regelung, beispielsweise des gleichen Angebots an öffentlichen Gütern, treten Wohlfahrtsverluste der Minderheit auf, wenn die Minderheit mehr öffentliche Güter konsumieren und über Abgaben finanzieren muß, als es ihren Präferenzen entspricht. Wohlfahrtsverluste der Minderheit treten umgekehrt auch auf, wenn diese in einem geringeren als dem gewünschten Maß mit öffentlichen Gütern versorgt wird und daher — wohlfahrtstheoretisch gesehen — trotz vorhandener Zahlungsbereitschaft einen Teil der möglichen Konsumentenrente nicht realisieren kann.[13] Das Ausmaß der Verluste hängt von den Unterschieden in den Präferenzen ab, die im Durchschnitt zwischen den Regionen bestehen.

Wettbewerb zwischen den Regionen und damit Wettbewerb sowohl zwischen den Politikern als auch zwischen den Behörden erhöht auch insofern die Effizienz, als er dem Steuerzahler die Abwanderung ermöglicht. Der einzelne Bürger kann, wenn ihm der durch Mehrheitsentschei-

---

12 Zu Formalisierungen des Konzepts des Wettbewerbs der Regierungen vgl. Sinn (1992). Zum Begriff der Wettbewerbsfähigkeit von Regionen bzw. der internationalen Wettbewerbsfähigkeit eines Landes vgl. Sinn (1989).

13 Vgl. Laaser und Soltwedel (1993).

dung zustandegekommene finanzpolitische Kurs nicht zusagt, mit den Füßen abstimmen und seinen Wohnsitz in jene Region verlegen, deren Angebot an öffentlichen Leistungen ihm im Verhältnis zur Steuerbelastung mehr zusagt. Dem Bürger stehen also bei Dezentralisierung zwei Optionen offen: Widerspruch und Abwanderung. Die einzelnen staatlichen Institutionen werden um eine möglichst effiziente Versorgung mit öffentlichen Leistungen bemüht sein, weil sie im Wettbewerb dazu gezwungen werden.

Im Wettbewerb der Regionen kommt es zu einem Effizienztest der jeweiligen Wirtschaftspolitiken und der betreffenden institutionellen Regelungen. Der Wettbewerb dient auch als Entdeckungsverfahren[14], als ein Verfahren zur Entdeckung neuer, überlegener Politiken, und er veranlaßt zur Nachahmung des guten Beispiels. Wenn unterschiedliche Politiken Standortvorteile oder -nachteile begründen, so kann der Wettbewerb der Standorte zu einer Harmonisierung ex-post durch Imitation erfolgreicher Experimente führen.[15] Wenn sich eine neue Politik als nachteilig erweist, dann ist der durch ihre Verwirklichung angerichtete Schaden auf die betreffende Region begrenzt.

Die Dezentralisierung gibt dem einzelnen Wähler einen stärkeren Anreiz, sich über politische Fragen zu informieren, denn das Gewicht seiner Stimme ist in einer kleinen Gebietskörperschaft (wie z. B. einer Gemeinde) größer als in einer großen Gebietskörperschaft (wie z. B. dem Bund oder gar der EG). Je besser der Wähler aber informiert ist, desto schwerer wird es für die Interessengruppen, zu denen auch die Beschäftigten des öffentlichen Dienstes gehören, höhere Staatsausgaben durchzusetzen.

Zudem schützt Dezentralisierung regional konzentrierte Minderheiten vor der Ausbeutung durch Mehrheiten in übergeordneten Regionen oder durch die nationale Mehrheit.

Schließlich spricht eine weitere Überlegung für Dezentralisierung. Soweit die Politiker und die Verwaltung im Interesse der Bürger handeln wollen, was nicht selbstverständlich ist, können sie dies bei Dezentralisierung besser; denn sie kennen die jeweiligen örtlichen Verhältnisse aus eigener Anschauung. Sie können sachgerecht entscheiden, ohne daß es langer Kommunikationswege bedarf, auf denen es leicht zu Informationsverlusten kommt und die natürlich Verwaltungskosten verursachen.

---

[14] Vgl. von Hayek (1968), Sinn (1990).

[15] Vgl. Siebert (1990).

Insgesamt läßt sich folgern, daß der politische Wettbewerb, den eine föderale Struktur der Finanzverfasung, vor allem des Steuerwesens, mit sich bringt, mittelbar erreichen kann, was ausdrückliche fiskalische Schranken unmittelbar erreichen sollen.[16] Mehr noch: Wettbewerb der Regionen ist ein echtes Instrument der Staatskontrolle, das die unzureichenden Mittel der demokratischen Abwahl und der Verfassungsgrenzen für Staatsausgaben wirksam ergänzt.[17] „Die Gefahr, daß Menschen abwandern, ist nur eine Seite dieser Staatskontrolle. Die andere Seite ist der Gewinn, der entsteht, wenn Kapital zuwandert".[18]

D. Grenzen des Wettbewerbs der Regionen — allokative und redistributive Argumente für Zentralisierung und Finanzausgleichsmechanismen

Die bisherigen Überlegungen sind daraufhin zu überprüfen, ob sie haltbar sind, wenn verschiedenen Komplikationen Rechnung getragen wird, die die Wirklichkeit im Gegensatz zur Modellwelt aufweist. Staatliche Aktivitäten mögen mit (technologischen) externen Effekten verbunden sein, sie erbringen unter Umständen Skalenerträge. Beides könnte die Zentralisierung öffentlicher Aufgaben oder Finanzausgleichsregelungen als angebracht erscheinen lassen. Finanzausgleichsregelungen können auch für erforderlich gehalten werden, um redistributive Zielvorstellungen zu realisieren.

Bei den folgenden Überlegungen wird nicht problematisiert, daß bestimmte Aufgaben auch bei Dezentralisierung und Wettbewerb der Regionen bei einer übergeordneten Gebietskörperschaft angesiedelt werden. Zu diesen Aufgaben zählen aber, wenn es — wie im folgenden — um den Wettbewerb der Länder eines Nationalstaates geht, nur wenige, nämlich die Produktion und / oder Bereitstellung öffentlicher Güter; Beispiele betreffen „Recht und Ordnung", „innere und äußere Sicherheit" sowie die Durchsetzung einer Wettbewerbsordnung. Wenn es um den Wettbewerb zwischen Nationalstaaten geht, stellt sich die Frage, inwieweit z. B. die EG Aufgaben übernehmen sollte.[19]

---

16 Vgl. Brennan und Buchanan (1980).

17 Vgl. Giersch (1991).

18 Ebenda.

19 Zur adäquaten Kompetenzverteilung in der EG vgl. Laaser und Soltwedel (1993) sowie Vaubel (1992).

a) Externe Effekte

Finanzausgleichsmechanismen können mit der Existenz externer Effekte begründet sein. Es mag Aktivitäten von Gebietskörperschaften geben, von denen nicht nur deren Einwohner, sondern auch die Einwohner anderer Länder profitieren (Beispiel: Straßenbau). Dann könnte es bei gegebener föderalistischer Struktur gerechtfertigt sein, jenen Ländern oder Gemeinden zweckgebundene finanzielle Mittel — beispielsweise über einen vertikalen Finanzausgleich (mit Eigenbeteiligung) — zukommen zu lassen, die durch ihre Aktivitäten positive externe Effekte verursachen; der Zentralstaat spielte im Beispiel gewissermaßen die Rolle eines Vermittlers zwischen den untergeordneten Ebenen. Umgekehrt mag eine Gebietskörperschaft auch negative externe Effekte auslösen (Beispiel: Verschmutzung eines Flusses, der in eine andere Region fließt); über Finanzausgleichszahlungen könnte versucht werden, Effizienz herzustellen.

In der Praxis dürfte es allerdings sehr schwierig sein, das angemessene Ausmaß eines adäquaten Finanzausgleichs festzulegen, zumal Gebietskörperschaften, die positive Externalitäten bewirken, in der Regel ihrerseits durch solche Effekte begünstigt werden oder an anderer Stelle negative Externalitäten auslösen.[20] Das Informationsproblem ist sowohl im Falle positiver als auch im Falle negativer Externalitäten nur schwer zu lösen.

Wichtiger noch ist ein anderer Aspekt. Wenn deutliche spillover-Effekte vorliegen und quantifiziert werden können, das Informationsproblem also lösbar ist, dann gibt es Anreize für die betroffenen Gebietskörperschaften, die externen Effekte über bi- oder multilaterale Vereinbarungen zu internalisieren. Es kann dann zu zweckgebundenen interregionalen Transfers mit allokativer Zielsetzung kommen, wobei die potentiellen externen Effekte beispielsweise durch Regelungen in Staatsverträgen angemessen berücksichtigt werden.[21] Natürlich ist es auch möglich, daß angesichts hoher Verhandlungskosten bewußt auf interregionale Transfers verzichtet wird; dies ist dann aber als optimales Ergebnis hinzunehmen und keine Begründung z. B. für zentrale Finanz-

[20] Vgl. Boss und Bothe (1987), S. 116.

[21] In der Schweiz können die Kantone und die Gemeinden in den verschiedensten Bereichen miteinander Verträge abschließen und damit die optimale Größe des Raumes festlegen, der für die Erfüllung einer Aufgabe notwendig ist. Es gibt in vielen Bereichen interkantonale oder interkommunale Zusammenarbeit (vgl. Blöchliger und Frey (1992).

ausgleichsregelungen. Möglich ist es auch, daß es Anreize zu einem strategischen Verhalten gibt, die verhindern, daß über Verhandlungen ein effizientes Ergebnis erreicht wird. Dies ist aber ebenfalls kein Grund, Finanzausgleichsregelungen einzuführen.

b) Skalenerträge

Das Argument, Zentralisierung bringe Skalenerträge mit sich, läßt sich beispielsweise für die Organisation der Steuererhebung vorbringen. Es impliziert, daß Steuern zentral erhoben und dann aufgeteilt werden (Gemeinschaftssteuern, Steuerverbund). Fraglich ist aber, ob bei zentraler Steuererhebung tatsächlich Skalenerträge auftreten. Auch sind vertragliche Regelungen mit anderen Gebietskörperschaften zur Ausschöpfung tatsächlich vorhandener Skalenerträge möglich.

Andere Beispiele für potentielle Skalenerträge betreffen die allgemeine Verwaltung oder die Ausstattung mit Sachmitteln (beispielsweise im Polizeiwesen oder bei der Feuerbekämpfung). Auch in diesen Fällen ist aber keineswegs zwingend eine Zentralisierung erforderlich.

c) Einheitliche Besteuerung und Steuerverbund mit allokativer oder redistributiver Begründung

Auch unabhängig von potentiellen Skalenerträgen ist zu prüfen, ob unkonditionierte Transfers des Zentralstaates (etwa der bisherige Finanzausgleich über die Bundesergänzungszuweisungen oder die allgemeinen Leistungen des Bundes im Rahmen des durch das föderale Konsolidierungsprogramm erweiterten Finanzausgleichs in der Bundesrepublik Deutschland) erforderlich sind. Solche Transfers bedeuten eine Beteiligung der untergeordneten Ebenen am Steueraufkommen der übergeordneten Ebene. Fraglich ist, ob sie zum einen unter allokativen Aspekten oder zum anderen unter redistributiven Aspekten nötig sind.[22]

Was die allokationspolitische Rechtfertigung unkonditionierter Transfers betrifft, so sind zwei Argumentationsmuster bedeutsam. Ein Effizienzgewinn aus einer Steuersatzharmonisierung bzw. einer zentralen Besteuerung — verbunden mit Regeln für den vertikalen Finanzausgleich — kann zum einen daraus resultieren, daß steuersatzbedingte Wanderungen, die zu Effizienzeinbußen führen, unterbleiben, zum anderen daraus, daß eine Tendenz zu einer suboptimalen Versorgung mit

[22] Vgl. Buchanan und Flowers (1987) sowie Rosen (1988).

öffentlichen Leistungen der untergeordneten Gebietskörperschaften vermieden wird. Beide Argumentationen sind zu prüfen, letztlich aber nicht überzeugend.

Sind — so die erste Argumentation — die Einkommen in den einzelnen Regionen im Durchschnitt unterschiedlich hoch, so können gegebene öffentliche Leistungen zu unterschiedlich hohen Steuersätzen angeboten werden. Es entstehen Anreize zu Wanderungen, die gesamtwirtschaftlich nachteilig sein können. Diese Anreize lassen sich durch Transfers des Zentralstaates in die armen Regionen vermeiden. Dabei sind die Transfers so zu bemessen, daß dort gleiche öffentliche Leistungen zu gleichen Steuersätzen angeboten werden können[23]; der Zentralstaat braucht dazu natürlich ausreichende Steuereinnahmen.

Diese Begründung des Finanzausgleichs basiert entscheidend auf der zugrunde gelegten unzureichenden Sicht des Wettbewerbs. Bei der Beurteilung der Vorteilhaftigkeit von Politikmaßnahmen wird auf die Ergebnisse des Wettbewerbs im Hinblick auf bestimmte wohlfahrtstheoretisch fundierte Gleichgewichtsbedingungen abgestellt. Eingriffe werden für gerechtfertigt gehalten, wenn andernfalls diese Effizienzbedingungen nicht erfüllt werden. Die Effizienzgewinne, die aus dem Wettbewerbsprozeß selbst resultieren, werden dagegen ignoriert. Es geht um die Gewinnung und die Verbreitung von Wissen — Vorteile, die Wettbewerb als Entdeckungsverfahren mit sich bringt. Gegen die These, daß Steuersatzangleichung und Finanzausgleich nötig seien, um Effizienzeinbußen infolge von Wanderungen zu verhindern, läßt sich deshalb nicht nur die Warnung vor dem Appetit Leviathans vorbringen; von großer Bedeutung ist auch, daß Regierungen nur über begrenztes Wissen verfügen und nicht notwendigerweise die optimale Problemlösung finden.[24]

Bei dezentralen Entscheidungen in den Regionen kann es — so die zweite Argumentatio — dazu kommen, daß untergeordnete Gebietskörperschaften — gemessen an der Nachfrage nach öffentlichen Leistungen — ein zu geringes Angebot und zu niedrige Steuersätze festsetzen, und zwar deshalb, weil im politischen Entscheidungsprozeß die potentiellen Verluste an Steueraufkommen bei höheren Steuersätzen (das Schrumpfen der Steuerbasis bei höheren Steuersätzen infolge von Wanderungen) als Kosten eines öffentlichen Angebots einbezogen werden. Die Leistungsangebote in den Regionen wären dann suboptimal,

---

23 Vgl. Buchanan und Flowers (1987).

24 Vgl. Sinn (1990), S. 168.

weil die Aufkommensverluste einer einzelnen Region für die Gesamtheit der Regionen keine Verluste sind, jedenfalls nicht notwendigerweise Verluste sind.[25] Bei Zentralisierung — so das Argument — würden Effizienzverluste infolge eines suboptimalen Angebots in den einzelnen Regionen vermieden.

Entkräften läßt sich diese Argumentation — ebenso wie die zuvor erörterte — mit dem begrenzten Wissen staatlicher Entscheidungsträger über die bestmöglichen Politiken und den Vorteilen eines evolutorischen Wettbewerbs sowie mit der Gefahr überbordender Staatsaktivität bei fehlender Kontrolle durch den Wettbewerb.

Eine zentrale Besteuerung und die sich anschließenden vertikalen Finanzausgleichszahlungen (Steuerverbund, unkonditionierte Transfers des Zentralstaates) werden auch mit verteilungspolitischen Zielsetzungen begründet. Es läßt sich nämlich dagegen, daß (im Interesse der Ausnutzung von Skalenerträgen) zentral erhobene finanzielle Mittel einfach den untergeordneten Ebenen überlassen werden entsprechend den Anteilen, mit denen sie zum Aufkommen des Zentralstaates beigetragen haben, einwenden, daß dann — anders als im Falle des Finanzausgleichs — die reichen Regionen vergleichsweise besser ausgestattet wären und daß deshalb Verteilungsziele nicht erreicht würden.[26]

Akzeptiert man die Werturteile, die hinter einer solchen Argumentation stehen, so ist folgendes zu beachten: Ein Finanzausgleich im obigen Sinne verteilt um zwischen Gebietskörperschaften und nicht zwischen Individuen. Eine alternative und bessere Form der Umverteilung von reich zu arm (besser in dem Sinne, daß sie bei Werturteilen zustande käme, die wohl von breiteren Schichten akzeptiert werden) wäre es, die Sätze der Steuer des Zentralstaates im Ausmaß der unkonditionierten Transfers bzw. des Finanzausgleichsvolumens zu senken und gleichzeitig die Struktur der Steuersätze (den Progressionsgrad) so zu ändern, daß die gewünschte Umverteilung zugunsten unterer Einkommensgruppen zustande kommt. Ein Finanzausgleich wäre nicht erforderlich, das (als gegeben unterstellte) Ziel der Umverteilung aber treffsicher erreicht. Das alternative System würde — auf die deutschen Verhältnisse nach der Einigung angewendet — beinhalten, daß bei Verzicht auf

---

[25] Die Beurteilung hängt davon ab, inwieweit es Mobilität nicht nur zwischen den Regionen, sondern auch zwischen der Gesamtheit der Regionen und dem Rest der Welt gibt.

[26] Verteilungsnormen werden beispielsweise vom Sachverständigenrat zur Begutachtung der gesamtwirtschaftlichen Entwicklung im Jahresgutachten 1990/91 hervorgehoben.

Finanztransfers in den Osten die Besteuerung in Ostdeutschland gesenkt, möglicherweise sogar eine negative Einkommensteuer festgesetzt wird. Verteilungspolitisch könnte dies als „Ausgleich des Schadens durch 40 Jahre Sozialismus" begründet werden.[27]

In dem alternativen System wären die Bürger als Gesamtheit frei, die sonst (zur Finanzierung des Finanzausgleichs) an den Zentralstaat abgeführten Mittel für den Kauf privater Güter oder öffentlicher Leistungen einzusetzen. Die untergeordneten Gebietskörperschaften könnten sich die sonst über den Finanzausgleich bezogenen und jetzt infolge der Steuersenkung fehlenden Mittel zwar über Besteuerung verschaffen, die Bürger der betreffenden Regionen könnten sich aber durch entsprechende Entscheidungen dagegen wehren. Die Präferenzen der Bürger würden stärker als im Falle des Finanzausgleichs berücksichtigt. Es herrschte generell Wettbewerb zwischen den Regionen.

Ein Finanzausgleich im Sinne unkonditionierter Transfers dagegen gewährleistet, daß die als Transfers an die untergeordneten Gebietskörperschaften geleiteten Steuereinnahmen des Zentralstaates vor allem dazu genutzt werden, öffentliche Ausgaben zu tätigen; denn zu Steuersenkungen der untergeordneten Ebene kommt es in der Regel wohl nicht. Für den konkreten Fall der aufgestockten Transfers in die neuen Bundesländer ist zu erwarten, daß Privatisierungen kommunaler Dienstleistungen, der Abbau überzähligen Personals und Subventionskürzungen unterbleiben, mindestens aber nicht in dem wünschenswerten Ausmaß erfolgen. Finanzausgleichsregeln im obigen Sinne vermeiden die Notwendigkeit für Länder (und indirekt für Kommunen), die Steuern zu erhöhen, wenn die Ausgaben ausgeweitet werden sollen.[28]

Bisher waren die Verteilungsnormen, die zur Begründung des Finanzausgleichs vorgebracht werden, nicht hinterfragt worden. Generell stellt sich aber die Frage nach der Legitimität staatlicher Redistribution. „Diese Legitimität kann auf zwei unterschiedlichen normativen Ebenen der Wohlfahrtstheorie bzw. der Sozialphilosophie begründet werden, nämlich auf der sogenannten paretianischen und der ethischen Ebene. Das paretianische Argument besagt, daß freiwillige Umverteilung auf

---

27 Der auf die deutschen Verhältnisse bezogenen Argumentation liegt vereinfachend die Annahme zugrunde, Bürger im Westen seien reich, Bürger im Osten dagegen arm, es bedürfe also der Umverteilung nur in diesem begrenzten Sinne.

28 Überdies werden Steuersenkungen erschwert, wenn die Transfers an die Länder dann sinken, wenn die „Steuerkraft" nicht ausgeschöpft wird; einen entsprechenden Mechanismus gibt es in der Bundesrepublik Deutschland auf kommunaler Ebene.

privater Basis ... nicht zu paretoeffizienten Ergebnissen führt, da für Philanthropen die Umverteilung die typischen Charakteristika eines öffentlichen Gutes (Nicht-Rivalität im Konsum und Nicht-Ausschließbarkeit von der Nutzung) aufweist".[29] „Das ethische Argument besagt, daß Gesichtspunkte sozialer Gerechtigkeit ... den Staat verpflichten, eine bestimmte Einkommens- und / oder Vermögensverteilung oder zumindest eine akzeptable Bandbreite derartiger Verteilungen anzustreben".[30]

Tatsächlich ist — unter nicht allzu engen Voraussetzungen — die ethische Ebene ein Sonderfall der paretianischen Ebene.[31] Insofern können staatliche Umverteilungsmaßnahmen nur (und nicht nur auch) paretianisch, d. h. beispielsweise durch eine paretianische Suboptimalität ... der privaten philanthropischen Aktivität begründet werden.[32] „Allen paretianischen Begründungen für Sozialpolitik ist gemeinsam, daß sie einen Konsens der Beteiligten, d. h. der Nettoempfänger wie der Nettozahler, voraussetzen".[33] Ob nämlich „eine sozialpolitische Maßnahme allen nützt oder zumindest niemanden schlechter stellt, läßt sich unter mündigen Bürgern dadurch — und nur dadurch — zuverlässig feststellen, daß man ihre Zustimmung einholt. Für die Rücknahme einer sozialpolitischen Intervention genügt ... schon eine kleine Minderheit"[34]; Referenzmaßstab ist nämlich die Situation ohne staatliche Eingriffe.[35]

Was den tatsächlichen und den geplanten (vertikalen und horizontalen) Finanzausgleich betrifft, so fehlen eine paretianische Begründung und ein Konsens der Beteiligten. Der Konsens der Politiker reicht nicht, selbst dann nicht, wenn er von einer Mehrheit der Bundesbürger gutgeheißen wird. Insofern gibt es im Sinne einer individualistisch fundierten Ethik keine Basis für einen Finanzausgleich in der gegenwärtigen Form, möglicherweise aber einen Konsens für staatliche Umverteilungsmaßnahmen entsprechend dem herkömmlichen Steuer- und Transfersystem.

---

29 Paqué (1986), S. 6.

30 Ebenda.

31 Vgl. Paqué (1986).

32 Ebenda, S. 7.

33 Vaubel (1989), S. 40.

34 Ebenda.

35 Zu dem Verhältnis der Einschätzung, daß sich Umverteilungsmaßnahmen ausschließlich im Rahmen eines ethischen Konsenses der Individuen rechtfertigen lassen, zu dem Prinzip der individualistischen Ethik sowie zur Einordnung der Überlegungen in eine ethische Theorie vgl. Paqué (1986), S. 15 ff.

E. Prinzipien zur Ausgestaltung einer effizienten Finanzverfassung

a) Aufgabenzuordnung

In einem föderativen Staat ist festzulegen, welche Ebene welche öffentlichen Aufgaben übernehmen sollte. Fundamental ist dabei das Subsidiaritätsprinzip. Es besagt, daß möglichst die unterste Ebene (Gebietskörperschaft) mit einer Aufgabe betraut wird. Wettbewerb zwischen den Gebietskörperschaften wird dann möglich.

Den Gemeinden sind insbesondere jene Aufgaben zu übertragen, von deren Erfüllung nur oder im wesentlichen die Einwohner der gleichen Gemeinde profitieren, bei denen also — bezogen auf diese Einwohner — externe Effekte praktisch keine Rolle spielen. Beispiele sind die Errichtung und Unterhaltung von Gemeindeparks und Gemeindestraßen, die nicht dem Durchgangsverkehr dienen. Private Güter und Dienstleistungen (beispielsweise Verkehrsleistungen, Kindergartenbetreuung) sollten Gemeinden (und andere Gebietskörperschaften) nicht anbieten; das gilt für die alten Bundesländer ebenso wie für die neuen. Soweit es geschieht, ist Privatisierung angezeigt.[36]

Der Zentralstaat muß sich auf die Bereitstellung öffentlicher Güter beschränken, d. h. solcher Güter, aus denen alle Nutzen ziehen, ohne daß der Nutzen des einzelnen Bürgers dadurch beeinträchtigt wird, daß auch andere Bürger Nutznießer sind. Beispiele für solche Aufgaben sind nach weitgehend unstrittiger Auffassung die Landesverteidigung sowie die Schaffung und Durchsetzung der Rechtsordnung.

Zwischen den genannten Aufgaben liegen jene, die zwar über die einzelne Gemeinde hinauswirken, deren Wirkungen aber regional begrenzt sind. Für diese Aufgaben, beispielsweise das Polizeiwesen, sollten Länder, Gemeindeverbände und ähnliche mittlere Gebietskörperschaften im föderativ aufgebauten Staat zuständig sein.

b) Koppelung von Aufgaben-, Ausgaben- und Finanzierungskompetenz

Sind in einem föderalistischen Staatswesen die — wirklich öffentlichen — Aufgaben ökonomisch vernünftig zugeordnet, dann ist es sinnvoll, Aufgaben-, Ausgaben- und Einnahmekompetenz aneinanderzu-

---

[36] Vgl. Vaubel (1983).

koppeln. Diejenige Ebene, die Entscheidungen über Ausgaben trifft, sollte für die Finanzierung verantwortlich sein.

Eine Mischfinanzierung staatlicher Aktivitäten, also die gemeinsame Finanzierung durch mehrere Ebenen, die in einem Überordnungs-Unterordnungs-Verhältnis stehen, ist nachteilig.[37] Sie schafft Finanzierungsillusionen der jeweiligen Entscheidungsebenen und führt zu überhöhten Ausgaben, weil nicht alle Kosten ins Kalkül einbezogen werden; sie verzerrt zudem die Ausgabenstrukturen der beteiligten staatlichen Stellen, weil andere Gebietskörperschaften nicht bei allen Ausgaben einen Teil der Belastung übernehmen. Hinzu kommen in der Regel höhere Kosten der Planung, Entscheidungsfindung und Durchführung. Auch werden Verantwortlichkeiten verwischt und Kontrollen durch die Rechnungshöfe erschwert, wenn öffentliche Ausgaben gemeinsam finanziert werden. Bei Fehlentscheidungen ist es allzu leicht, die Verantwortung der auch beteiligten Instanz zuzuweisen; Rechnungshöfe stehen vor der Aufgabe, mehrere Haushalte wegen eines Problems prüfen zu müssen.

c) Steuerzuordnung

Hinsichtlich der Befugnis zur Steuererhebung sollte die Finanzverfassung klare Grundsätze beinhalten.[38] Sind die Zuständigkeiten der Regionen für bestimmte Aufgaben erst einmal abgegrenzt, so sollte ein Trennsystem realisiert werden. Es ist dadurch gekennzeichnet, daß jede staatliche Ebene hinsichtlich der Besteuerungsbefugnisse innerhalb der ihr zugewiesenen Steuern autonom ist. Es gibt eine Einschränkung der Autonomie nur dadurch, daß beispielsweise der Zentralstaat eine Steuer nicht erheben darf, wenn diese Steuerart den Ländern bzw. Kantonen oder den Gemeinden zugewiesen ist.

Es stellt sich im Rahmen eines Trennsystems die Frage, welche Ebene welche Steuern erheben dürfen soll. Bei einer Autonomie im skizzierten Sinne erweist es sich als vorteilhaft, die Besteuerungsrechte so zu verteilen, daß die am stärksten unter Konkurrenzdruck stehenden Gebietskörperschaften, also die Gemeinden, über Steuern (wie z. B. die Einkommensteuer) verfügen dürfen, die bei fehlender Konkurrenz zwischen den Gebietskörperschaften zur Ausbeutung der Bevölkerung genutzt werden können, auf die die Bevölkerung bei Wettbewerb aber mit Zu- oder Abwanderung reagieren kann.[39] Dem nicht (oder international

---

[37] Vgl. Henke (1983).

[38] Vgl. Brennan und Buchanan (1980).

nur wenig) durch Konkurrenz gezügelten Zentralstaat sollten die nur wenig ertragskräftigen Steuern zustehen wie z. B. die Steuern auf den mengenmäßigen Verbrauch bestimmter Güter (Tabak, Alkohol); dann sind Leviathan enge Grenzen gesetzt.

F. Vorschläge zur Reform der Finanzverfassung der Bundesrepublik Deutschland

Die Finanzverfassung der Bundesrepublik Deutschland weicht von den skizzierten Grundsätzen in mancher Beziehung ab. Insofern gibt es einen erheblichen Reformbedarf.

In vielen Bereichen lassen sich die Kompetenzen von oberen Ebenen auf untere Ebenen übertragen, nämlich vom Bund auf die Länder (Beispiele: Sozialversicherung, Beamtenbesoldung) oder — wie bei der Regionalpolitik und bei den Sozialhilferegelungen — von der Bund-Länder-Ebene auf die Kommunen.[40]

Aufgabenbefugnis und Ausgabenbelastung werden, was das Bund-Länder-Verhältnis betrifft, im allgemeinen einer Ebene zugeordnet. Insofern wird dem obigen Prinzip Rechnung getragen. Bei den Gemeinschaftsaufgaben arbeiten Bund und Länder aber zusammen, und zwar bei der Planung, der Gesetzgebung und der Finanzierung. Begründet wird eine Gemeinschaftsaufgabe laut Art. 91a Grundgesetz (GG) damit, daß die Aufgabe „für die Gesamtheit bedeutsam" ist und die „Mitwirkung des Bundes zur Verbesserung der Lebensverhältnisse erforderlich ist". Überzeugend ist diese Rechtfertigung nicht. Nach Art. 104a, Abs. 4, GG kann der Bund den Ländern „für besonders bedeutsame Investitionen der Länder und Gemeinden" Finanzhilfen gewähren, „die zur Abwehr einer Störung des gesamtwirtwirtschaftlichen Gleichgewichts" oder „zum Ausgleich unterschiedlicher Wirtschaftskraft im Bundesgebiet" oder „zur Förderung des wirtschaftlichen Wachstums erforderlich" sind. Jüngste Beispiele für Hilfen dieser Art sind die Leistungen aufgrund des Strukturhilfegesetzes, die Investitionspauschalen an die Gemeinden der neuen Bundesländer im Rahmen des Gemeinschaftswerks „Aufschwung Ost" sowie die ab 1995 für die neuen Bundesländer

---

39 Vgl. ebenda.

40 Zu einer ausführlichen Bewertung der Regionalpolitik vgl. Soltwedel (1987), Lammers (1987) und Bothe (1987). Zur Bewertung der Kompetenzzuweisung in der Bundesrepublik Deutschland vgl. auch Habermann (1992). Nach seiner Einschätzung hat in den vergangenen Jahrzehnten eine umfassende politische Enteignung der Landeskompetenz stattgefunden.

vorgesehenen Finanzhilfen des Bundes. Mischfinanzierungen der beschriebenen Art haben viele Nachteile. Sie sollten abgeschafft werden. Das gilt auch für die Mischfinanzierungsmaßnahmen im Länder-Gemeinde-Verhältnis.

Die Besteuerungskompetenzen sind neu zu regeln. Bislang liegt die Gesetzgebungshoheit für die Steuern praktisch allein beim Bund. Dies ist z. B. in der Schweiz anders. Dort sind hinsichtlich der Steuern die Gesetzgebungs-, die Ertrags- und die Verwaltungskompetenz nach Art. 28 der Bundesverfassung vom 29.5.1874 grundsätzlich den Kantonen zugeordnet; soweit der Bund bei Steuern ein Gesetzgebungsrecht hat, wird dieses Recht bei wichtigen Steuern nur zeitlich befristet eingeräumt.[41] Mit Blick auf schweizerische Erfahrungen[42] sollten die Länderkompetenzen und die Gemeindekompetenzen wesentlich gestärkt werden.

Ein konkreter Reformschritt könnte beispielsweise beinhalten, daß die Einkommensteuer (umfassend verstanden) den Ländern und den Gemeinden zugeordnet wird; über unterschiedliche Steuersätze bei einheitlich definierten Bemessungsgrundlagen könnte ein Steuerwettbewerb geschaffen werden. Zaghafte Schritte in diese Richtung, beispielsweise ein Zuschlag der Länder, werden gelegentlich vorgeschlagen.[43] Ein winziger Schritt in die richtige Richtung wäre es schon, wenn die Reformmaßnahmen des Jahres 1969 korrgiert würden.[44]

Transfers zwischen den Gebietskörperschaften, sei es in vertikaler Richtung, sei es in horizontaler Richtung zwischen den Ländern oder zwischen den Kommunen sind nicht erforderlich. Die zu deren Rechtfertigung vorgebrachten allokativen Begründungen sind sehr fragwürdig. Finanzausgleich im Sinne von Umverteilungszahlungen ist problematisch, weil er die Eigenverantwortung und die Leistungsanreize schwächt. Der Wettbewerb zwischen den Gebietskörperschaften wird durch Finanzausgleichsregelungen geschwächt. Wenn Umverteilungsmaßnahmen — per Konsens in der Gesellschaft — gewollt werden, dann sind sie über das Steuer- und Transfersystem zugunsten bedürftiger Individuen zu verwirklichen.

---

[41] Vgl. Boss und Bothe (1987).

[42] Vgl. z. B. Blöchliger und Frey (1992) sowie Pommerehne (1990).

[43] Insbesondere vom Finanzminister des Landes Baden-Württemberg (vgl. o. V., 1991).

[44] Zu den Maßnahmen vgl. von Löffelholz, H.-D., Finanzreform 1969: Anspruch und Wirklichkeit — Kritische Analyse des Finanzausgleichs, in diesem Heft.

Die im Rahmen des föderalen Konsolidierungsprogramms beschlossenen Regelungen sind demnach schon an sich problematisch. Das nochmals erhöhte Transfervolumen wird wohl dazu führen, daß die überhöhten konsumtiven Ausgaben in den neuen Bundesländern unzureichend begrenzt werden; auch werden aus Effizienzüberlegungen wünschenswerte Privatisierungsmaßnahmen weitgehend unterbleiben.

Fundamental für einen föderativ strukturierten Staat ist das Selbstverwaltungsrecht der Gemeinden. Sie müssen ermächtigt sein, alle Angelegenheiten der örtlichen Gemeinschaft der Bürger eigenverantwortlich zu regeln. Die Gemeinden sollten auch eingeschaltet werden bei der Ausführung von Entscheidungen übergeordneter Instanzen; denn dann läßt sich das Fachwissen vor Ort nutzen. Die Kommunen brauchen Entscheidungsfreiheit auf der Einnahmenseite, also auch bei der Steuergesetzgebung. Sonst ist es nicht möglich, Sparsamkeit bei der Verwendung der Finanzmittel durch Steuersenkungen den Bürgern zugute kommen zu lassen, und es gibt keinen Anreiz zu Sparsamkeit. Die Entscheidungsfreiheit bedingt, daß die Kommunen für die Finanzierung ihrer Ausgaben verantwortlich sein müssen.

In der Bundesrepublik Deutschland sind die Gemeinden steuerpolitisch amputiert. Sie sind stark abhängig von Zuweisungen anderer Ebenen. Der Reformbedarf ist erheblich.

Ein wichtiger Aspekt der Reform auf kommunaler Ebene betrifft die Ausgestaltung der Sozialhilferegelungen. Hier kommt es darauf an, die Transfers regional zu staffeln. Wenn die Sozialhilfeleistungen dezentral festgelegt würden, so würden die Arbitrage der Empfänger und der Wettbewerb der Sozialämter dafür sorgen, daß sich die Zahlungen — zumindest für die „Zugereisten" — überall angleichen.[45] Auch das Problem der moralischen Versuchung spricht für eine dezentrale Regelung, die der örtlichen Arbeitsmarktlage und der Arbeitsfähigkeit des einzelnen Antragstellers Rechnung trägt. Ein Anreizproblem stellt sich nicht nur für die Empfänger, sondern auch für die Träger der Sozialhilfe. Deshalb sollte die Gebietskörperschaft, die über die Ausgaben entscheidet, auch die Verantwortung für ihre Finanzierung tragen. Es geht aber nicht darum, den Bund an der Finanzierung der Sozialhilfe zu beteiligen, sondern darum, daß die Gemeinden über ihre eigenen Ausgaben entscheiden können.

Eine Reform der Finanzverfassung in Richtung auf das skizzierte System hätte mit großer Wahrscheinlichkeit zur Folge, daß die verstärkt

[45] Vgl. Vaubel (1990).

geforderte[46] und von der Bundesregierung angestrebte Konsolidierung der öffentlichen Haushalte bald erreicht wäre.

Literaturverzeichnis

Andel, Norbert: Finanzwissenschaft, 3. Auflage, Tübingen 1992.

Blöchliger, Hansjörg / *Frey,* René L.:Der schweizerische Föderalismus: Ein Modell für den institutionellen Aufbau der Europäischen Union?, in: Außenwirtschaft, 47. Jg., 1992, Heft IV, S. 515-548.

Boss, Alfred / *Bothe,* Adrian: Ausgabenkürzungen im öffentlichen Sektor, Kieler Studien, Nr. 207, Tübingen 1987.

Bothe, Adrian: Regionalpolitik und Marktwirtschaft, in: Die Weltwirtschaft, 1987, Heft 1, S. 116-128.

Brennan, Geoffrey / *Buchanan,* James M.: The Power to Tax. Analytical Foundations of a Fiscal Constitution, London / New York / New Rochelle / Melbourne / Sydney 1980.

Buchanan, James M. / *Flowers,* Marilyn R.: The of Public Finances, Homewood, Ill. 1985.

Giersch, Herbert: Anmerkungen zum weltwirtschaftlichen Denkansatz, in: Weltwirtschaftliches Archiv, Vol. 125 (1989), S. 1-16.

— Markt contra Staat: Wettkampf der Nationen, in: Wirtschaftswoche, Nr. 34, 16.8.1991, S. 36-37.

Habermann, Gerd: Welche Verfassung taugt für Europa?, in: Orientierungen zur Wirtschafts- und Gesellschaftspolitik, 1992, Heft 3, S. 2-7.

Henke, Klaus-Dirk: Neuordnung des Finanzausgleichs im föderativen System der Bundesrepublik Deutschland, in: Giersch, Herbert, Wie es zu schaffen ist, Agenda für die deutsche Wirtschaftspolitik, Stuttgart 1983, S. 128-152.

Hirschman, Albert O.: Exit, Voice, and Loyalty, Responses to Decline in Firms, Organizations and States, Cambridge, Mass., 1970.

Hüther, Michael: Reform des Finanzausgleichs: Handlungsbedarf und Lösungsvorschläge, in: Wirtschaftsdienst, 73. Jg., 1993, S. 43-52.

Kirchgässner, Gebhard / *Pommerehne,* Werner W.: Evolution of Public Finance as a Function of Federal Strucrures, Discussion paper, University of Saarland, Saarbrücken 1990.

Laaser, Claus-Friedrich / *Soltwedel,* Rüdiger et al.: Europäische Integration und nationale Wirtschaftspolitik, Kieler Studien, Nr. 254, Tübingen 1993.

Lammers, Konrad: Braucht die EG einen Finanzausgleich?, in diesem Heft.

---

[46] Vgl. Arbeitsgemeinschaft der wirtschaftswissenschaftlichen Forschungsinstitute e. V., Die Lage der Weltwirtschaft und der deutschen Wirtschaft im Frühjahr 1993.

— Die Bund-Länder-Regionalförderung — Ziele, Ansatzpunkte, ökonomische Problematik, in: Die Weltwirtschaft, 1987, Heft 1, S. 61-81.

Paqué, Karl-Heinz: Philanthropie und Steuerpolitik, Kieler Studien, Nr. 203, Tübingen 1986.

— Die soziale Dimension des EG-Binnenmarktes — Theorie, Bestandsaufnahme und Kritik, in: Die Weltwirtschaft, 1989, Heft 1, S. 112-123.

Peffekoven, Rolf: Das Urteil des Bundesverfassungsgerichts zum Länderfinanzausgleich, in: Wirtschaftsdienst, 72. Jg., 1992, S. 349-354.

Presse- und Informationsamt der Bundesregierung, Bulletin, Nr. 22 / S. 185, Bonn, den 16. März 1993.

Rosen, Harvey S.: Public Finance, Second Edition, Homewood, Ill., 1988.

Rosenschon, Astrid, Finanzreform 1995 — Was tun? Kieler Arbeitspapiere, Nr. 518, Kiel, Juli 1992.

Sachverständigenrat zur Begutachtung der gesamtwirtschaftlichen Entwicklung, Jahresgutachten 1990 / 91, Deutscher Bundestag, 11. Wahlperiode, Drucksache 11 / 8472, Sachgebiet 700, Ziffern 432-459.

— Jahresgutachten 1991 / 1992, Deutscher Bundestag, 11. Wahlperiode, Drucksache 12 / 1618, Sachgebiet 700, Ziffern 317-327.

Schwarz, Gerhard: Leviathans Zähmung durch Politikkonkurrenz, Neue Zürcher Zeitung, Fernausgabe Nr. 296, 20. / 21. Dezember 1992, S. 11-12.

Siebert, Horst: Comment on Vito Tanzi and A. Lans Bovenberg, Is There a Need for Harmonizing Capital Income Taxes Within EC Countries, in: Siebert, Horst, editor, Reforming Capital Income Taxation, Tübingen 1990, S. 206-208.

Siebert, Horst / *Koop,* Michael J.: Institutional Competition versus Centralization: Quo Vadis Europe?, Kiel Working Paper, No. 548, Kiel, Januar 1993.

Sinn, Stefan: Comment on Assaf Razin and Efraim Sadka, Capital Market Integration: Issues of International Taxation, in: Siebert, Horst, editor, Reforming Capital Income Taxation, Tübingen 1990, S. 166-169.

— Competition for Capital: On the Role of Governments in an Integrated World Economy, Kieler Studien, Nr. 253, Kiel 1993.

— The Taming of Leviathan: Competition Among Governments, in: Constitutional Political Economy, Vol. 3, 1992, S. 177-196.

— Internationale Wettbewerbsfähigkeit von immobilen Faktoren im Standortwettbewerb, Kieler Arbeitspapiere, Nr. 361, Kiel, März 1989.

Soltwedel, Rüdiger: Wettbewerb zwischen Regionen statt zentral koordinierter Regionalpolitik, in: Die Weltwirtschaft, 1987, Heft 1, S. 129-145.

Thiel, Eberhard: Neugliederung des Bundesgebietes und Konsequenzen für das System des Finanzausgleichs, in diesem Heft.

Tiebout, Charles M.: A Pure Theory of Local Expenditures, in: Journal of Political Economy, Vol. 64, 1956, S. 416-424.

Vaubel, Roland: Konsenspflicht aus ökonomischer Sicht: Die liberale Alternative, in: Hattenhauer, Hans, und Werner Kaltefleiter, Hrsg., Mehrheitsprinzip, Konsens und Verfassung, Heidelberg 1986, S. 115-135.

— Der Mißbrauch der Sozialpolitik in Deutschland: Historischer Überblick und Politisch-Ökonomische Erklärung, in: Hamburger Jahrbuch für Wirtschafts- und Gesellschaftspolitik, 34. Jg., 1989, S. 39-64.

— Eine Strategie zur Kürzung der Staatsausgaben, in: Giersch, Herbert, Hrsg., Wie es zu schaffen ist, Agenda für die deutsche Wirtschaftspolitik, Stuttgart 1983.

— Sozialpolitik für mündige Bürger, Optionen für eine Reform, Baden-Baden 1990.

— Die politische Ökonomie der wirtschaftspolitischen Zentralisierung in der Europäischen Gemeinschaft, in: Jahrbuch für Neue Politische Ökonomie, Band 11, 1992, S. 30-65.

Vesper, Dieter: Die Problematik der Verschmelzung eines Flächen- und eines Stadtstaates im Länderfinanzausgleich: Der Fall Berlin-Brandenburg. In diesem Heft S. 115 ff.

von Hayek, Friedrich August: Der Wettbewerb als Entdeckungsverfahren, Kieler Vorträge, Nr. 56, Tübingen 1968.

Wissenschaftlicher Beirat beim Bundesministerium der Finanzen, Gutachten zum Länderfinanzausgleich in der Bundesrepublik Deutschland, Bonn, November 1992.

o. V.: Einkommensteuer mit Länderzuschlag, Börsen-Zeitung, 6. Dezember 1991.

o. V.: Hebesatz auf Körperschaftsteuer?, Börsen-Zeitung, 1. Dezember 1992.

Neugliederung des Bundesgebietes und Konsequenzen für das System des Finanzausgleichs

Von Eberhard Thiel, Hamburg

1. Territoriale Gliederung und Finanzausgleich

Obgleich die Chancen zu einer kurzfristig realisierbaren territorialen Neugliederung des Bundesgebietes gegenwärtig gering eingeschätzt werden müssen und obgleich sich das geltende Finanzausgleichs-System gerade in einem umfassenden Umbau befindet, sind doch einige Verbindungslinien zwischen diesen Phänomenen erneut zu diskutieren, da sie Grundfragen des Föderalismus berühren. So haben Veränderungen von Zahl, Größe und territorialem Zuschnitt der Bundesländer bei zunächst gleichbleibendem Finanzausgleichs-System einen direkten Einfluß auf die Ausgleichsströme zwischen den Bundesländern. Aber auch das geltende Finanzausgleich-System kann Einfluß nehmen auf die Bewertung der territorialen Gliederung eines Bundesstaates. Beide Aspekte sind hier zu behandeln und beide sind nicht neu.

Die 1972 erarbeiteten Empfehlungen einer Sachverständigenkommission für die Neugliederung des Bundesgebietes basierten bereits auf folgenden Erkenntnissen: „Einige Länder sind nach Größe und Leistungsfähigkeit aus eigener Kraft nicht zur Erfüllung der ihnen obliegenden Aufgaben geeignet ... Die Ländergrenzen durchschneiden in mehreren Fällen Verdichtungsräume, Stadtregionen, Zentralitäts- und Verflechtungsbereiche, Wirtschaftsräume und verlaufen zum Teil auf Verdichtungsbändern und Entwicklungsachsen. Das widerspricht dem Gebot der wirtschaftlichen Zweckmäßigkeit der Länderbegrenzung ... Diese Ländergrenzen erschweren zugleich durch die Aufteilung der bezeichneten Räume in verschiedene staatliche Hoheitsbereiche die gerade in diesen Räumen notwendige einheitlich Planung und Durchführung aller raumbedeutsamen Maßnahmen der öffentlichen Hand. Damit behindern sie die wirksame Erfüllung der den Ländern obliegenden Aufgaben.“[1]

[1] Sachverständigenkommission für die Neugliederung des Bundesgebiets: Vorschläge zur Neugliederung des Bundesgebiets gemäß Art. 29 des Grundgesetzes, Bonn 1972, S. 125.

Diese Aussage macht deutlich, daß die territoriale Gliederung nicht den Erfordernissen des Artikel 29 GG genügte. Auch nach mehr als 20 Jahren sind der damaligen Beurteilung der Situation keine weiteren wesentlichen Nuancen hinzuzufügen. Im übrigen ist dieser Artikel inzwischen gegenüber seiner ursprünglichen Fassung in eine Kann-Vorschrift umgewandelt worden, und die neuen Vorschriften für seinen technischen Vollzug führten in der Praxis zu seiner Nicht-Anwendung.

Auch hinsichtlich des Finanzausgleichs ergibt sich eine Parallelität zur heutigen Situation: Schon vor zwanzig Jahren wurde der Anstieg der im Rahmen des Länderfinanzausgleichs fließenden Zahlungen beklagt (50er Jahre: 0,2 Mrd. DM; 1972: 1,5 Mrd. DM; 1991: 3,9 Mrd. DM), ebenso der Anstieg der Bundesergänzungszuweisungen (1972: 0,6 Mrd. DM; 1991: 3,5 Mrd. DM).

Aus den damaligen Untersuchungen ließ sich außerdem die Folgerung ableiten, daß der Finanzausgleich keine Alternative zu einer territorialen Neuordnung des Staatsgebietes sein kann; denn eine bemerkenswerte Besserstellung schwächerer Länder würde die stärkeren Länder in einem Maße belasten, das politisch nicht durchzusetzen wäre. Diese Grundprobleme des Finanzausgleichs haben sich seither ebenfalls kaum geändert.

2. Aktuelle Anlässe für eine erneute Diskussion

Wenn auch die föderale Grundproblematik fast gleich geblieben ist, hat inzwischen jedoch die mit der Größe der Bundesländer und mit der Organisation des Finanzausgleichs zusammenhängende, für den Föderalismus entscheidende Frage nach der horizontalen und vertikalen Machtverteilung zwischen den Gliedern des Bundesstaates einige zusätzliche Akzente erhalten.

So wird in der Literatur häufig sogar von einer Krise des Föderalismus gesprochen, die sich hauptsächlich in einer Schwächung der Stellung der Länder manifestiere. Die Tendenz zur Stärkung des Bundes zu Lasten der Länder wurde unterstützt durch die Einführung der Gemeinschaftsaufgaben, durch den vermehrten Einsatz der Finanzhilfen des Bundes und wohl auch durch die Zustimmung der Länder zur Änderung des Art. 29 GG, womit sie praktisch auf die Neugliederung des Bundesgebietes verzichtet hatten. Eine Zustimmung hätte zwar für einige von ihnen das Ende bedeutet, gleichzeitig aber die Basis für den kooperativen Föderalismus gestärkt.[2]

Das verstärkte finanzielle Engagement des Bundes bei den Ländern und Kommunen festigte die Machtposition des Bundes. Wenn einige einnahmeschwache und strukturell benachteiligte Länder zu einem erheblichen Teil auf Bundeshilfe angewiesen sind und daneben noch Empfänger von Ausgleichszahlungen im horizontalen Finanzausgleich sind, bilden sich leicht Allianzen zwischen dem Bund und den schwachen Ländern gegenüber den übrigen Bundesländern.

Durch die deutsche Vereinigung hat sich naturgemäß die Zahl der relativ schwachen Länder erhöht, was zunächst zu direkten Eingriffen des Bundes und damit zu einer Stärkung seiner Position führte. Das dürfte auch so bleiben, wenn ab 1995 die volle Einbeziehung der ostdeutschen Länder in den Länderfinanzausgleich realisiert wird. Denn nach dem Auslaufen von Übergangskonstruktionen wie dem Fonds Deutsche Einheit wird sich zeigen, daß weiterhin zusätzliche Finanzierungsmaßnahmen des Bundes erforderlich sein werden.[3]

Überdies zeigten die westdeutschen Länder nach der Vereinigung keine ausgeprägte Neigung, an der Erarbeitung eines Konzepts zur Integration Ostdeutschlands mitzugestalten oder sich an der Finanzierung der Vereinigungskosten zu beteiligen. Das dagegen hohe finanzielle Engagement des Bundes führte zur Erhöhung seiner Steuern und damit seiner Macht, aber auch zur weiteren Aktivierung der bereits relativ gigantischen Umverteilungsmaschinerie, nämlich der Nettokreditaufnahme. Beides folgte aus der mangelnden Fähigkeit des Bundes, seine bisherigen Ausgaben besonders im Bereich der Transferzahlungen merklich zu mindern.

Wenn auch die Europäischen Gemeinschaften eher dem Bund als den Ländern Aufgaben und Einnahmen streitig machen, so ist der Bund dennoch der Hauptgesprächspartner der EG-Kommission. Trotz einer gewissen Mitwirkung der Länder ist der Spielraum der Länder für aktives Gestalten und für eine konzeptionelle Beeinflussung des Bundes relativ gering. Wenn im Gefolge der Beschlüsse von Maastricht ein intensiverer europäischer Finanzausgleich konstruiert wird, dürften dabei weniger die Länder als der Bund gestaltend mitwirken.

---

[2] Fr. W. Scharpf: Europäisches Demokratiedefizit und deutscher Föderalismus, in: Staatswissenschaften und Staatspraxis, Heft 3 / 1992. A. Benz: Neue Formen der Zusammenarbeit zwischen den Ländern, in: Akademie für Raumforschung und Landesplanung (Hrsg.): Materialien zur Fortentwicklung des Föderalismus in Deutschland, Arbeitsmaterial Nr. 200, Hannover 1993.

[3] R. Peffekoven: Finanzausgleich im vereinten Deutschland, in: Wirtschaftsdienst 7 / 90, S. 346 ff.

Die Länder müßten somit daran interessiert sein, ihre Stellung zu stärken. Zum einen könnte dieses dadurch erreicht werden, daß sie ihre Einnahmekompetenz stärken. Oft wird in diesem Zusammenhang die Einführung des Hebesatzrechts auf Gemeinschaftssteuern genannt. Wenn dann als Folge die schwachen Länder ihre Hebensätze erhöhen, wird das auf den ersten Blick kaum zu einer verstärkten Ansiedlung führen. Die einnahmestarken Länder könnten dagegen ihre Steuern senken und attrahierend wirken. Auf den zweiten Blick könnten sich diese Zusammenhänge aber anders darstellen: Da die staatlichen Leistungen Konsumbestandteile und Vorleistungen darstellen, wird auch das reiche Land kaum auf Finanzierungsmittel verzichten und das ärmere Land könnte durch eine leicht erhöhte Besteuerung sein Infrastrukturangebot verbessern und möglicherweise doch attraktivere Ansiedlungsmöglichkeiten bieten als bisher.[4]

Die Bemühungen der Länder sollten sich aber nicht auf die Stärkung ihrer Einnahmekompetenz beschränken. Fällig ist auch eine Überprüfung der Aufgaben- und Ausgabenkompetenz. Gerade angesichts der intensiveren Integration Europas ist es erforderlich, über die Aufgabenverteilung zwischen der Ebenen des Bundesstaates und über ihre Finanzierung nachzudenken. Die Klagen über einzelne Elemente des Finanzausgleichs beim Bundesverfasungsgericht über die Rechtmäßigkeit der Bewertung der Finanzkraft und über die Anerkennung von Sonderlasten sowie das Schicksal des Strukturhilfegesetzes zeigen, daß hier noch keine befriedigenden Lösungen gefunden wurden.[5]

Diese können und sollten auch nicht unabhängig von einer territorialen Neugliederung des Bundesgebietes angestrebt werden. Um die Stellung der Länder zu stärken — gegenüber dem Bund und vielleicht auch gegenüber künftig entstehenden anderen föderalen Elementen in Europa — ist die Schaffung größerer und zweckmäßiger geschnittener Länder erforderlich. Sowohl die Mängel der territorialen Gliederung des Bundesgebiets als auch die bereits heute sichtbare Überforderung des Finanzausgleichs, die nach 1995 noch deutlicher werden würde, erzwingen geradezu eine Revision beider Elemente des Föderalismus. Bevor einige Beziehungen zwischen Neugliederung und Finanzausgleich behandelt werden, ist ein Begriff zu erörtern, der sowohl bei Neugliede-

[4] R. Hickel: Föderaler Finanzausgleich im vereinten Deutschland nach 1995, in: WSI-Mitteilungen, Nr. 9 / 1992, S. 563 ff.

[5] H. Zimmermann: Finanzausgleich in Deutschland zwischen Einigungsprozeß und Europäischer Gemeinschaft, in: Akademie für Raumforschung und Landesplanung, a. a. O.

rungen als auch beim Finanzausgleich eine zentrale Bedeutung hat: Die Einheitlichkeit der Lebensbedingungen.

3. Einheitlichkeit der Lebensbedingungen

Generelles Ziel der Politik auch eines Bundesstaats ist die Sicherung der eigenen Existenz. Dazu gehört es, daß die Unterschiede in den Lebensbedingungen zwischen den Teilregionen nicht zu groß werden. Wenn die Differenzen einen Schwellenwert übersteigen, wird die Existenz des Gesamtstaates in Frage gestellt oder es werden Wanderungen provoziert, die zu gesamtstaatlich nicht gewünschten Entleerungen und Ballungen führen können.[6]

Der Begriff der Einheitlichkeit der Lebensbedingungen ist recht unpräzise. Die Auswahl, Definition und Kombination der zur Umschreibung herangezogenen Indikatoren unterliegen subjektiver Beurteilung, was besonders den interregionalen Vergleich erschwert. Zur Beantwortung der Frage, wer die Gleichwertigkeit bestimmter Gegebenheiten empfindet oder vermißt, ist es erforderlich, die Haltung der privaten Haushalte und der Unternehmungen zu beachten. Die privaten Haushalte werden ihre Lebensbedingungen in erster Linie an dem verfügbaren Einkommen, an Einkommensersatzleistungen sowie an der Qualität der haushaltsnahen Infrastruktur messen. Ausserdem kommt es bei einem Vergleich auf regionale Preisunterschiede an und auf die vorhandenen Vermögenswerte. Die Unternehmungen werden sich an der Versorgung mit unternehmensnaher Infrastruktur und am Saldo zwischen staatlicher Förderung und staatlicher Belastung orientieren.

Dabei zeigt sich, daß keineswegs alle Elemente, die bei einer Beurteilung der Lebensbedingungen herangezogen werden müßen, allein vom staatlichen Sektor beeinflußt werden. Teile der Lebensbedingungen werden von den Haushalten und den Unternehmungen selber determiniert.

Wenn in Westdeutschland die Versorgung mit öffentlichen Infrastrukturleistungen in den einzelnen Regionen auch nicht gleich ist, so ist sie doch in einem befriedigenden Maße angeglichen, wenn man von einigen Ausnahmen absieht. Dagegen sind die Chancen zur Einkommenserzielung nicht gleich gestreut, was die erheblichen regionalen Unterschiede bei der Bruttowertschöpfung pro Einwohner demonstrieren.

---

[6] H. Hohmann: Der Verfassungsgrundsatz der Herstellung einheitlicher Lebensverhältnisse im Bundesgebiet, in: Die öffentliche Verwaltung, Heft 5 / 1991.

Entscheidend für private und für wirtschaftspolitische Entscheidungen ist jedoch der Vergleichsmaßstab. Die geschilderten Ungleichheiten zwischen einzelnen Indikatoren haben sich in Westdeutschland langfristig entwickelt. Sie wurden von Haushalten und Unternehmungen durchaus erkannt und führten zu bestimmten Verhaltensweisen, auch zu Wanderungen von Produktionsfaktoren und von Produktionen; die Unterschiede führten ausserdem zu einer Vielzahl von politischen Ausgleichsmaßnahmen.

In Ostdeutschland ist die Situation dagegen andersartig. Vergleiche zwischen Ost- und Westdeutschland zeigen für fast alle Indikatoren Defizite für die ostdeutschen Regionen. Im Rahmen der Diskussionen über die Revision des Finanzausgleichs, über eine territoriale Neugliederung und über die Schaffung einheitlicher Lebensbedingungen wird auch die Meinung vertreten, daß man in Zukunft einen höheren Grad von Ungleichheit zwischen den Regionen oder Ländern wird hinnehmen oder sogar anstreben müssen. Ein Versuch, die Erwartungen an höhere Qualitäten der Lebensbedingungen in Ostdeutschland niedrig zu halten durch Hinweise auf andere strukturschwache Regionen in Europa oder auf die Differenzen in Westdeutschland, dürfte wenig überzeugen. Die Ausgangssituationen sind nicht vergleichbar. So konnten sich die in Westdeutschland eingeübten Ausweich- und Kompensationsreaktionen im Osten noch nicht entwickeln und entsprechende Ausgleichsmechanismen existieren noch nicht. Hinzu kommt, daß im Verlaufe des auch in Westdeutschland, besonders aber in Ostdeutschland noch zu erwartenden intensiven Strukturwandels weitere Ungleichselemente auftreten werden, die die Akzeptanz der Ungleichheiten zusätzlich erschweren werden.[7]

Um eine vorübergehende Hinnahme größerer Differenzen zu erreichen, wären zusätzliche Bedingungen zu erfüllen. Wenn die Arbeitseinkommen nur im Gleichschritt mit der Produktivitätsteigerung angehoben werden können, dann ist zum einen bis zur Erreichung der Parität der Löhne Vorsorge zu treffen, daß entsprechende Lohnersatzleistungen gesichert sind. Zum anderen sind sowohl für die privaten Haushalte wie für die Unternehmungen konkrete Perspektiven hinsichtlich des Ausbaus der Infrastruktur zu entwickeln. Verbindliche Zusagen in Bezug auf entsprechende sachliche und zeitliche Prioritäten bei der Verausgabung öffentlicher Mittel sind abzugeben und abzusichern. Dazu könnten auch Elemente einer aktiveren Strukturpolitik gehören.

---

[7] E. Thiel: Einheitlichkeit der Lebensbedingungen und Finanzausgleich, in: Akademie für Raumforschung und Landesplanung: a. a. O.

Im Zusammenhang mit einer Duldung größerer regionaler Unterschiede wird auf die Möglichkeit hingewiesen, den Ländern durch die Gewährung von größeren Kompetenzen eine vom Bundesgesetzgeber unabhängigere Einnahmen- und Ausgabenpolitik zu betreiben. Dadurch könnte mehr Wettbewerb zwischen den Regionen erreicht werden, selbst wenn es dabei in einigen Fällen zur Aufgabe der bisher gewohnten Rechtseinheit kommen würde. Im Prinzip könnte man sich einen solchen Wettbewerb vorstellen, soweit er sich zwischen Regionen mit einer in etwa gleichen Grundausstattung abspielen oder wenn bereits eine längere Gewöhnung an die Unterschiede bestehen würde. Nach der Vereinigung von Ost- mit Westdeutschland dürfte diese Art von Wettbewerb mit seinen typischen Friktionen jedoch nur durchzuhalten sein, wenn gleichzeitig die erwähnten zusätzlichen Ausgleichsmechanismen zur Verfügung stehen oder in Aussicht gestellt werden können.

4. Pläne zur territorialen Neugliederung

Die nach dem zweiten Weltkrieg einige Male geänderte und heute realisierte territoriale Gliederung Deutschlands beruht zu einem Teil auf historisch-überkommenen Grenzen und zum Teil auf Verfügungen von Besatzungsmächten. Es wäre somit eine große Überraschung, wenn sich daraus eine über längere Zeit befriedigende föderale Struktur ergeben hätte. Die unterschiedlichen Ausstattungen und Begabungen der Regionen zur Wahrnehmung von Funktionen und der langfristig zu beobachtende Strukturwandel führten zu unterschiedlichen wirtschaftlichen Entwicklungen. Damit war auch die Entstehung von Differenzen in der politischen Gestaltungskraft verbunden. Der generell hohe und ausserdem regional unterschiedlich strukturierte Staatsanteil führt zu größeren Verzerrungen, insbesondere wenn keine Identität zwischen Verwaltungs- und wirtschaftlicher Aktivitätsregion besteht.[8]

Durch eine Neugliederung alleine werden diese Differenzen zunächst nicht ausgeglichen. Die Bildung eines neuen statistischen Durchschnitts ändert auch nichts an der Strukturschwäche von Teilregionen. Vorteile entstehen nur, wenn die Möglichkeiten einer neuen Prioritätensetzung, einer größeren und gebündelten Gestaltungskraft innerhalb des neuen

---

[8] Chr. Mecking: Die räumliche Neugliederung der Bundesrepublik Deutschland als Gegenstand der Verfassungsreform, in: K. Borgmann (Hrsg.): Verfassungsreform und Grundgesetz, Stuttgart 1992, S. 95 ff.

Landes für einen gesamtwirtschaftlich effizienten Einsatz der Ressourcen genutzt werden.

Die bereits erwähnte Kommission hatte 1972 die Bildung eines Nordstaates (Schleswig-Holstein / Hamburg / Niedersachen / Bremen) vorgeschlagen. Alternativ wurde auf die Möglichkeit hingewiesen, im Norden zwei Länder zu schaffen (Schleswig-Holstein / Hamburg / einige niedersächsische Randkreise; übriges Niedersachsen / Bremen). Offenkundig bietet die Version der Schaffung eines einheitlichen Staates im Nordwesten Deutschlands die größeren Chancen für einen internen Ausgleich. Angesichts der deutschen Vereinigung, der Öffnung Mittel- und Osteuropas sowie der Bildung des Europäischen Wirtschaftsraums können die zusätzlichen Aufgaben eher von einem solchen größeren Bundesland unter Einschluß des Verkehrsknotens Hannover wahrgenommen werden als von zwei Teilregionen oder von den heute existierenden vier Ländern.[9]

Trotz der diversen Kooperationsansätze zwischen den norddeutschen Ländern sind lediglich marginal Gemeinsamkeiten der Wirtschaftspolitik zu erkennen, die sich hauptsächlich auf gemeinsame Forderungen gegenüber Dritten konzentrieren. Die skizzierte große Lösung in Nordwestdeutschland würde zudem eher zur Behebung der typischen Stadt-Umland-Probleme insbesondere im Falle von Hamburg und Bremen beitragen können. Zwar wäre die Schaffung dieses Bundeslandes noch keine Garantie zur Lösung der besonderen strukturellen Probleme in Nordwestdeutschland, aber die Voraussetzungen dafür wären günstiger.

Möglicherweise müßte in Kauf genommen werden, daß die bisher stark im Mittelpunkt stehenden Hafeninteressen einen anderen Stellenwert erhalten, da ein größerer Raum andere Prioritäten erfordern könnte; bei alternativen Projekten oder Programmen käme es dann auf die besseren Argumente an. Der Befürchtung eines Verlustes an landsmannschaftlicher Identität insbesondere in den beiden Hansestädten sollte keine besondere Bedeutung zukommen, zumal die Bewohner von anderen großen Städten innerhalb von Flächenstaaten ihre Fähigkeit zur Selbstbehauptung bewiesen haben.

Für Süddeutschland schlug die Kommission zur Bildung eines neuen Landes zwei Varianten vor: Hessen / Rheinland-Pfalz / Saarland / Rhein-Neckar-Kreis oder Hessen / Rheinland-Pfalz ohne die Pfalz. Die Vorschläge unterschieden sich durch die unterschiedliche Zuordnung

---

[9] Sachverständigenkommission für die Neugliederung des Bundesgebiets: a. a. O., S. 126 ff.

des Saarlandes, des Rhein-Neckar-Kreises und von Teilen der Pfalz. Baden-Württemberg würde durch diese beiden Vorschläge unterschiedlich betroffen. Die Länder Nordrhein-Westfalen und Bayern sollten erhalten bleiben.

Bei diesen Gliederungsvorschlägen wurden neben der landsmannschaftlichen und historischen Komponente besonders auf die verwaltungsmäßige und ökonomische Leistungsfähigkeit der Länder abgestellt. Dabei ging man von einer Mindestgröße von etwa 5 Mio Einwohnern aus, was heute einer Mindestgröße von etwa 6 bis 7 Mio Einwohner entsprechen würde.

In Ostdeutschland wurden 1990 die bis 1952 schon einmal bestehenden Länder Mecklenburg-Vorpommern, Brandenburg, Sachsen, Türingen, Sachsen-Anhalt erneut gebildet. Auch hier stellte sich die Frage nach der landsmannschaftlichen Zusammengehörigkeit; ganz deutlich wurde dieses Problem bei Sachsen-Anhalt und Mecklenburg-Vorpommern sowie bei einigen weiteren Teilräumen. Die Notwendigkeit einer erneuten Änderung der Gliederung lag aber auch aus anderen Gründen schon bald auf der Hand: Mit Ausnahme von Sachsen mit 5 Mio Einwohnern weisen die übrigen Länder lediglich eine Bevölkerung von jeweils unter 3 Mio Einwohner auf, und ihre Finanzschwäche ist nicht nur als vorübergehend einzuschätzen.

Im Mittelpunkt der Diskussion in Ostdeutschland stand die Aufteilung von Sachsen-Anhalt auf Brandenburg und Sachsen, sodaß vier Länder verbleiben würden. Dabei spielte auch die Zusammenführung des Wirtschaftsraums Halle-Leipzig eine wichtige Rolle. Es wurde auch diskutiert, Brandenburg, Sachsen-Anhalt und das recht strukturschwache Mecklenburg-Vorpommern zu einem Land zusammenzuschließen; daneben sollte ein zweites Land aus Sachsen und Thüringen gebildet werden. Eine Zusammenlegung von Berlin und Brandenburg wird trotz politischer Grundsatzerklärungen zur Zeit noch durch erhebliche Probleme blockiert. Die lange Trennung dieser Regionen, die inzwischen vorgetragenen unterschiedlichen Entwicklungskonzeptionen, die Hauptstadtproblematik und der mögliche Verlust an Zuweisungen gegenüber der heutigen Finanzausgleichsregelung sind wesentliche Hindernisse.[10]

---

10 W. Rutz: Die Wiedererrichtung der östlichen Bundesländer, ihr Zuschnitt und ihre Vorläufigkeit. Sowie: G. Seele: Die Neugliederung des Bundesgebietes und die Untergliederung der Bundesländer als Schlußstein der Verwaltungs- und Gebietsreform. Beide Beiträge in: Akademie für Raumforschung und Landesplanung: a. a. O. K.-H. Hansmeyer, M. Kops: Die Gliederung der Länder in einem vereinten Deutschland, in: Wirtschaftsdienst 5 / 90.

Gerade in Ostdeutschland wird darauf hingewiesen, daß erneute Neugliederungsmaßnahmen die gerade erst geschaffenen politischen und gesellschaftlichen Strukturen wieder auflösen würden. Auch in Westdeutschland seien bürgernahe und demokratisch strukturierte Institutionen im Zuge der Verwaltungs- und Gebietsreformen der letzten Jahrzehnte zerstört wurden. Sicherlich treten bei einer Neuordnung zunächst auch Verluste und Friktionen auf; Verzögerungen einer Neugliederung der ostdeutschen Länder werden den später doch notwendigen Anpassungsprozeß jedoch noch schwieriger gestalten. Der günstigste Zeitpunkt einer Neuordnung sowohl in Ost- wie in Westdeutschland ist im Jahre der deutschen Vereinigung 1990 verpaßt worden.[11]

5. Reform des Finanzausgleichs-Systems

Die starke Zunahme der Zahlungsströme im Rahmen des Finanzausgleichs, die relative Schwächung der Länderposition, die anhängigen Klagen gegen das heutige System sowie der zusätzliche Angleichungsbedarf durch die deutsche Vereinigung machen eine Reform des Systems des Finanzausgleichs erforderlich. Auch die nachstehend erwähnten aktuellen Reformvorschläge orientieren sich weiterhin nicht am Finanzbedarf. Es bleibt somit bei der ursprünglichen Zielsetzung, die Finanzkraft anzugleichen. Allein durch die Orientierung der Ausgleichszahlungen an der Finanzkraft pro Einwohner wird eine Art von Bedarfskriterium ins Spiel gebracht.[12]

Die meisten der vorliegenden Änderungsvorschläge vertreten die Meinung, daß die Ländersteuergarantie und die nicht-abgabepflichtige Zone beim Länderfinanzausgleich abgeschafft, daß keine Sonderbedarfe (Hafenlasten) und keine besonderen Einwohnerwertungen (Stadtstaaten) mehr berücksichtigt werden sollten. Die einzelnen Vorschläge setzen aber unterschiedliche Akzente bei der Frage, wie eine Mindestausstattung der Länder erreicht werden und wie hoch der Nivellierungsgrad sein soll. Sie unterscheiden sich auch durch die Forderung nach voller oder teilweiser Berücksichtigung der Gemeindesteuern bei der Berechnung der Finanzkraft. Ausserdem sehen die Vorschläge in unterschiedlicher Weise Bundesergänzungszuweisungen vor.

---

[11] E. Thiel: Länderneugliederung — eine vertane Chance, in: Wirtschaftsdienst 9 / 90.

[12] O. E. Geske: Unterschiedliche Anforderungen an den neuen Länderfinanzausgleich, in: Wirtschaftsdienst 2 / 93. W. Föttinger, P. B. Spahn: Für einen kostenorientierten Finanzausgleich, in: Wirtschaftsdienst 5 / 93.

Ein Vorschlag der Länderfinanzminister geht davon aus, daß die Länder einen höheren Umsatzsteueranteil erhalten und daß bei der Verteilung des Länderanteils auf die einzelnen Länder die Ergänzungsanteile so berechnet werden, daß dieser höhere Länderanteil nur den ostdeutschen Ländern zugute kommt. Die übrigen Systemelemente sollten im Prinzip gleich bleiben.[13]

Das Bundesministerium der Finanzen schlägt vor, daß der Länderanteil an der Umsatzsteuer nur nach der Bevölkerungszahl verteilt wird. Die fällig werdenden Ausgleichsbeiträge an einnahmeschwache Länder sollen zu 75 v. H. durch die stärkeren Länder und zu 25 v. H. durch Fehlbetrags-Bundesergänzungszuweisungen finanziert werden. Die Angleichung sollte 95 vH, höchstens 99 vH erreichen.[14]

Das Modell des Sachverständigenrats zur Begutachtung der gesamtwirtschaftlichen Entwicklung sieht vor, daß nach der Aufteilung des Länderanteils an der Umsatzsteuer nach der Einwohnerzahl eine Vorabauffüllung auf eine durchschnittliche Finanzkraft von 85 v. H. vom Bund zu finanzieren ist. Der eigentliche Länderfinanzausgleich soll bei den Ländern, deren Finanzkraft nach der Vorabauffüllung unter dem Durchschnitt bleibt, die Differenzen zu 60 v. H. ausgleichen.[15]

Der Wissenschaftliche Beirat beim Bundesministerium der Finanzen legte drei Modelle vor, die höhere Mehrwertsteueranteile für die Länder vorsehen. Sie unterscheiden sich dadurch, daß sie entweder eine Vorabauffüllung durch den Bund oder durch die finanzstarken Länder vorsehen und anschließend unterschiedliche Korrekturverfahren vorschlagen. Ausserdem ist eine Reihe von Bundesergänzungszuweisungen vorgesehen.[16]

Diese Vorschläge kalkulieren mit Mehreinnahmen für die ostdeutschen Länder in Höhe von etwa 30 Mrd. DM pro Jahr ab 1995. Je nach der Konstruktion des Länderfinanzausgleichs ist die Ausgleichslast zwischen Bund und Ländern unterschiedlich verteilt.

---

[13] M. Hüther: Reform des Finanzausgleichs — Handlungsbedarf und Lösungsvorschläge, in: Wirtschaftsdienst 1 / 93.

[14] Bundesministerium der Finanzen: Thesenpapier des Bundes zur Neuordnung der Bund / Länder-Finanzbeziehungen, 8. 9. 1992.

[15] Sachverständigenrat zur Begutachtung der gesamtwirtschaftlichen Entwicklung: Jahresgutachten 1992 / 93, Bundestags-Drucksache 12 / 3774, S. 212 ff.

[16] Wissenschaftlicher Beirat beim Bundesministerium der Finanzen: Gutachten zum Länderfinanzausgleich in der Bundesrepublik Deutschland, November 1992.

Die Vorschläge zeigen auch unterschiedliche Ziele hinsichtlich des angestrebten Ausgleichsgrades. Für einen hohen Ausgleichsgrad spricht, daß dann die Finanzierung durch andere Instrumente gering ausfallen kann. Tendenziell wird damit die Finanzbasis insbesondere für Ostdeutschland positiv beeinflußt. Gegen einen hohen Ausgleichsgrad wird vorgebracht, daß er bei ärmeren Ländern den Anreiz zur Verbesserung der Situation aus eigener Kraft mindern und daß er bei stärkeren Ländern zur Vernachlässigung der bisherigen eigenen Anstrengungen führen könnte. Es wird befürchtet, daß ein hoher Ausgleichsgrad den Wettbewerb zwischen den Ländern abschwächt.

Ein geringer Ausgleichsgrad beim Länderfinanzausgleich würde in Bezug auf die ostdeutschen Regionen zu einer verstärkte Auffüllung der Finanzkraft durch den Bund führen müssen. Denn auch der angestrebte Wettbewerb erfordert vorab die Herstellung einer gewissen Grundausstattung. Verstärkte Bundeszuweisungen bedeuten aber gleichzeitig eine stärkere Stellung des Bundes im Föderalismus. Dabei ist es für die Gestaltung des Föderalismus nicht unwichtig, an welcher Stelle und in welcher Art der Bund seine Ausgleichs- oder Zuschußpflichten wahrnimmt. So erscheinen eine verminderte Umsatzsteuerbeteiligung des Bundes oder eine Vorabauffüllung der Finanzkraft auf ein Mindestniveau ausserhalb des eigentlichen Länderfinanzausgleichs — wenn sie gesetzlich fixiert werden — die Länder weniger abhängig zu machen als adhoc-Entscheidungen über unterschiedliche Bundesergänzungszuweisungen oder spezielle Hilfsprogramme.

Der Solidarpakt vom Frühjahr 1993 sieht vor, daß der Bund auf sieben Prozentpunkte seiner Umsatzsteuereinnahmen zugunsten der ostdeutschen Länder verzichtet und daß die westdeutschen Länder mit knapp 16 Mrd. DM einen Tranferbeitrag zugunsten der ostdeutschen Bundesländer leisten. Im Rahmen des Finanzausgleichs erhalten die ostdeutschen Länder somit etwa 32 Mrd DM. Ein neues Finanzausgleichs-Gesetz berücksichtigt dieses. Dabei sind die Bestimmungen über Ergänzungsanteile, Hafenlasten und Einwohnerwertung nicht geändert worden. Änderungen haben sich besonders bei der Bemessung der Ausgleichspflicht der einnahmestarken Länder ergeben; so ist die tote Zone fortgefallen und die Anrechnungssätze bei Überschreitung der Ausgleichsmeßzahl haben sich geändert. Daneben wird es weiterhin unterschiedliche Arten von Bundesergänzungszuweisungen geben, die dem Bund eine starke Stellung gegenüber Ostdeutschland sichern. Unter Berücksichtigung der zusätzlichen Leistungen und des Fortfalls bisheriger Zahlungen, der Steueranhebungen und des geänderten Finanzausgleichs ist gegenüber der heutigen Regelung mit einer Nettobelastung des Bundes in Höhe von etwa 18 Mrd DM und der westdeutschen Länder von 3 Mrd DM sowie mit einem positiven Saldo für die ostdeutschen Länder von 16 Mrd DM zu rechnen.[17]

6. Konsequenzen einer territorialen Neugliederung

Eine territoriale Neugliederung sowohl des östlichen wie auch des westlichen Bundesgebietes hätte nicht nur Konsequenzen für die föderalistische Machtstruktur, sondern auch für die ökonomischen Entwicklungschancen der Teilregionen und des Gesamtgebiets sowie für die Ausgestaltung und für den Umfang des Finanzausgleichs.

Die durchschnittliche Größe der Bundesländer wird nach einer territorialen Neugliederung größer sein als vorher. Die Machtposition dieser neuen Länder dürfte so gestärkt sein, daß die Bildung von Allianzen zwischen dem Bund und den schwächeren Ländern einerseits und den stärkeren Ländern andererseits schwieriger wird. So wird den Ländern nach der Neugliederung aufgrund ihrer geringeren Zahl die Erlangung von mehr Länderkompetenzen auch im Hinblick auf die EG-Entwicklungen eher möglich sein als heute den 16 Ländern mit ihren höchst unterschiedlichen Machtpositionen.

Die Finanzkraft der neu gebildeten Länder wird keine so großen Unterschiede aufweisen wie bisher. Tendenziell wird dadurch die Ausgleichssumme im eigentlichen Länderfinanzausgleich geringer. Das trifft jedoch nur zu, wenn durch die Umsatzsteuerverteilung oder durch Vorabauffüllungen die Finanzkraft der ostdeutschen Länder erheblich angehoben oder wenn der Nivellierungsgrad stark gesenkt würde. Die zuletzt genannten Bedingungen bedeuten jedoch eine starke Mitfinanzierung durch den Bund entweder im Vorfeld des Länderfinanzausgleichs oder durch direkte Hilfen an die ostdeutschen Länder. Eine stärkere Mitsprache der Länder könnte dagegen erreicht werden, wenn die westdeutschen Länder und der Bund gemeinsam den ostdeutschen Bundesländern über Steuerabtretung oder Dotierung Mittel zur Verfügung stellen würden. Die westdeutschen Länder werden sich daran aber wohl nur beteiligen, wenn ihre Finanzkraft dadurch nicht zu stark geschwächt wird.

---

[17] Presse- und Informationsamt der Bundesregierung: Aktuelle Beiträge zur Wirtschafts- und Finanzpolitik: Nr. 7 / 1993 (Föderales Konsolidierungsprogramm), Nr. 10 / 1993 (Solidarpakt für Deutschland). Deutscher Bundestag: Drucksache 12 / 4801 (18.5.1993).

Vermutlich werden die Stadtstaaten nicht mehr existieren; eine Ausnahme könnte Berlin darstellen. Der Länderfinanzausgleich wäre dadurch weitgehend von den Diskussionen über die Finanzierung bestimmter Sonderlasten, über das Stadt-Umland-Problem und über die Einwohnerwertung befreit. Wenn Berlin und Brandenburg in absehbarer Zeit nicht vereinigt werden, weil die angedeuteten Schwierigkeiten doch zu hemmend sind, dann sollte das kein Hinderungsgrund für eine Bereinigung in Nordwestdeutschland sein. Ausserdem wird Berlin auch nach großzügiger Revision des Finanzausgleichs zugunsten Ostdeutschlands als Hauptstadt einen speziellen Zuschußbedarf gegenüber dem Bund geltend machen.

Es ist zu vermuten, daß die territoriale Neugliederung nicht zur Integration von Teilen heutiger ostdeutscher Länder mit westlichen Ländern oder zur Vereinigung eines ostdeutschen mit einem westdeutschen Land führen wird. Der Verzicht auf solche Vereinigungen ist zu begrüßen, weil diese Art von Konstruktion eine starke Rivalität zwischen den dann recht unterschiedlichen Landesteile befürchten läßt. Wenn im Falle einer solchen Integration die Staatsleistungen in den westlichen Landesteilen verringert werden müssen, um sie im Ostteil zu verstärken, wird die Landesregierung vor schwierige Ausgleichsprobleme gestellt. Ein Land mit einigen bisher zu ostdeutschen Ländern gehörenden Landesteilen würde ausserdem benachteiligt sein gegenüber Bundesländern, die keine ostdeutschen Regionen aufgenommen haben. Die Interessen Ostdeutschlands müssen auf Landesebene gegenüber dem Bund und der Gemeinschaft der Länder artikuliert werden. Dagegen dürfte innerhalb eines Bundeslandes die Durchsetzungsfähigkeit eines östlichen Landesteiles gegenüber den etablierten Westregionen dieses Landes wesentlich geringer sein.

Statt und neben einer Neugliederung werden sich in zunehmendem Maße Kooperationen verschiedener Art mit unterschiedlichen Sachzielen und Finanzierungsmodalitäten durchsetzen. Ihre Effizienz scheint nur dann gesichert zu sein, wenn diese Kooperationen über genügend eigene Finanzmittel verfügen. Neben den Fragen zur Einnahmen- und Ausgabenkompetenz geht es dabei auch um die demokratische Legitimation der Entscheidungeträger in solchen Körperschaften. Interessant ist der Gedanke der Bildung von Provinzen, die sowohl innerhalb neugebildeter Bundesländer als auch auf europäischer Ebene besondere Funktionen erfüllen könnten.[18]

---

[18] G. Seele: a. a. O.

Wenn die neugegliederten Länder so geschnitten werden, wie es der Katalog für leistungsfähige Länder vorschreibt, dann müßten sie kostengünstiger arbeiten als die heutigen. Das würde bedeuten, daß sich nach einger Zeit sogar ein zusätzlicher finanzieller Spielraum ergeben könnte. Auch die Leistungsfähigkeit der dort ansässigen Unternehmungen müßte zunehmen, da die bisher beklagten administrativen Hemmnisse fortfallen. Eine verbesserte Budgetsituation und ein geringerer Bedarf an Finanzausgleichsmitteln könnten die Folge sein.

Eine Neugliederung könnte das Finanzausgleichs-System bereinigen und sein Volumen senken. Das gelingt aber nur, wenn die Integration der ostdeutschen Länder in den Länderfinanzausgleich durch externe Bundesleistungen erleichtert wird. Es wird auch deutlich, daß eine Neugliederung nicht den Finanzausgleich ersetzen kann und daß der Finanzausgleich nicht als Ersatz für eine Neugliederung dienen kann.

Häufig wird als Ziel einer Revision des Finanzausgleichs-Systems gefordert, daß es einfach und tranparent sein soll, daß es vollständig und widerspruchsfrei konstruiert werden müsse. Wenn damit die Schaffung von Voraussetzungen für transparentes politisches Handeln, insbesondere in den Bereichen Planung und Kontrolle gemeint ist, ist dieser Forderung zuzustimmen. Wenn damit aber die Hoffnung verbunden sein sollte, einen künftigen Handlungs- und Verhandlungsbedarf im Rahmen des Finanzausgleichs auszuschließen, würde die Dynamik des förderalistischen Modells verkannt. Die Entstehung des heutigen Systems demonstiert, daß der Finanzausgleich von Novelle zu Novelle, zum Teil durch Gerichtsbeschlüsse beschleunigt, auf jeweils aktuelle Situationen reagierte und häufig ein Instrument zur Durchsetzung von Kompromissen auch in anderen Sachgebieten darstellte. Es gibt somit keinen Grund anzunehmen, daß ein künftiges Ausgleichssystem diese Scharnierfunktion im Föderalismus nicht wird übernehmen müssen.

Die Problematik der Verschmelzung eines Flächen- und eines Stadtstaates im Länderfinanzausgleich: Der Fall Berlin-Brandenburg

Von Dieter Vesper, Berlin

I.

Der Fall der Mauer ist auch für die Finanzpolitik in Berlin eine gewaltige Herausforderung. Der finanzpolitische Druck ist vor allem deshalb so groß, weil binnen kurzem die Bundeshilfe für die Stadt abgebaut wird und dadurch die Einnahmen im Landeshaushalt um immerhin die Hälfte schrumpfen werden. Zu weiteren einschneidenden Veränderungen käme es, würden sich Berlin und Brandenburg zu einem gemeinsamen Flächenstaat zusammenschließen. Für Berlin, nicht mehr eigenständiger Stadtstaat, entfiele das sog. Stadtstaatenprivileg und damit die besondere Behandlung im Rahmen des Länderfinanzausgleichs. Als Kommune eines Landes Berlin-Brandenburg müßte ein erheblicher Teil des Finanzbedarfs aus dem Landeshaushalt gedeckt werden; die finanziellen Möglichkeiten der Stadt hingen somit in hohem Maße von der Finanzentwicklung des Landes ab. Nicht nur für die Politik liegt die Frage nach den finanziellen und finanzpolitischen Konsequenzen eines Flächenstaates Berlin-Brandenburg auf der Hand.

Von Gewicht ist die Frage auch deshalb, weil bei der Verschmelzung eines Flächen- und eines Stadtstaates fast alle grundsätzlichen Aspekte, die in der aktuellen Diskussion um die Reform des Finanzausgleichs eine Rolle spielen, angesprochen werden. Mindestens ebenso bedeutsam wie die Konsequenzen im und für den Finanzausgleich sind die Anpassungsprobleme auf der Ausgabenseite. Der Anpassungsdruck ist vor allem deshalb so gewaltig, weil im subventionierten Berlin eine überdimensionierte Verwaltung aufgebaut worden war und der Mittelbedarf zu ihrer Finanzierung das künftige Einnahmepotential der Stadt bei weitem überschreiten wird.

Um so mehr richten sich die Hoffnungen Berlins — aber auch Brandenburgs — auf Mittel aus dem Länderfinanzausgleich. Sie werden sich indes nur bedingt erfüllen. Dies liegt insbesondere daran, daß der Länderfinanzausgleich als reiner Steuerkraftausgleich konzipiert ist und sich der Bestimmung von „angemessenen“ Ausgabenbedarfen entzieht. Allerdings gibt es eine Ausnahme von diesem Prinzip, nämlich das Stadtstaatenpriveleg. Und so paradox es vielleicht für manchen klingen mag: Ohne dieses Priveleg wäre politisch vermutlich ein dicker Brocken auf dem Wege hin zu einem gemeinsamen Bundesland Berlin-Brandenburg beiseite geräumt.

II.

Die besondere Behandlung der Stadtstaaten zeichnet sich dadurch aus, daß ihre Einwohnerzahlen im horizontalen Finanzausgleich um 35 vH höher als die der Flächenstaaten gewichtet werden. Dieses Vorgehen wird mit der besonderen Problematik der Stadtstaaten begründet. Hamburg und auch Bremen — Berlin war bisher wegen seiner besonderen Lage von diesem Ausgleich ausgenommen — sind hochverdichtete Räume mit überdurchschnittlicher Wirtschafts- und Steuerkraft. In den Flächenländern hingegen gibt es neben den Agglomerationen auch ländliche Regionen mit vergleichsweise niedrigerer Wirtschafts- und Steuerkraft. Für die Stadtstaaten entfällt dieser nivellierende Effekt, was entsprechende Folgewirkungen im horizontalen Ausgleichsverfahren nach sich zöge. Hinzu kommt, daß hochverdichtete Gebiete in den Flächenstaaten zur Deckung ihrer ballungsbedingeten und zentralörtlichen Lasten eine Kompensation im Zuge des kommunalen Finanzausgleichs erhalten. Beide Aspekte hatte auch das Bundesverfassungsgericht in den Vordergrund gerückt, als es die spezifische Einwohnerwertung der Stadtstaaten im Länderfinanzausgleich für verfassungsgemäß erachtete. Einen weiteren Grund sah das Gericht in den „Kosten der Kleinheit“, die sich als Folge der politisch-administrativen Selbständigkeit der Stadtstaaten ergeben.

Das Stadtstaatenpriveleg wurde im vergangenen Jahrzehnt, als die Steuereinnahmen nicht mehr so reichlich flossen, von einigen Bundesländern in Frage gestellt. Teilweise war dies Reflex auf die Versuche Hamburgs und Bremens, sich im Ausgleichsverfahren eine günstigere Position zu verschaffen: Beiden Stadtstaaten — Bremen noch mehr als Hamburg — machte zunehmend die Lohnsteuerzerlegung nach dem Wohnsitzprinzip zu schaffen, denn immer mehr Steuerpflichtige zogen in das Umland. Der Kampf um das Geld wurde vor allem allokationspolitisch begründet. Und es gibt eine Reihe guter Argumente, die für eine

Streichung des Stadtstaatenprivelegs sprechen. Selbst wenn man die Eigenstaatlichkeit Hamburgs, Bremens und Berlins als Wert an sich begreift und die Frage nach der „optimalen" Größe eines Landes beiseite läßt, so ist nicht ohne weiteres einsichtig, daß die Kosten der Kleinheit von der Föderation getragen werden müssen. Zunächst müßte geprüft werden, inwieweit sie durch vermehrte Kooperation mit dem Umland bzw. anderen Bundesländern verringert werden können, z. B. durch die Schaffung gemeinsamer Institutionen und durch Staatsvertragsregelungen. Darüberhinaus müßte geprüft werden, inwieweit durch spezifische Ausgleichszahlungen des Umlandes oder durch die Erhebung spezieller Nutzungsentgelte die landesexternen Effekte — sogenannte Spillovers — internalisiert werden können.

Ähnliche Überlegungen können im Zusammenhang mit der Pendlerproblematik angestellt werden. Die Behandlung der Pendlerströme im Länderfinanzausgleich führt zu einer relativen Schlechterstellung der Stadtstaaten. Der Landesanteil an der Lohnsteuer fließt nicht dorthin, wo der Steuerbürger sein Einkommen erzielt, sondern dorthin, wo er seinen Wohnsitz hat, also nach Schleswig-Holstein und Niedersachsen. Die Kosten für das Vorhalten einer gut ausgebauten Verkehrsinfrastruktur oder für Theater, Museen und Universitätskliniken, die von Einwohnern aus dem Umland genutzt werden, müssen indes weitgehend von den Stadtstaaten getragen werden. Allerdings stellt sich die Frage, ob zur Lösung dieser Problematik der Länderfinanzausgleich geeignet ist, verfolgt er doch einen sehr allgemeinen Ausgleichszweck, nämlich den Spitzenausgleich in der Finanzkraft. Die Konstruktion des Stadtstaatenprivelegs impliziert, daß *alle* Bundesländer belastet werden, also auch solche, die gar keinen Nutzen aus den „spillouts" der Stadtstaaten ziehen.

Gegen die spezifische Einwohnerwertung der Stadtstaaten werden in der einschlägigen Literatur weitere Argumente vorgebracht:

— Höheren agglomerationsbedingten Aufwendungen (Verkehr, Lärmschutz, soziale Einrichtungen, Grundstückskosten u. a.) stehen Kostenentlastungen gegenüber, weil das Infrastrukturangebot besser genutzt werden kann („economies of scale"). Realiter existieren die verschiedenen Kostenverläufe — progressive, degressive oder auch Kostensprünge. Höhere Pro-Kopf-Ausgaben in den Großstädten sind auch nicht immer Ausdruck eines höheren Bedarfs, sondern vielfach Reflex höherer Einnahmen; zum Beispiel leistet sich Frankfurt ein herausragendes Kulturangebot. Mitunter sind höhere Ausgaben schlicht Folge einer verschwenderischen Ausgabenpolitik.

— Agglomerationsbedingten Nachteilen stehen erhebliche Vorteile gegenüber, z. B. Zufluß von Kaufkraft, mehr Arbeitsplätze etc. In diesem Zusammenhang müßte auch gefragt werden, ob und in welchem Umfang Verdichtungsräume zur Strukturschwäche des Umlandes beitragen.

— Infolge der finanziellen Kompensation von Agglomerationsnachteilen werden bestehende Verzerrungen in der regionalen Wirtschafts- und Finanzkraft eher noch verstärkt, wird doch der Anreiz zur Faktorwanderung tendenziell gemindert. So beschert die höhere Einwohnerwertung den Stadtstaaten mehr Mittel zum Ausbau der Verkehrsinfrastruktur, und es bleibt attraktiv, im Umland zu wohnen und in Hamburg oder Bremen zu arbeiten. Eine weniger gut ausgebaute Verkehrsinfrastruktur würde möglicherweise die Pendlerintensität mindern und zu einer anderen Allokation im Raum führen.

III.

Die möglichen finanziellen und finanzpolitischen Konsequenzen eines gemeinsamen Landes Berlin-Brandenburg können nur durch Setzung zahlreicher Annahmen modelliert werden. Ein wichtiger Bestimmungsgrund für die Auswirkungen, die sich im Rahmen des Finanzausgleichs ergeben, ist die voraussichtliche Entwicklung der Steuereinnahmen. Für deren Ermittlung sind Vorstellungen über das künftige Wirtschaftswachstum in der Region erforderlich — angesichts des wirtschaftlichen und sozialen Umbruchs in Ostdeutschland ein äußerst schwieriges Unterfangen.

Für Berlin werden den Modellrechnungen zwei Szenarien zugrundegelegt: In Variante I wird angenommen, daß die West-Berliner Wirtschaft mit der gleichen Rate wächst wie die westdeutsche Wirtschaft (um 2,5 vH pro Jahr), während die Ost-Berliner und die Brandenburger Wirtschaft in einem Tempo expandieren wie die ostdeutsche Wirtschaft insgesamt (um 10 vH pro Jahr). Dieses Szenario entspricht weitgehend den gesamtwirtschaftlichen — aus heutiger Sicht reichlich optimistischen — Vorgaben des Bundeswirtschaftsministeriums für den „Arbeitskreis Steuerschätzungen“ vom Mai 1992. Variante II basiert auf noch günstigeren Annahmen über das Wirtschaftswachstum der Stadt. Eine gewichtige Rolle für die Entwicklung der Berliner Steuereinnahmen spielt in beiden Varianten der Abbau der Steuervergünstigungen nach dem Berlinförderungsgesetz.

Die Modellrechnungen mit Hilfe eines an der Universität Regensburg entwikelten Simulationsmodells fußen zunächst auf der Fiktion, daß die derzeit geltenden Regelungen des Länderfinanzausgleichs über das Jahr 1995 hinaus Gültigkeit haben. Tatsächlich laufen die Planungen auf den einzelnen politischen Ebenen auf eine Neuregelung der Finanzbeziehungen hinaus. Deshalb wird eine Alternative simuliert.

IV.

Nach den heute gültigen Regelungen würden 1995 erhebliche Mittel aus dem Topf des horizontalen Finanzausgleichs in die Region fließen. In Variante I könnte Brandenburg 3,9 Mrd. DM verbuchen, wovon 2,3 Mrd. DM auf den Umsatzsteuervorwegausgleich entfallen (Tabelle 1).

Tabelle 1

Berechnung der Ergänzungsteile im Umsatzsteuer-Vorwegausgleich 1995
(Variante I)

	Ergänzungsanteile	Garantieklausel	gekürzte Ergänzungen
	Mill. DM		
Nordrhein-Westfalen	0	0	0
Bayern	0	0	0
Baden-Württemberg	0	0	0
Niedersachsen	0	2.149	0
Hessen	0	0	0
Rheinland-Pfalz	0	1.096	0
Schleswig-Holstein	0	763	0
Saarland	360	312	41
Hamburg	0	0	0
Bremen	0	0	0
Berlin	0	998	0
Sachsen	6.248	1.377	4.160
Sachsen-Anhalt	4.170	831	2.851
Thüringen	3.536	756	2.375
Brandenburg	3.472	747	2.327
Mecklenburg-Vorpommern	2.712	557	1.841
Insgesamt	20.498	9.585	13.595

Quelle: Schätzungen des DIW.

Tabelle 1a

Veränderung der Steuerkraft durch den Umsatzsteuer-Vorwegausgleich 1995
(Variante I)

	Steueraufkommen pro Kopf nach Zerlegung 1) in DM	in vH des Durchschnitts	Steueraufkommen nach Umsatzsteuer-Vorwegausgleich 2) pro Kopf in DM	in vH des Durchschnitts
Nordrhein-Westfalen	3.199	113,6	4.070	102,3
Bayern	3.150	111,8	4.022	101,1
Baden-Württemberg	3.547	125,9	4.418	111,0
Niedersachsen	2.688	95,4	3.850	96,8
Hessen	3.603	127,9	4.474	112,5
Rheinland-Pfalz	2.747	97,5	3.908	98,2
Schleswig-Holstein	2.744	97,4	3.906	98,2
Saarland	2.257	80,1	3.456	86,9
Hamburg	4.594	163,1	5.465	137,4
Bremen	3.544	125,8	4.415	111,0
Berlin	2.770	98,3	3.931	98,8
Sachsen	1.274	45,2	3.313	83,3
Sachsen-Anhalt	1.135	40,3	3.293	82,8
Thüringen	1.233	43,8	3.307	83,1
Brandenburg	1.242	44,1	3.308	83,2
Mecklenburg-Vorpommern	1.177	41,8	3.299	82,9
Insgesamt	2.817	100,0	3.979	100,0
davon				
Westdeutschland	3.200	113,6	4.142	104,1
Ostdeutschland 3)	1.515	53,8	3.424	86,1

1) Steuereinnahmen der Länder ohne Umsatzsteuern. - 2) Steuereinnahmen der Länder einschließlich Umsatzsteuern. - 3) Einschließlich Berlin.
Quelle: Schätzungen des DIW.

Dieser Vorwegausgleich bildet — nach der Zerlegung der Einkommensteuern — die zweite Stufe des horizontalen Ausgleichssystems: Länder mit einer unterdurchschnittlichen Steuerkraft erhalten aus dem Umsatzsteueranteil der Länder sogenannte Ergänzungsanteile, bis sie 92 vH der Steuerkraft aller Bundesländer erreichen; streut allerdings die Steuerkraft sehr stark, können auf dieser Stufe die Ausgleichsansprüche nicht in voller Höhe gedeckt werden. Rund 1,6 Mrd. DM erhielte Brandenburg aus dem Ausgleich i. e. S., der den finanzschwachen Ländern eine Steuerkraft von 95 vH des Länderdurchschnitts garantiert (Tabelle 2). Anders als im Umsatzsteuervorwegausgleich werden auf dieser Stufe bei der Bemessung auch die Gemeindesteuern berücksichtigt, und zwar hälftig und mit „veredelten" Einwohnerzahlen gewichtet.

Tabelle 2

Wirkungen des Finanzausgleichs i.e.S. im Jahre 1995
(Variante I)

	Finanzkraft-meßzahl 1)	Ausgleichs-meßzahl 2)	Fehlbeträge			Ausgleichspflichtige Beiträge	
			Stufe 1 3)	Stufe 2 3)	Insgesamt	Stufe 2 4)	Stufe 3 4)
	Mill. DM						
Nordrhein-Westfalen	84.443	79.721	0	0	0	2.970	0
Bayern	54.919	52.197	0	0	0	1.593	0
Baden-Württemberg	52.085	44.813	0	0	0	3.405	2.791
Niedersachsen	33.517	33.717	0	75	75	0	0
Hessen	30.935	26.317	0	0	0	1.999	1.986
Rheinland-Pfalz	17.271	17.172	0	0	0	0	0
Schleswig-Holstein	11.979	11.938	0	0	0	0	0
Saarland	4.294	4.894	209	147	356	0	0
Hamburg	10.732	10.001	0	0	0	504	0
Bremen	3.466	4.078	286	122	408	0	0
Berlin	15.791	20.860	3.400	626	4.026	0	0
Sachsen	17.293	21.602	2.581	648	3.229	0	0
Sachsen-Anhalt	10.255	13.011	1.715	390	2.106	0	0
Thüringen	9.287	11.801	1.570	354	1.924	0	0
Brandenburg	9.355	11.662	1.374	350	1.724	0	0
Mecklenburg-Vorpommern	6.867	8.704	1.140	261	1.401	0	0

	Tatsächliche Beiträge (-)/ Zuweisungen (+) 4) in Mill. DM	Finanzkraft vor LFA		Finanzkraft nach LFA	
		DM pro Kopf	in vH des Durchschnitts	DM pro Kopf	in vH des Durchschnitts
Nordrhein-Westfalen	-2.335	4.860	104,2	3.936	98,8
Bayern	-989	4.786	102,6	3.936	98,8
Baden-Württemberg	-4.751	5.288	113,3	3.936	98,8
Niedersachsen	-260	4.530	97,1	3.849	96,7
Hessen	-3.111	5.357	114,8	3.936	98,8
Rheinland-Pfalz	-172	4.578	98,1	3.863	97,0
Schleswig-Holstein	-120	4.556	97,6	3.863	97,0
Saarland	308	3.998	85,7	3.744	94,0
Hamburg	-2.457	6.477	138,8	3.982	100,0
Bremen	369	5.082	108,9	4.956	124,5
Berlin	3.821	4.597	98,5	5.044	126,7
Sachsen	3.008	3.646	78,1	3.947	99,1
Sachsen-Anhalt	1.971	3.582	76,8	3.981	100,0
Thüringen	1.801	3.569	76,5	3.999	100,4
Brandenburg	1.605	3.637	77,9	3.932	98,8
Mecklenburg-Vorpommern	1.311	3.582	76,8	3.983	100,0

1) Landes- und (anteilige) Gemeindesteuern. - 2) 95 vH des Länderdurchschnitts (je gewerteten Einwohner). - 3) In Stufe 1 wird in voller Höhe der Betrag zugewiesen, der zur Aufstockung auf 95 vH erforderlich ist; auf Stufe 2 beläuft sich die Zuweisung auf 37,5 vH des Fehlbetrags. - 4) Überschußstufe 2, in der die Steuerkraft zwischen 102 vH und 110 vH des Durchschnitts zu 70 vH abgeschöpft wird. In der Stufe 3 wird eine Steuerkraft von über 110 vH des Durchschnitts vollständig abgeschöpft. - 5) Unter Berücksichtigung der Garantieklauseln.
Quelle: Schätzungen des DIW.

Der Berliner Haushalt würde 3,8 Mrd. DM einnehmen. Im Gegensatz zu Brandenburg könnte die Stadt aus dem Umsatzsteuervorwegausgleich keine Mittel beanspruchen, weil die Einwohnerwertung der

Stadtstaaten auf dieser Ausgleichsstufe nicht angewendet wird, sondern nur beim horizontalen Ausgleich i. e. S. zum Tragen kommt. Berlin zöge aber Nutzen aus der Garantieklausel für Länder mit unterdurchschnittlicher Steuerkraft, da den Modellrechnungen zufolge die Steuerkraft der Stadt unter der 100 vH-Marke liegt, wodurch sie als „finanzschwach" eingestuft wird. in diesem Falle steht ihr der Umsatzsteuerbetrag zu, der sich ergibt, wenn der gesamte Länderanteil nach der Einwohnerzahl berechnet wird. In Variante II spielt wegen der höheren Steuerkraft diese Gewährleistung keine Rolle, d. h. Berlin hätte nurmehr Anspruch auf drei Viertel des Länderanteils an der Umsatzsteuer, verteilt nach der Einwohnerzahl (siehe Tabelle 3). Unter den getroffenen Annahmen errechnet sich eine Einbuße an Umsatzsteuern von fast 1 Mrd. DM. Allerdings wird dieser Verlust durch die Garantieklausel gemindert, daß den Ländern, die ursprünglich über eine überdurchschnittliche Steuerkraft verfügten — in Variante II zählt Berlin zu der Gruppe der steuerstarken Länder —, aber nach Verteilung unter den Durchschnitt gesunken sind, einen Anspruch auf Ausgleich haben. Es handelt sich — folgt man der Modellrechnung — hierbei um reichlich 300 Mill. DM. Im horizontalen Ausgleich i. e. S. verlöre Berlin knapp 300 Mill. DM, so daß insgesamt sich für den Berliner Haushalt in Variante II ein Minus von nahezu 1 Mrd. DM errechnet. Finanziell stünde die Stadt trotz günstigerer Wirtschaftsentwicklung also schlechter da als in Variante I. Von den Verlusten Berlins profitierten vor allem die finanzstarken Bundesländer, während die ostdeutschen Länder aus dem Ausgleich i. e. S. zwar geringere Zuweisungen erhielten, diese aber durch höhere Einnahmen aus dem Umsatzsteuervorwegausgleich mehr als wettgemacht würden.

Dieses Ergebnis verdeutlicht eine Schwäche der bestehenden Ausgleichsregelungen, wird doch den finanzschwachen Ländern für sich genommen kein Anreiz gegeben, sich selbst um eine Verbesserung der Wirtschafts- und Finanzkraft zu bemühen. Ob dieses Argument freilich ausreicht, den finanzschwachen Ländern generell ein Desinteresse an der weiteren Abschöpfung ihrer Steuerquellen zu unterstellen, sei dahingestellt. Die Frage unterschiedlicher Erhebungsintensitäten der Steuerbehörden in den einzelnen Bundesländern ist bisher noch nicht empirisch untersucht worden. Schon aus diesem Grunde stehen die sehr weitreichenden Vorschläge, die der Wissenschaftliche Beirat beim Bundesfinanzministerium wie auch der Sachverständigenrat zur Begutachtung des gesamtwirtschaftlichen Entwicklung zum Abbau der Nivellierung unterbreiten, auf tönernen Füßen.

Tabelle 3

Ergänzungsanteile und Finanzausgleich i.e.S. 1995 in Variante II[1]
Mill. DM

	Ergänzungsanteile (gekürzt)	Finanzausgleich i.e.S.		
		Differenz zu Variante I	Beiträge (-)/Zuweisungen	Differenz zu Variante I
Nordrhein-Westfalen	0		-1.979	+ 356
Bayern	0		-754	+ 235
Baden-Württemberg	0		-4.549	+ 202
Niedersachsen	0		-206	+ 54
Hessen	0		-2.993	+ 118
Rheinland-Pfalz	0		-161	+ 10
Schleswig-Holstein	0		-112	+ 7
Saarland	53	12	311	+ 3
Hamburg	0		-2.428	+ 29
Bremen	0		386	+ 18
Berlin	0		3.564	- 257
Sachsen	4.464	304	2.772	- 236
Sachsen-Anhalt	3.056	205	1.807	- 164
Thüringen	2.548	173	1.666	- 135
Brandenburg	2.497	170	1.472	- 133
Mecklenburg-Vorpommern	1.974	133	1.206	- 105

1) Berechnet werden die Wirkungen im Finanzausgleich, die sich ergeben, wenn Berlin eine höhere Steuerkraft (vgl. Tabelle 2) aufweist.
Quelle: Schätzungen des DIW.

Eine Vereinigung von Berlin und Brandenburg hätte nachhaltige Auswirkungen im Länderfinanzausgleich. Zu Buche schlägt insbesondere der Wegfall der speziellen Einwohnerwertung für Berlin im Rahmen des horizontalen Ausgleichs i. e. S., denn der Status eines Stadtstaates ginge dann verloren. Eine Rolle spielt aber auch die höhere Steuerkraft des gemeinsamen Landes, wenn es um die Verteilung im Umsatzsteuervorwegausgleich geht; der Ausgleichsanspruch würde dann kleiner.

In Variante I könnte der Flächenstaat Berlin-Brandenburg 3,9 Mrd. DM aus dem Ausgleichstopf beanspruchen, davon fast 1,1 Mrd. DM aus dem Umsatzsteuervorwegausgleich und knapp 2,9 Mrd. DM aus dem horizontalen Ausgleich i. e. S. (Tabelle 4). Dies wäre weniger als die Hälfte der Summe, die im Falle zweier eigenständiger Länder in die Region flösse. In Variante II errechnet sich sogar nur ein Ausgleichsvolumen von 3 Mrd. DM. Hier kommt es insbesondere im Umsatzsteuervorwegausgleich zu Einbußen, weil zuerst die noch ärmeren, d. h. die anderen ostdeutschen Länder bedient werden müßten. Zweifellos erschweren die bestehenden Regelungen des Finanzausgleichs eine Verschmelzung von Berlin und Brandenburg zu einem Flächenstaat.

Tabelle 4

Ein gemeinsamer Flächenstaat Berlin-Brandenburg im Länderfinanzausgleich: Modellrechnung für das Jahr 1995

	Umsatzsteuer-Vorwegausgleich in Mill. DM			Finanzausgleich i.e.S. in Mill. DM		
	Steuern ohne USt-Anteil in vH des Durchschnitts	Garantie-klausel	gekürzte Ergän-zungen	Finanzkraft vor LFA i.e.S. in vH des Durchschnitts	Zuweisungen (+)/ Beiträge im LFA i.e.S.	Finanzkraft nach LFA i.e.S. in vH des Durchschnitts
	Variante I					
Nordrhein-Westfalen	113,6	0	0	104,2	-1.660	99,8
Bayern	111,8	0	0	102,6	-543	99,8
Baden-Württemberg	125,9	0	0	113,3	-4.368	99,8
Niedersachsen	95,4	2.149	0	97,1	181	98,2
Hessen	127,9	0	0	114,8	-2.887	99,8
Rheinland-Pfalz	97,5	1.096	0	98,1	17	98,3
Schleswig-Holstein	97,4	763	0	97,6	22	98,4
Saarland	80,1	312	45	85,8	402	96,3
Hamburg	163,1	0	0	138,8	-2.457	100,0
Bremen	125,8	0	0	108,9	452	127,5
Berlin-Brandenburg	75,1	1.744	1.060	85,2	2.870	98,7
Sachsen	45,2	1.377	4.628	80,2	2.986	101,5
Sachsen-Anhalt	40,3	831	3.172	79,2	1.920	102,3
Thüringen	43,8	756	2.642	78,7	1.780	102,8
Mecklenburg-Vorpommern	41,8	557	2.048	79,1	1.285	102,4
	Variante II					
Nordrhein-Westfalen	113,1	0	0	103,9	-1425	99,9
Bayern	111,4	0	0	102,3	-388	99,9
Baden-Württemberg	125,4	0	0	113,0	-4235	99,9
Niedersachsen	95,1	2149	0	96,8	234	98,1
Hessen	127,4	0	0	114,5	-2809	99,9
Rheinland-Pfalz	97,1	1096	0	97,8	44	98,2
Schleswig-Holstein	97,0	763	0	97,4	41	98,3
Saarland	79,8	312	59	85,8	404	96,4
Hamburg	162,4	0	0	138,4	-2439	100,0
Bremen	125,3	0	0	108,6	465	127,7
Berlin-Brandenburg	80,0	1744	294	85,8	2717	98,3
Sachsen	45,1	1377	4909	81,3	2772	101,6
Sachsen-Anhalt	40,1	831	3361	80,4	1772	102,4
Thüringen	43,6	756	2802	79,8	1657	102,9
Mecklenburg-Vorpommern	41,6	557	2171	80,2	1189	102,5

Quelle: Schätzungen des DIW.

Vom Wegfall der Stadtstaatenwertung für Berlin würden die anderen Bundesländer zum Teil erheblich profitieren. Dies soll anhand der Ergebnisse von Variante I gezeigt werden. Den neuen Ländern flössen beträchtliche Mittel im Rahmen des Umsatzsteuerausgleichs zu: Sachsen erhielte fast 470 Mill. DM, Sachsen-Anhalt 320 Mill. DM, Thüringen 270 Mill. DM und Mecklenburg-Vorpommern 210 Mill. DM; von den alten Ländern könnte nur das Saarland wenige Mill. DM beanspruchen. Auf der Stufe des horizontalen Ausgleichs i. e. S. würden alle alten Bundesländer — mit Ausnahme Hamburgs — günstiger dastehen: Nordrhein-Westfalen könnte immerhin ein Plus von fast 700 Mill. DM verbuchen, während Bayern und Niedersachsen jeweils rund 450 Mill. DM erhielten; für Baden-Württemberg errechnen sich knapp 400 Mill. DM und für die übrigen westdeutschen Länder Größenordnungen von 100 Mill. DM bis 200 Mill. DM. Die neuen Länder müßten auf dieser Stufe geringe Einbußen hinnehmen, was auf die Wirkung der verschiedenen Garantieklauseln zurückzuführen ist; per Saldo überwiegen für sie aber bei weitem die Vorteile.

V.

Werden die geltenden Regelungen des Finanzausgleichs über das Jahr 1995 fortgeschrieben, müßten nahezu 30 Mrd. DM zwischen reichen und armen, zwischen west- und ostdeutschen Ländern umverteilt werden. Eine solche Größenordnung steht außer Frage, wie die Verhandlungen zwischen Bund und Ländern zeigen. Jede Reform wird auf einen geringeren Nivellierungsgrad zielen müssen; ebenso müßten die unsystematischen Verteilungswirkungen, die der Umsatzsteuervorwegausgleich nach sich zieht, beseitigt werden. In einem Alternativmodell wird der gesamte Länderanteil an der Umsatzsteuer nach der Einwohnerzahl verteilt, es findet also nur ein Ausgleich i. e. S. statt. Infolge eines geringeren Nivellierungsgrades — hervorgerufen durch eine Senkung der Zuweisungsquoten für die ausgleichsberechtigten Länder und die Erweiterung der ausgleichsfreien Zone — wird das Ausgleichsvolumen auf knapp 20 Mrd. DM begrenzt.

Im Vergleich zum Status-quo in Variante I erhielte Berlin etwa 1,7 Mrd. DM weniger Einnahmen, für Brandenburg ergäbe sich ein Minus von fast 1 Mrd. DM (Tabelle 5). Für ein gemeinsames Bundesland errechnen sich auch im Alternativmodell erhebliche Verluste. Sie bleiben um rund 3 Mrd. DM hinter dem Betrag zurück, der im Falle zweier getrennter Staaten in die Region flösse. Ein niedrigerer Nivellierungsgrad im Finanzausgleich zieht also nicht nur geringere Ausgleichseffekte zwischen armen und reichen Bundesländern nach sich, sondern mindert auch die Einnahmenverluste, die ein gemeinsames Land Berlin-Brandenburg hinnehmen müßte. Aber auch dann wären sie beträchtlich.

Tabelle 5

Gegenüberstellung der Simulationsergebnisse zum Länderfinanzausgleich und ihre Auswirkungen auf Berlin und Brandenburg 1995
Mill. DM

	Status-quo		Alternativmodell	
	Variante I	Variante II	Variante I	Variante II
	Verteilung der Umsatzsteuer 1)			
Berlin	1 DM	-681 DM	0 DM	0 DM
Brandenburg	2.327 DM	2.497 DM	0 DM	0 DM
(1) Summe	2.328 DM	1.816 DM	0 DM	0 DM
Berlin-Brandenburg	1.060 DM	294 DM	0 DM	0 DM
(2) Differenz zu (1)	-1.268 DM	-1.522 DM	0 DM	0 DM
	Zuweisungen im Länderfinanzausgleich i.e.S.			
Berlin	3.821 DM	3.564 DM	2.070 DM	1.152 DM
Brandenburg	1.605 DM	1.472 DM	2.958 DM	2.985 DM
(3) Summe	5.426 DM	5.036 DM	5.028 DM	4.137 DM
Berlin-Brandenburg	2.870 DM	2.717 DM	1.491 DM	1.140 DM
(4) Differenz zu (3)	-2.556 DM	-2.319 DM	-3.537 DM	-2.997 DM
(5) Differenzen insgesamt	-3.824 DM	-3.841 DM	-3.537 DM	-2.997 DM

1) Unterschiedsbeträge zwischen der Verteilung eines Viertels des Umsatzsteueranteils nach der Einwohnerzahl und der Verteilung nach dem Umsatzsteuervorwegausgleich.
Quelle: Schätzungen des DIW.

VI.

Steine auf dem Weg hin zu einer Ehe von Berlin und Brandenburg liegen nicht nur in den Konsequenzen, die sich unmittelbar aus dem Länderfinanzausgleich ergeben. Eine beschwerliche Mitgift — vornehmlich auf Berliner Seite — stellen die überdimensionierten Verwaltungsapparate dar. Sie müßten auf die Bedürfnisse eines mittleren Flächenstaates zugeschnitten werden — eine Aufgabe, die wohl nur durch einen außergewöhnlichen politischen Kraftakt zu bewältigen ist. Zugleich müßte eine eigenständige Kommunalverwaltung in Berlin aufgebaut werden. Im Endergebnis müßte es zu kräftigen Einsparungen im Verwaltungsbereich kommen, weil „economies of scale" zum Tragen kämen.

Wie groß ist nun dieser Anpassungsdruck? Natürlich ist es unmöglich, einen objektiven Maßstab für den „optimalen" Versorgungsgrad einer Region mit öffentlichen Gütern zu finden. Wenn hier als Bezugsgröße für den potentiellen Ausgabenrahmen eines Landes Berlin-Brandenburg der Durchschnitt der westdeutschen Flächenländer — fortgeschrieben bis 1995 — herangezogen wird, so ist dies zweifellos ein sehr vereinfachendes Vorgehen.

Folgt man den Annahmen der Ausgabenprojektion in Tabelle 6, so werden je Einwohner gerechnet 1995 die Ausgaben in Berlin nahezu doppelt so hoch sein wie in Brandenburg. Allerdings ist diese Relation wenig aussagekräftig, weil in den Ausgaben Berlins der Kommunalanteil ebenso wie die „Kosten des Stadtstaates" enthalten sind. Wählt man als Referenzrahmen die durchschnittlichen Pro-Kopf-Ausgaben der westdeutschen Großstädte, sind die Unterschiede viel geringer. Als Norm könnte dann ein Betrag von 11 000 DM zugrunde gelegt werden, 5 300 DM für Landesaufgaben und 5 500 DM für kommunale Ausgaben. Allerdings sind in dieser Summe Doppelzählungen enthalten, nämlich die Zuweisungen des Landes an die Gemeinden. Das „bereinigte" Ausgaben*soll* beliefe sich auf knapp 10 000 DM pro Kopf der Bevölkerung, ein Drittel weniger als in der Projektion. Das heißt: Wollte oder sollte sich der Berliner Haushalt an westdeutschen Maßstäben orientieren, müßten die Ausgaben grosso modo um ein Drittel gekürzt werden.

Der Anpassungsdruck für den Berliner Haushalt ist also gewaltig. Der Druck bleibt selbst dann groß, wenn man den spezifischen Stadtstaatenbedarf in Rechnung stellt und zudem berücksichtigt, daß Berlin in den Jahren, als die Stadt einen Sonderstatus besaß, eine Überversorgung mit öffentlichen Gütern zugestanden wurde, die nicht abrupt beseitigt werden kann. Wie groß die erforderlichen Kürzungen tatsächlich sein müssen, läßt sich indes kaum exakt beziffern. Hierzu wäre eine detaillierte Beschreibung der zu erfüllenden Aufgaben und der damit gebundenen Ressourcen notwendig. Eine Gegenüberstellung des Personaleinsatzes in der Berliner Verwaltung mit dem Personal in den westdeutschen Ländern und deren Großstädte zeigt aber, daß die Probleme vor allem, wenn auch nicht ausschließlich, in der personellen Überbesetzung begründet sind (Tabelle 7).

Tabelle 6

Projektion der Einnahmen und Ausgaben im Berliner und im Brandenburger Landeshaushalt bis 1995

	1991	1995	1995/91	1991	1995	1995/91	1995	1995
	Berlin (Variante I)			Brandenburg			Berlin	Brandenburg
	Mrd. DM		Jahresdurchschn. Veränd. in vH	Mrd. DM		Jahresdurchschn. Veränd. in vH	Je Einwohner in DM	
Steuern	9,6	18,2	17,4	3,0	6,4	20,7	5.301	2.473
Lohnsteuer	3,3	8,2	26,1	0,6	2,3	39,6	2.390	902
Gewinnsteuern	1,1	2,1	17,0	-0,0	0,4	-	617	136
Steuern vom Umsatz	2,5	4,0	12,3	2,0	3,0	9,9	1.162	1.159
Übrige	2,7	3,9	9,8	0,4	0,7	18,5	1.132	276
Bundeshilfe, Fonds "Deutsche Einheit" u.a.	17,1	-	-	5,6	-	-	-	-
Sonstige Einnahmen	5,8	6,0	0,5	3,2	3,0	-2,0	1.732	1.147
Einnahmen insgesamt	32,5	24,2	-7,2	11,8	9,3	-5,8	7.033	3.620
Personalausgaben	12,7	16,6	6,8	2,4	5,3	21,4	4.818	2.061
Sächliche Verwaltungsausgaben	4,1	4,6	2,7	0,7	1,0	7,8	1.339	373
Zinsausgaben	1,1	4,4	43,3	0,0	1,9	.	1.290	719
Lfd. Zuweisungen u. Zuschüsse	10,6	12,8	5,0	6,5	5,2	-5,2	3.735	2.033
Öffentlicher Bereich	0,1	0,1	2,0	3,7	2,5	-8,9	38	984
Renten, Unterstützungen	2,1	3,6	13,9	0,9	1,2	6,9	1.048	447
Unternehmen 1)	3,2	3,7	3,4	1,1	0,7	-10,7	1.077	272
Übrige	5,1	5,4	1,7	0,8	0,9	0,6	1.572	330
Sachinvestitionen	1,8	2,4	7,5	0,2	0,6	27,1	684	233
Vermögensübertragungen	2,7	2,0	-7,4	4,3	2,8	-10,3	582	1.089
dar. an Gemeinden	-	-	-	2,6	2,0	-6,3	-	778
Sonstige Ausgaben	2,7	2,5	-2,1	0,1	0,2	12,0	728	86
Ausgaben insgesamt	35,6	45,3	6,2	14,3	17,0	4,3	13.176	6.594
Finanzierungssaldo	-3,1	-21,1		-2,5	-7,7			

1) Einschließlich Wohnungsbau.
Quellen: Statistisches Bundesamt, Berechnungen des DIW.

Gemessen an den westdeutschen Verhältnissen können als Beschäftigungsobergrenze in den Verwaltungen von Ländern und Gemeinden (ohne Krankenhäuser und rechtlich unselbständige Wirtschaftsunternehmen) jeweils etwa 25 Personen pro 1000 Einwohner angesetzt werden. Übertragen auf Berlin hieße dies, daß von den 215 000 Beschäftigten in der Berliner Verwaltung 125 000 Personen mit Landes- und 90 000 Beschäftigte mit Kommunalaufgaben betraut wären. Bei einem Zusammengehen mit Brandenburg errechnet sich für Berlin ein Anteil von 85 000 Personen, die in den Landesdienst übernommen werden könnten. Das bedeutet aber auch: Legt man die aktuellen westdeutsche Verhältnisse zugrunde, müßte die Zahl der Landesbediensteten in Berlin um 40 000 verringert werden — das wäre immerhin fast ein Fünftel des heutigen Personalstandes. In der Ausgabenprojektion war unterstellt worden, daß bis 1995 die Zahl der Stellen im Westteil der Stadt jährlich um 2,5 vH bzw. 3 000 Stellen und im Ostteil um 4,5 vH bzw. 4 000 Stellen abgebaut wird. Bis 1995 errechnet sich ein Minus von 28 000; diese Zahl läge also noch erheblich unter der „Norm“.

Tabelle 7

Personal der Flächen- und Stadtstaaten nach Aufgabenbereichen 1990
je 1000 Einwohner

	Flächenstaaten	Hamburg	Bremen	Berlin (West)
Verwaltung	23,7	59,7	57,4	67,0
Allgemeine Dienste	8,8	22,5	20,7	28,3
Politische Führung u. zentrale Verwaltung	3,4	9,0	10,0	11,7
dar.: Politische Führung	0,5	0,5	3,5	4,1
Steuer- und Finanzverwaltung	2,0	3,7	3,1	3,4
Öffentliche Sicherheit und Ordnung	3,0	9,1	7,6	12,0
Rechtsschutz	2,4	4,3	3,1	4,6
Bildungswesen, Wissenschaft, Forschung, kulturelle Angelegenheiten	12,8	20,8	22,9	22,3
Schulen und vorschulische Bildung 1)	9,1	13,6	16,8	11,8
Hochschulen 2)	3,2	5,4	4,0	8,3
Soziale Sicherung, soziale Kriegsfolgeaufgaben, Wiedergutmachung	0,4	7,1	5,5	10,1
Gesundheit, Sport und Erholung	0,2	2,7	1,5	4,4
Wohnungswesen, Raumordnung und kommunale Gemeinschaftsdienste	0,3	4,1	4,5	1,2
Sonstige	1,2	2,7	2,4	0,7
Rechtlich unselbst. Wirtschaftsunternehmen	0,6	0,1	0,0	14,3
Krankenhäuser 3)	2,2	14,8	12,3	14,5
Insgesamt	26,4	74,7	69,7	95,7

1) Einschließlich Verwaltung. - 2) Einschließlich Universitätsbibliotheken, universitätsmedizinische Kliniken, Pädagogische Hochschulen, Gesamthochschulen. - 3) Mit kaufmännischem Rechnungswesen.
Quellen: Statistisches Bundesamt, Berechnungen des DIW.

VII.

Welche Konsequenzen hätte nun ein Zusammengehen von Berlin und Brandenburg für die Kommune Berlin? Das kommunale Einnahmepotential setzt sich im wesentlichen aus dem Gemeindeanteil an den Einkommensteuern (15 vH), den Gemeindesteuern (insbesondere Grund- und Gewerbesteuern), den Zuweisungen des Landes im Rahmen des kommunalen Finanzausgleichs sowie den Gebühren für die Nutzung kommunaler Dienstleistungen zusammen.

Die Verteilung der Einkommensteuer auf die Gemeinden bestimmt sich nicht nach der Einwohnerzahl, sondern gemäß dem Anteil der Steuerleistungen der Einwohner in den Gemeinden an den gesamten Einkommensteuern in dem jeweiligen Bundesland. Allerdings werden die Steuerleistungen nur bis zu bestimmten Einkommensobergrenzen berücksichtigt, weshalb es zu einer erheblichen Nivellierung der Einnahmen aus der Einkommensteuer zwischen Berlin und den Gemeinden in Brandenburg kommen dürfte; dies zeigen auch durchgeführte Modellrechnungen.

Von zentraler Bedeutung ist die Frage, welche Ansprüche Berlin im Rahmen des kommunalen Finanzausgleichs geltend machen könnte. Hier spielen mehrere Faktoren eine Rolle. Einmal richten sich die Ansprüche nach den Verbundquoten, d. h. sie hängen davon ab, in welcher Höhe das Land die Gemeinden an seinem Steueraufkommen beteiligt. Eine Rolle spielt aber auch die gemeindliche Steuerkraft (in Abhängigkeit von der Gemeindegrößenklasse) sowie der Ausgabenbedarf einer Gemeinde. Anders als der Länderfinanzausgleich berücksichtigt der kommunale Finanzausgleich explizit unterschiedliche Ausgaben*bedarfe:* In der Regel wird unterstellt, daß mit steigender Einwohnerzahl die kommunale Ausgabenbelastung zunimmt. Es ist hier nicht der Platz, die Problematik dieses Ansatzes zu diskutieren. Gleichwohl wäre für Berlin die bisherige Regelung des Landes Brandenburg von großem Nachteil, daß — anders als in den übrigen Bundesländern — die größeren Städte ihre Schlüsselzuweisungen allein nach Maßgabe der „unveredelten" Einwohnerzahl erhalten. Ebenso liefe eine Verbundquote von nur 20 vH den Interessen Berlins zuwider, denn sie begrenzt die kommunale Finanzausgleichsmasse. Jede Wertung einer solchen Quote muß natürlich das Ausmaß der kommunalen Aufgabenwahrnehmung in Rechnung stellen.

Eine überschlägige Rechnung umreißt die Finanzprobleme, denen eine eigenständige Gemeinde Berlin künftig gegenüberstehen würde (Tabelle

8). Je nach Annahmen errechnet sich in der Summe ein Einnahmenpotential in der Spannweite von 11 Mrd. DM bis knapp 12 Mrd. DM. Jeweils (über) 2 Mrd. DM entfielen auf den Anteil an der Einkommensteuer und auf die Gemeindesteuern, reichlich 4 Mrd. DM wären Zuweisungen vom Land. Gemessen an den westdeutschen Großstädten wäre das Ausgaben"soll" für die Kommune Berlin auf rund 19 Mrd. DM zu veranschlagen. In der Summe würden die Einnahmen also bei weitem nicht ausreichen, den Ausgabenbedarf zu decken.

Tabelle 8

Hypothetische Einnahmen und Ausgaben in einem Kommunalhaushalt Berlin 1995
Mrd. DM

	Variante I	Variante II
Einnahmen	11,0	11,7
Anteil Einkommensteuer	2,1	2,3
Gemeindesteuer	2,1	2,5
Gebühren u.ä.	2,5	2,5
Zuweisungen vom Land	4,3	4,4
- Steuerverbund	2,3	2,4
- Sonstige	2,0	2,0
Ausgaben	18,9	
Personalausgaben	5,8	
Laufender Sachaufwand	3,8	
Zinsausgaben	1,1	
Laufende Zuschüsse	3,1	
Sachinvestitionen	3,1	
Vermögensübertragungen	1,6	
Sonstige	0,4	
Finanzierungssaldo	-7,9	-7,2

Quelle: Berechnungen des DIW.

Eine Konsequenz wäre, die Einwohnerwertung im brandenburgischen Gemeindefinanzausgleich stärker auf die Bedürfnisse der Stadt zuzuschneiden. Wollte man eine relative Besserstellung Berlins — ähnlich der Stellung der westdeutschen Großstädte — erreichen, ohne die absolute Position der anderen brandenburgischen Gemeinden zu verschlechtern, müßte die Verbundmasse im Landeshaushalt erhöht werden. Damit würden aber die finanziellen Kalamitäten des Landes steigen. Letztlich wären auch auf kommunaler Ebene gewaltige Einschnitte im Leistungsangebot erforderlich, sollten Einnahmen und Ausgaben im Verwaltungshaushalt in etwa ins Gleichgewicht gebracht werden.

VIII.

Der Finanzausgleich — vertikal wie horizontal, auf Länder- wie auf Gemeindeebene — ist in einem föderativen System das entscheidende Instrument, divergierende Verteilungsinteressen auszubalancieren. Mit der deutschen Vereinigung sind die Anforderungen an das Ausgleichssystem beträchtlich gestiegen. Gleichwohl sind die Finanzprobleme Berlins nicht durch die Beteiligung am Länderfinanzausgleich zu lösen; sie können nur gemildert werden. Selbst wenn die Steuereinnahmen kräftig sprudeln, heißt dies nicht unbedingt auch Zugewinn an finanzpolitischer Dispositionsmasse, weil die Mehreinnahmen durch die Mechanismen des Finanzausgleichs teilweise kompensiert werden. Im Falle eines gemeinsamen Bundeslandes Berlin-Brandenburg würden die Probleme auf der Einnahmenseite nicht kleiner, sondern größer. So gesehen besteht für Berlin kein Anreiz, sich mit Brandenburg zu vereinigen. Ein Verlust an Einnahmen vergrößert den Druck, bei den Ausgaben zu sparen. Warum sollte sich die Landespolitik quasi freiwillig diesem Druck aussetzten, sind doch schon im Status-quo die Anpassungsprobleme auf der Ausgabenseite gewaltig?

Zusammenfassung der Diskussion

Referate Boss, Thiel und Vesper

Kerber geht auf das Konzept des von Boss in die Diskussion gebrachten Regionenwettbewerbs ein: Die Vorstellung, daß es einen Wettbewerb gebe zwischen unterschiedlichen Wirtschaftspolitiken, daß also Erfahrungen gemacht würden, die dann auch ausgetauscht werden könnten, stimme hoffnungsvoll. Er habe Boss so verstanden, daß er bereit wäre, gewisse staatliche Ineffizienzen in Form z. B. von nicht erreichter Internalisierung externer Effekte oder in Form von nicht gelösten Gefangenendilemma-Situationen hinzunehmen, um dadurch die Vorteile eines solchen dynamischen Wettbewerbs zwischen einzelnen Gebietskörperschaften zu erreichen. Diese Sicht füge sich ein in die gewohnte Denkweise in der Wettbewerbstheorie, in der dem dynamische Wettbewerb bestimmte Vorteile zugeschrieben würden, z. B. in Form von Innovationen, und diese würden als wichtiger angesehen als bestimmte Ineffizienzen, die durch Marktunvollkommenheiten auftreten. Allerdings sei es kaum möglich, die Vorteile eines solchen evolutorischen Wettbewerbs zu messen.

Die Idee, Subsidiarität auf allen Ebenen durchzusetzen, indem Aufgaben und entsprechend auch Steuerhoheiten zugeteilt würden, könne allerdings noch weiter gedacht werden, selbst wenn für den Zentralstaat auch nach dem Konzept von Boss nur noch wenige Aufgaben übrigbleiben würden, nämlich Verteidigung und Sicherung der Rechtsordnung. Die Verteidigung der Bundesrepublik sei über 40 Jahre von der NATO gesichert worden. Niemand sei aber auf die Idee gekommen, auf der Ebene der NATO einen Zentralstaat zu gründen und für die Verteidigung auf NATO-Ebene eine eigene Steuer einzuführen.

Auch technologische externe Effekte seien angesprochen worden. Positive und negative technologische externe Effekte wären nicht so schlimm, denn man könnte sie ja später durch Verhandlung internalisieren. Boss habe zwar auf die Transaktionskostenproblematik hingewiesen. Dabei würde jedoch übersehen, daß es einen Anreizeffekt gibt, neue negative externe Effekte zu produzieren, um sich diese anschließend von anderen Gebietskörperschaften abkaufen zu lassen.

Ottnad weist auf ein grundsätzliches Problem hin, vor dem alle stünden — unabhängig davon, ob über die Neuregelung des Finanzausgleichs in seiner institutionellen Ausgestaltung oder auch beispielsweise über die Neugliederung der Länder entschieden werden müsse: Unter rationalen Gesichtspunkten wäre es wünschenswert, eine Entscheidung zu treffen, die unabhängig ist von den konkreten Ereignissen; in der Praxis sehe man aber stets genau den umgekehrten Vorgang: diejenigen, die entschieden, gingen von den konkreten Ergebnissen aus. Bei der sicherlich wünschenswerten Neugliederung der Länder müsse man ja in der Praxis das Problem sehen, daß die politisch Handelnden im Zweifel damit ihre Entscheidungskompetenz abgäben. Wenn Berlin und Brandenburg sich vereinigten, fiele ja auch ein Arbeitsplatz eines deutschen Ministerpräsidenten weg. Diese Problematik sei auch in einem konkreten Punkt anzusprechen, der von Thiel am Rande gestreift worden sei, nämlich ob man nicht bei einer Neugliederung ganz bewußt ins Kalkül ziehen müßte, west- und ostdeutsche Länder zusammenzufassen, wo dies regional und kulturhistorisch möglich ist. Hier sei auch an den Aspekt der möglichen Disincentives zu denken. Wenn Ministerpräsidenten, die ja wiedergewählt werden wollten, sowohl für west- wie auch ostdeutsche Wähler eine entsprechende Politik machen müßten, so verlagerten sich viele der Probleme, die jetzt zwischen den Ländern ausgetragen würden, in das betreffende Land, und möglicherweise wäre das ein Ansatzpunkt, das Thema Finanzausgleich zu entschärfen.

Donges bittet Vesper um Aufklärung, warum er die Prognose etwa des Sachverständigenrats, daß eine übermäßige Nivellierung im Rahmen des Finanzausgleichs Fehlanreize auslöst, für fehlerhaft hält. Er möchte dem Eindruck entgegenwirken, daß all das, was man nicht messen kann, falsch sein müßte. Das sei gerade nicht der Fall, wenn man anreiztheoretisch argumentieren müsse. Das habe er selber in seinem Referat — und zu Recht — über lange Strecken getan. Man habe zwar keinen objektiven Maßstab für die Grenzen der Nivellierung, und dennoch wisse man oder glaube zumindest, daß man sehr gut begründen könne — und zwar theoretisch und empirisch untermauert — daß es Wirkungszusammenhänge gibt zwischen übermäßiger Nivellierung und Leistungsanreizen. Das gelte ja auch bei den Individuen, nicht nur abstrakt bei Gebietskörperschaften.

Wenn von der „Pflege der Steuerquellen“ gesprochen werde, dann sei nicht gemeint, daß die Steuerbeamten in irgendeiner Region anders oder weniger pflichtbewußt handelten als anderswo, sondern gemeint sei die Erschließung von Steuerquellen im Verhältnis zu dem, was an Ausgabenwünschen in dieser Region von der dortigen Bevölkerung geäußert werde. Und wenn davon gesprochen werde, daß bei übermäßiger Nivellierung die Steuerquellen zu wenig gepflegt würden, so sei damit gemeint, daß man bei den Ausgabenwünschen etwas großzügiger verfährt.

Das sei auch politökonomisch sehr schön zu erklären: In jedem Bundesland gebe es alle vier Jahre Wahlen, mindestens zweimal auf Länderebene und zusätzlich auf Kommunalebene. Daß dann Haushaltsnotlagen entstünden, sei ein ganz klassischer Fall von Moral-Hazards. Das Bundesverfassungsgericht habe dafür auch noch einen Freibrief ausgestellt. In der Vereinigung und der Neuordnung des Finanzausgleichs müsse nun die Chance gesucht werden, mit den Ausgleichsgraden herunterzugehen. Keiner wisse wohl, welches Ausgleichsniveau optimal wäre, aber es müsse doch deutlich niedriger sein als die ca. 99 %, an die man sich in Westdeutschland gewöhnt habe.

Boss bestätigt, er sei durchaus bereit, gewisse statische Ineffizienzen hinzunehmen im Interesse der Vorteile des evolutorischen Wettbewerbs.

Hinsichtlich der Zuordnung öffentlicher Aufgaben auf die einzelnen staatlichen Ebenen stellt *Boss* klar, für einen Zentralstaat, der das Prinzip der Subsidiarität ernst nimmt, bleibe in der Tat nicht allzuviel übrig. Landesverteidigung und die Durchsetzung einer Rechtsordnung seien als Beispiele erwähnt worden. Er gesteht zu, daß man auch in diesen Punkten die Problematik noch ein bißchen gründlicher analysieren könnte. So sei zu fragen, welche Aufgaben wirklich öffentliche Aufgaben sind. Beispielsweise könne man sich wohl überlegen ob das Gut „Landesverteidigung", wenn es schon vom Staat bereitgestellt wird, auch von ihm produziert werden muß. Das führe an dieser Stelle aber wohl zu weit.

Thiel stellt fest, das Zusammengehen von westlichen und östlichen Bundesländern sei in der Tat sehr reizvoll, wie die Diskussion zwischen Hamburg, Schleswig-Holstein und Mecklenburg-Vorpommern gezeigt habe. Das Problem sei natürlich, daß die Ministerpräsidenten und die Exekutive dann ständig in einer Zerreißprobe stünden. Sie müßten dann in den Westteilen ihres Landes die Leistungsstandards senken, um die Ansprüche im Ostteil des jeweiligen Landes erfüllen zu können. Das sei politisch kaum leistbar, insbesondere wenn es auch westdeutsche Bundesländer ohne einen ostdeutschen Partner gäbe. Das spreche dann doch dafür, daß der Zentralstaat eintritt.

Vesper geht auf die Frage nach dem Ausmaß der erforderlichen Leistungsangleichung ein und dabei auch auf das Problem der unterschiedlichen Erhebungsintensitäten in den einzelnen Ländern. Er habe sich vor allem auf die Ausführungen des wissenschaftlichen Beirates und des Sachverständigenrates gestützt. Leistungsunterschiede seien nur natürlich — und er habe ja auch versucht, dies in seiner Alternative zu modellieren, wobei aber niemand genau wisse, wo das richtige Maß des Ausgleichs ist. Man könne schließlich immer noch streiten, ob 80, 85 oder 90 %. Ein grundsätzliches Problem sei es natürlich schon, daß die Länder unterschiedliche Steuersätze als Aktionsparameter z. B. bei der Wirtschaftsförderung benutzen könnten. Es sei unklar, in welche Richtung das wirken würde, denn wirtschaftsstarke und damit steuerstarke Länder könnten es sich eher leisten ihre Steuern zu senken — wenn sie über eine gewisse Steuerautonomie verfügten — als die wirtschaftsschwachen Länder.

Frau Färber geht auf die Vorstellungen von Boss ein. Er habe zwar von einem föderativen Staat gesprochen, doch scheine er implizit einen homolithischen Staat in Sachen Aufgabendefinition im Sinn gehabt zu haben. Denn die Unabhängigkeit der Aufgabenerfüllung funktioniere ja nur in dem Moment, wo die Aufgabenverteilung selber allokationsoptimal ist. Es dürften also weder Mängel noch Trade-offs bei den Zielen auftreten, weil sonst externe Effekte der Politik innerhalb des Staatssektors die Folge wären. Zwei kurze Beispiele:

— Sozialhilfe — sicherlich könnte sie auf die Gemeinden übertragen und damit dezentralisiert werden, ebenso wie sie ja noch in den 30er Jahren als Armenfürsorge eine gemeindliche Aufgabe war. Wenn nun allerdings die Zuwanderungs- und Asylpolitik nicht Bundes-, sondern sogar EG-Angelegenheit würde und Zuwanderung zuließe, dann könnten den Gemeinden nicht die Folgelasten aufgebürdet werden. Auch wären die Chancen der einzelnen Standorte sehr ungleich verteilt. Eine optimale Allokation des Faktos Arbeit würde verhindert.

— Gewerbesteuer — es spreche vieles dafür, die Bemessungsgrundlagenpolitik innerhalb von großen Gebieten zu betreiben. Dadurch könnte ein Standortwettbewerb zu Lasten der Nachbarn vermieden werden. Gegenwärtig greife der Bundesgesetzgeber ständig in die Bemessungsgrundlage der Gewerbesteuer ein mit Konsequenzen für die Verteilung des Aufkommens. Hier kollidierten zwei Ziele miteinander, die in dieser Weise nicht in ein optimales Regionalismus- und Wettbewerbsmodell zu integrieren seien.

Nun gebe es solche Wettbewerbsföderalismen mehrfach auf der Welt; die Schweiz und die USA seien klassische Beispiele für Autonomie der Gemeinden bei den Steuersätzen und auch den Steuerbemessungsgrundlagen und für hohe Differenzen beim Einkommen pro Kopf zwischen den verschiedenen Kantonen bzw. Bundesstaaten.

Am Beispiel Schweiz, die immer als Modell für Wettbewerbsföderalismus hochgelobt werde, sei nun aber besonders verwunderlich, daß die Mobilität der Menschen nicht größer ist. Möglicherweise liege das daran, daß die Schweiz im Agrarbreich stärker subventioniere als die EG und damit sektorale und regionale Wanderungen unterbinde. Zweitens existiere eine Ausländergesetzgebung, die im Fall der Arbeitslosigkeit ebenfalls Mobilität erspare, die aber auch zu Problemen in der regionalen Verteilung führe. Drittens habe die Schweiz die größte Kartelldichte aller Industriestaaten der Welt. Es erscheine fast, als erkaufte sich die Schweiz Wettbewerb im Staatsbereich, hier im Föderalismus, indem sie Wettbewerbsbeschränkungen im Privatsektor zuließe — prinzipiell die schlechtere Alternative. Offenbar werde es der Schweiz im Moment auch klar, daß es so nicht weitergehe, weil sie die Außenabsicherung gegen die immer übermächtiger werdende EG einfach nicht mehr halten könne.

Seidel meint, es sei doch verwunderlich, daß in vielen Antworten der Eindruck aufkam, als ob man den Zentralstaat ganz in Frage stellen sollte. Dann könne man natürlich auch fragen, auf welcher Ebene das Zentralisieren denn eigentlich aufhören sollte — wohl kaum eine realistische Denkweise.

Die Äußerungen von Boss hatte *Seidel* so verstanden, daß man einen vertikalen Finanzausgleich im Grunde in seinem Modell oder auch in der praktischen Anwendung dieses Modells nicht brauchte und im Prinzip auch keinen horizontalen Finanzausgleich, weil der Wettbewerb der Regionen die entwprechenden Ziele besser erreichen könne. Nun habe Boss selbst die aktuelle Situation angesprochen, insbesondere die sehr großen Unterschiede zwischen den deutschen Ländern. Deshalb erscheine es fraglich, ob das Modell heute in den neuen und den alten Bundesländern tatsächlich anwendbar wäre.

Auch einen Aspekt in Thiels Darlegungen kritisiert *Seidel*. Er wendet sich gegen die Bewertung, die EG und besonders die Strukturfonds der EG führten dazu, daß der Föderalismus auf Kosten der Regionen in Frage gestellt werde, insbesondere zum Beispiel in Deutschland. Er habe das immer genau umgekehrt gesehen, nämlich eher als Zeichen für die Krise der zentralstaatlichen Ebene. Das sei ja auch die konkrete

Befürchtung der Bundesministerien gewesen: Eine Stärkung der regionalen Ebenen, sprich der Bundesländer in der Bundesrepublik, gerade weil die Mitwirkung in den Bundesländern an der Verteilung der Strukturfonds, an der Planung, an der Programmierung doch sehr viel größer geworden ist als vorher.

Kantzenbach nimmt ebenfalls zu dem Modell von Boss Stellung. Er bezweifelt, daß dieses Modell wesentliche Aussagekraft für die Realität hat und damit eine Grundlage für politische Entscheidungen sein könnte. Die Elastizitäten würden ungenügend berücksichtigt. Die Wanderungsbewegungen würden erst einsetzen, wenn extreme Einkommensunterschiede bestünden. Auch die Transaktionskosten, die eine solche Wanderungsbewegung auslösen würden, seien in dem Modell nicht genügend berücksichtigt worden.

Es sei sehr viel davon gesprochen worden, daß sich die politischen Entscheidungen zentralisierten und also auf eine übergeordnete Ebene verlagerten. Es werde beklagt, daß nicht genügend Aufgaben bei den lokalen und regionalen Einheiten verblieben, und es werde immer wieder das Subsidiaritätsprinzip zitiert. Es sei aber zu überlegen, ob nicht eine Tendenz zu einer Zentralisierung auch der staatlichen Aufgaben einfach deshalb bestünde, weil die Wirtschaft sich regional immer stärker integriert. Infolgedessen nähmen auch die externen Effekte (z. B. Skaleneffekte) zu, so daß es ökonomisch rational sein könne, politische Entscheidungen auf eine höhere zentrale Ebene zu verlagern.

Boss relativiert die Überlegungen, warum es in der Schweiz wenig Mobilität der Arbeitskräfte gibt: Für Wanderungen seien natürlich auch andere Faktoren als die genannten bedeutsam. Es komme ja nicht nur auf die Steuerpolitik an und nicht nur auf die Unterschiede in der Steuerbelastung. Im übrigen habe es durchaus auch in der Schweiz Beispiele für Wanderungen gegeben. Der Kanton Zug habe in den 60er Jahren Zuwanderungen durch radikale Senkung seiner Steuern erreicht. Das pro-Kopf-Einkommen sei dort gegenwärtig so hoch wie in keinem anderen Kanton der Schweiz.

— *Frau Färber:* „Da sitzen die Briefkastenfirmen."

Boss stellt klar, wenn es einen Finanzausgleich zugunsten der neuen Bundesländer nicht mehr gäbe, wie er das angedeutet habe, so schließe das ja nicht aus, daß man die Menschen in den neuen Bundesländern besser stellte. Das könnte beispielsweise über entsprechende Steuergesetzgebung erreicht werden, möglicherweise auch über eine negative Einkommensteuer.

Der Anpassungsprozeß in Ostdeutschland:

Implikationen für den Finanzausgleich zwischen Ost und West

Von Marlies Hummel, München

Ausgangssituation: der Anpassungsprozeß in Ostdeutschland

In ihrem Frühjahrsgutachen stellen die wirtschaftswissenschaftlichen Forschungsinstitute fest:[1] „Im dritten Jahr seit der deutschen Vereinigung ist die Lage der ostdeutschen Wirtschaft unverändert kritisch ... Ein sich selbst tragender Aufschwung ist noch nicht in Gang gekommen. In expandierenden Bereichen wird die Nachfrage maßgeblich von öffentlichen Aufträgen und Transfers bestimmt. In der Industrie stagniert die Produktion, und der Großteil der Unternehmen macht Verluste." Hohe Lohnkosten, der sich verschärfende Wettbewerbsdruck durch die Rezession in Westdeutschland und Westeuropa bremsen den Erholungsprozeß und führen zu einer Verlangsamung der Unternehmensinvestitionen. Der Beschäftigungsabbau ist noch nicht zum Stillstand gekommen. 1993 wird rund ein Viertel der Erwerbspersonen (2 Millionen) der Gruppe der Arbeitsuchenden zuzurechnen sein.

Diese Charakterisierung der aktuellen Lage in den neuen Ländern ist eine Momentaufnahme des Transformationsprozesses von einem planwirtschaftlichen in ein marktwirtschaftliches System. Bekanntermaßen sind Systemtransformationen mit der Überwindung zahlreicher Schwierigkeiten verbunden. Sie sind erheblich größer als diejenigen, die bei der Bewältigung von „einfachen" Strukturkrisen auftreten, die auch marktwirtschaftliche Systeme immer wieder erschüttern. Die Montankrisen der achtziger Jahre, die durch die Ölpreisschocks und das sich verlangsamende weltwirtschaftliche Wachstum verstärkt wurden, sind

---

[1] Deutsches Institut für Wirtschaftsforschung, Berlin, HWWA-Institut für Wirtschaftsforschung, Hamburg, ifo Institut für Wirtschaftsforschung, München, Institut für Weltwirtschaft an der Universität Kiel, Institut für Wirtschaftsforschung, Halle, Rheinisch-Westfäliches Institut für Wirtschaftsforschung, Essen, Die Lage der Weltwirtschaft und der deutschen Wirtschaft im Frühjahr 1993, S. 32.

von anderer Qualität als die Anpassungszwänge, denen ganze Industrieregionen in den Transformationswirtschaften unterliegen.

Während sich der z. B. langandauernde Anpassungsprozeß im Ruhrgebiet im Rahmen eines bewährten Rechtssystems und einer guten Infrastruktur vollziehen konnte, sind Rechtsunsicherheiten, insbesondere im Bereich der Eigentumsrechte, Schwierigkeiten bei der Übertragung (oder — wenn Sie mir einen Blick über die ostdeutschen Grenzen gestatten) oder Etablierung einer marktorientierten Wirtschaftsverfassung erschwerende Komponenten einer wirtschaftlichen Transformation. Hinzu kommen die Altlasten in ehemaligen Planwirtschaften, die eine übermächtige Bürokratie hinterlassen hat: Umweltschäden, Altschulden, ein überalterter Produktionsapparat und eine vernachlässigte Infrastruktur.

Die Integration der Transformationswirtschaften in die Arbeitsteilung westlicher Marktwirtschaften ist eine der großen Herausforderungen nicht nur dieses Jahrzehnts. Mit der deutschen Vereinigung haben wir einen Sonderfall eines solchen Integrationsprozesses, an dessen Ende die Herstellung der Einheitlichkeit der Lebensverhältnisse in Deutschland stehen soll.

Wie schwierig die Anpassungsprozesse sein werden, läßt sich an einer Kenngröße verdeutlichen:[2] Im vereinigten Deutschland liegt das Bruttosozialprodukt um rund 15 % unter dem Niveau, das heute in Westdeutschland ohne die Vereinigung zu verzeichnen wäre. Wegen der Limitationalitätsbeziehungen zwischen öffentlicher und privater Leistungserstellung und vor allem zwischen öffentlichen und privaten Investitionen ist der Aufholprozeß nur zu bewältigen, wenn die finanzielle Basis für staatliches Handeln sichergestellt ist. Vor diesem Hintergrund ist der Finanzausgleich zwischen Ost und West von besonderer Bedeutung.

[2] Gesetzentwurf der Fraktionen der CDU/CSU und F.D.P., Entwurf eines Gesetzes über Maßnahmen zur Bewältigung der finanziellen Erblasten im Zusammenhang mit der Herstellung der Einheit Deutschlands, zur langfristigen Sicherung des Aufbaus in den neuen Ländern, zur Neuordnung des bundesstaatlichen Finanzausgleichs und zu Entlastung der öffentlichen Haushalte (Gesetz zur Umsetzung des föderalen Konsolidierungsprogramms — FKPG —), in: BT-Drucksache 12/4401 vom 4.3.1993, S. 2.

Der Finanzausgleich als Instrument zur Finanzierung des Anpassungsprozesses in Ostdeutschland

Die Neuordnung des bundesstaatlichen Finanzausgleichs ab 1995 ist rechtlich zwingend, denn der Fonds Deutsche Einheit ist bis 1994 begrenzt: Zum 1. Januar 1995 sollen die neuen Länder nach dem Einigungsvertrag in einen gesamtdeutschen Finanzausgleich einbezogen werden. Im Jahr 1994 wird dieser Fonds einen Finanztransfer von über 30 Mrd. DM in die neuen Länder bewirken. Wie die rechtliche Umgestaltung zu bewerten ist, wird im folgenden vor dem Hintergrund der gesamten öffentlichen Finanztransfers zur Finanzierung des Anpassungsprozesses in Ostdeutschland diskutiert.

Abgrenzung der Finanzbeziehungen zwischen Bund und Ländern

Von Interesse sind in diesem Zusammenhang alle drei Säulen, auf denen die Ordnung der Finanzbeziehungen zwischen Bund und Ländern nach dem Grundgesetz ruht:

1. das System der Steuerverteilung,
2. der bundesstaatlichen Finanzausgleich und
3. die verschiedenen Formen der Mitfinanzierung von Länderaufgaben durch den Bund (kooperativer Föderalismus).

Von besonderem Interesse sind deshalb die vertikale und horizontale Steuerverteilung, der Länderfinanzausgleich, die Bundesergänzungszuweisungen sowie weitere Finanzhilfen des Bundes zum Ausgleich der unterschiedlichen Wirtschaftskraft in den Ländern.

Umfang der Finanztransfers für die neuen Länder

Geht man zunächst in einem pragmatischen Schritt davon aus, daß die Ausgaben zur Bewältigung des Anpassungsprozesses und zur Herstellung einer öffentlichen Aufgaben- und Ausgabennormalität in den neuen Ländern „vor Ort" getätigt werden, so muß der Minimumanspruch von Art. 106 Abs. 3 GG erfüllt sein: das Prinzip der Ausreichendheit der Mittel.

Diese normative Anforderung hat die Politik bereits mit Leben gefüllt: Für das Jahr 1993 konstatieren die wirtschaftswissenschaftlichen Forschungsinstitute einen Finanztransfer in Höhe von 170 Mrd. DM für Ostdeutschland: 128 Mrd. DM an Gebietskörperschaften und 42 Mrd. DM an Sozialversicherungen. Dies entspricht 5,4 % des gesamtdeutschen Bruttosozialprodukts. Im Gesetzentwurf zur Umsetzung des Föderalen Konsolidierungsprogramms wird auch mittelfristig mit einem Finanzierungsbedarf in dieser Größenordnung gerechnet (rund 5 % des Bruttosozialprodukts). Die finanziellen Aufwendungen für die neuen Länder (ohne Transfers an Sozialversicherungen) werden dort für 1995 mit rund 100 Mrd. DM angesetzt. Sie bezwecken

— „die dauerhafte Finanzierung des Aufholprozesses in Ost-Deutschland,
— die Bewältigung der Erblastschulden der sozialistischen Herrschaft in der ehemaligen DDR,
— die gerechte Verteilung der daraus resultierenden Finanzierungslasten auf die öffentlichen Haushalte und
— die Konsolidierung der öffentlichen Haushalte als Grundlage einer gesunden gesamtwirtschaftlichen Entwicklung.“ [3]

Für die Bewältigung der Erblasten sind rund 40 Mrd. DM angesetzt, die vom Bund übernommen werden, um den Schnitt mit der Vergangenheit zu ermöglichen. Für den laufenden Transformations- und Anpassungsprozeß besteht — trotz allem anfänglichen Dissens über die Verteilung der Finanzierungslasten — weitgehend Einigkeit über die Höhe des Transfervolumens: In großer Übereinstimmug gehen die Vorschläge sowohl des Bundes, eingebracht über den Gesetzentwurf der Fraktionen der CDU/CSU und F.D.P., als auch der Länder[4] einheitlich von einer Größenordnung von rund 60 Mrd. DM aus (gerundet auf 10 Mrd. DM-Beträge). Davon sollen rund 30 Mrd. DM über die (vertikale und horizontale) Steuerverteilung und den bundesstaatlichen Finanzausgleich transferiert werden.

Begründungen für die Höhe des Transfervolumens

Die Grundüberlegung beruht auf dem bereits zitierten Grundsatz der „Ausreichendheit der Mittel“: Wegen den schwach sprudelnden eigenen Steuerquellen der neuen Länder und wegen dem Finanzierungsbedarf für den Umstrukturierungsprozeß wurden gesonderte Bedarfskriterien zur Bestimmung des Transfervolumens festgesetzt: So ging der Gesetzentwurf für das Föderale Konsolidierungsprogramm davon aus, daß in

[3] Ebenda, S. 1.

[4] Gesetzesantrag der Länder Bayern und Nordrhein-Westfalen, Entwurf eines Gesetzes zur Neuordnung des bundesstaatlichen Finanzausgleichs, in: BR-Drucksache 163/93 vom 5.3.1993.

den neuen Ländern öffentliche Ausgaben realisierbar sein sollten, die 105 % der Pro-Kopf-Ausgaben der westlichen Länder betragen. Damit sollten jährlich öffentliche Investitionen ermöglicht werden, die 180 % der Investitionen der westlichen Länder erreichen.[5]

Eine weitere, implizit verborgene Größe in diesem Kalkül war die Begrenzung der Staatsverschuldung auf ein Niveau, das den neuen Ländern finanzpolitische Handlungsspielräume eröffnet. Wer die Argumentation um die Einwohnerwertung der Stadtstaaten verfolgt hat, bei der das Verfassungsgericht den impliziten Finanzbedarf anhand der „Normal"-Behandlung von Großstädten im Finanzierungsgeflecht Bund-Länder-Kommunen beurteilt hat,[6] erkennt den qualitativen Sprung, der bei der Einbindung der neuen Länder in den Finanzausgleich stattgefunden hat.[7]

Mechanismen zur Bereitstellung des Transfervolumens

Im Vorfeld des jetzt erzielten Kompromisses zur Neuregelung der Länderfinanzausgleichs haben Wissenschaft und Politik zahlreiche Reformvorstellungen entwickelt. Aus dem wissenschaftlichen Raum haben sich u. a. der Sachverständigenrat (mit einem einheitlichen Vorschlag) und der Wissenschaftliche Beirat beim Bundesministerium der Finanzen (mit einer variantenreichen Empfehlung) zu Wort gemeldet.[8] Unabhängig von den divergierenden Ansatzpunkten zur Kritik am derzeit geltenden System (mangelnde Transparenz, mangelnde technischen Einfachheit, die Vermischung der Funktionen einzelner Instrumente sowie die Strategieanfälligkeit des Finanzausgleichs) zielen alle Vorschläge auf eine ausreichende allgemeine Finanzausstattung sowie eine Ausgrenzung spezifischer Probleme (z. B. der Altlasten der ehemaligen DDR und des Infrastrukturdefizits in Ostdeutschland).

---

[5] Vgl. Bundesminister der Finanzen, Föderales Konsolidierungsprogramm in der von den Fraktionen der CDU/CSU und F.D.P. am 20.1.1993 beschlossenen Fassung, S. 12.

[6] Vgl. M. Hummel und W. Leibfritz, Die Stadtstaaten im Länderfinanzausgleich, ifo Studien zur Finanzpolitik Nr. 45, München 1987.

[7] Vgl. hierzu O.-E. Geske, Unterschiedliche Anforderungen an den neuen Länderfinanzausgleich, in: Wirtschaftsdienst 1993/II, S. 75.

[8] Sachverständigenrat zur Begutachtung der gesamtwirtschaftlichen Entwicklung, Jahresgutachten 92/93, Tz. 383 ff.; Wissenschaftlicher Beirat beim Bundesministerium der Finanzen, Gutachten zum Länderfinanzausgleich in der Bundesrepublik in der Bundesrepublik Deutschland, November 1992.- Für die Institute vgl. A. Rosenschon, Finanzreform 1995 — Was tun?, Kieler Arbeitspapiere Nr. 518, Juni 1992; D. Vesper, Der Länderfinanzausgleich: Funktionsweise und Modellrechnungen für 1995, Berlin 1992 (Manuskript).

Die Einzelheiten der Instrumentierung des Finanztransfers werden jedoch kontrovers diskutiert, wie wir heute Morgen von Prof. Peffekoven und von Prof. Littman gehört haben. Eine der Kernfragen lautete: Was ist besser: Allgemeine oder zweckgebundene Transfers, temporär begrenzte oder unbefristete Maßnahmen?

Grundsatzüberlegungen zur Beseitigung spezifischer Defizite im Transformationsprozeß, die in den alten Ländern nicht in vergleichbarem Umfang auftreten (z. B. schlechte Infrastruktur, Umweltaltlasten), sprechen für zweckgebundene Transfers in diesen Bereichen. Eine zweite Überlegung ist muß jedoch ergänzend herangezogen werden. Soll die Länderautonomie gestärkt werden, so ist dies — wenn auf der Einnahmenseite die eigenen Steuerquellen nicht ausreichend sprudeln — zumindest auf der Ausgabenseite zu berücksichtigen. In diesem Fall sind allgemeine Transfers angezeigt, denn sie versprechen alle positiven Allokationswirkungen der Theorie des fiskalischen Föderalismus.

Die zeitliche Befristung und dauernde Überprüfung von Transfers ist ein weiterer Aspekt, der von großer Bedeutung ist. Aus der Diskussion um die öffentliche Daueraufgabe des Subventionsabbaus wissen wir, wie wichtig solche Regelungen sind und wie schwierig sie umzusetzen sind. Dies gilt nicht nur für zweckgebundene Transfers, sondern auch für allgemeine Transfers, die über die erhöhte Beteiligung der Länder an der Umsatzsteuer und — in der Folge — über den bundesstaatlichen Finanzausgleich bewirkt werden.

Der erzielte Kompromiß lenkt die Mittel in hohem Umfang über eine Erhöhung des Länderanteils an der Umsatzsteuer in die neuen Länder. Die Umsatzsteuerverteilung wird zwar ebenfalls immer wieder angepaßt. Ein alternatives Systemelement, das eine flexiblere Anpassung der Bund-Länder-Lastverteilung ermöglicht hätte, fand bei dieser Lösung aber keine Berücksichtigung. Es hätte in einer Vorabauffüllung finanzschwacher Länder durch den Bund bestanden. Zu erwähnen sind hier auch der Reformvorschlag des Sachverständigenrats (Anhebung der neuen Länder auf 85 % der durchschnittlichen originären Finanzkraft) und eine Reformvariante (IIIb) des Wissenschaftlichen Beirats beim Bundesministerium der Finanzen.

Verteilung der Finanzierungslasten

Die Fragen der Instrumentierung des Mitteltransfers können unter Allokations- und Effizienzgesichtspunkten relativ einfach diskutiert werden. Schwieriger ist es, die Verteilung der Finanzierungslasten auf den Bund und die Westländer zu beurteilen. Ohne den Ergebnissen eines

Gutachtens vorzugreifen, das wir derzeit im Auftrag des Bundesministers für Wirtschaft erarbeiten, sollen einige Aspekte hervorgehoben werden.

Hierzu zählt zunächst die instrumentelle Eignung des bundesstaatlichen Länderfinanzausgleichs. Der bundesstaatliche Finanzausgleich ist stets ein Spitzenausgleich gewesen. Ähnliche Lebensverhältnisse und ähnliche wirtschaftliche Bedingungen sind die Voraussetzungen für das Funktionieren dieses Ausgleichssystems. Wie schwierig sich die Umverteilungsprozesse gestalten, wenn die finanziellen Konsequenzen regional unterschiedlich ausgeprägter Strukturkrisen in den Finanzbeziehungen zwischen Bund und Ländern sowie zwischen den Ländern zum Tragen kommen, haben die zahlreichen Klagen vor dem Bundesverfassungsgericht gezeigt. Die Finanzierung des Transformationsprozesses in den neuen Ländern kann daher nicht durch eine ausschließliche Übertragung der Finanzierungslast auf die Länder bewerkstelligt werden. In einem unmodifizierten System mit konstanter vertikaler Steueraufteilung hätten die Westländer rund 30 Mrd. DM an die Ostländer transferieren müssen. Dieses Transfervolumen hätte die Finanzierungsmöglichkeiten insbesondere der finanzschwachen Westländer überstiegen. Eine Aufteilung der Finanzierungslasten zwischen Bund und alten Ländern ist daher angezeigt.

Damit stellt sich die nächste Frage: Welche Finanzierungsrelationen stehen zur Diskussion?

- Im Gesetzesantrag der Länder Bayern und Nordrhein-Westfalen war für die vertikale Umsatzsteuerverteilung und den bundesstaatlichen Finanzausgleich (mit einem Gesamtvolumen von 34 Mrd. DM) ein Aufteilungsverhältnis von 79:21 vorgesehen. Für das Gesamtpaket der Neuordnung der Finanzbeziehungen schwebte den alten Ländern ein eigener Beitrag von rund 8 Mrd. DM vor. Die Lasten des Finanztransfers in die neuen Länder sollten damit zu rund 90 % vom Bund getragen werden.

- Der Bund hatte ein anderes Gesamtverhandlungspaket geschnürt. Es sollte den alten Ländern zunächst 29 Mrd. DM über die Änderung der Anteile an der Umsatzsteuer und den horizontalen Finanzausgleich entziehen; dieser Betrag sollte z. T. über Ergänzungszuweisungen für die alten Länder (mehr als 5 Mrd. DM) kompensiert werden. Für das Gesamtpakt hatte der Bund damit eine 60 %ige Übernahme der Finanzierungslasten vorgesehen.

In der Klausurtagung des Bundeskanzlers mit den Regierungschefs der Länder sowie den Partei- und Fraktionsvorsitzenden vom 11. bis

13. März 1993 wurde eine Einigung erzielt, die den Bund im Rahmen der Umsatzsteuerverteilung und die Länder durch den bundesstaatlichen Finanzausgleich im Verhältnis 52:48 zur Kasse bitten sollte und ihm insgesamt rund 90 % der Finanzierungslasten des Finanzausgleichs (einschl. Bundesergänzungszuweisungen) aufbürdete.

Der Kompromiß bedeutet daher eine Stärkung der Länderposition. Insofern dient er dem Föderalismus. Diese Stärkung sollte aber konsequenterweise mit einer Zurückdrängung der Kompetenz des Bundes in einigen anderen Bereichen einhergehen. Hierfür lassen sich der Personennahverkehr und der kommunale Straßenbau als Paradebeispiele anführen. Der Bund finanziert in diesem Zusammenhang Infrastrukturaufgaben, die eindeutig bei nachgeordneten Gebietsköperschaften angesiedelt sind. Sie werden von den Kommunen in anderen Bereichen, etwa beim aufwendigen Rückbau von Straßen durchweg als ureigene Aufgabe betrachtet. Der Bund hatte seine Mitfinanzierung beim Schienenpersonennahverkehr, beim öffentlichen Personennahverkehr und beim kommunalen Straßenbau (insgesamt 14 Mrd. DM) als Verhandlungsunterpfand für das Föderale Konsolidierungsprogramm eingebracht. Die Länder nahmen dieses Angebot nicht an, sondern beharrten auf einer weiteren Finanzierungsbeteiligung des Bundes. Damit reproduziert sich eine altbekannte Situation: Die Länder pochen einerseits auf eine Stärkung des Föderalismus; andererseits sind sie nicht bereit, die Konsequenzen einer Zurückdrängung des zentralstaatlichen Einflusses hinzunehmen. Damit weichen sie dem Konsolidierungsdruck aus. Chancen für eine effizienzsteigernde Durchforstung staatlicher (und kommunaler) Ausgaben bleiben damit ungenutzt.

In der Folge treten weitere wachstumsfeindliche Auswirkungen auf, wie der nunmehr erzielte Kompromiß im Föderalen „Konsolidierungs“programm zeigt. Sie stammen von der Hinnahme vermehrter staatlicher Defizite und einem Anziehen der Steuerschraube. So ist nunmehr für 1995 ein Solidaritätszuschlag in Höhe von 28 Mrd. DM anstelle der ursprünglich vorgesehenen 12 Mrd. DM eingeplant.

Die Beurteilung sei abschließend dem Bundesminister der Finanzen überlassen:[9] „Bereits die Diskussion und Forderung nach Steuererhöhung belasten die Konjunktur und führen zu Unsicherheiten für die Wirtschaft. Wer jetzt die Volkswirtschaft überfordert, hat 1995 keine Möglichkeit, die Probleme zu lösen.“

---

[9] Bundesministerium der Finanzen (Hrsg.) BMF Nachrichten vom 27. Februar 1993.

Gemeindefinanzierungsprobleme in den neuen Bundesländern

Von Diethelm Hunstock, Berlin

Der Weg zur Finanzhoheit wird für die ostdeutschen Kommunen länger und komplizierter werden als dies in den ersten Jahren der deutschen Vereinigung erhofft wurde. Bei allen Bemühungen um die Erschließung eigener Einnahmen werden die Kommunen auf längere Zeit

- mit einem geringen Umfang an originärer Finanzkraft aus Steuern und Gebühren rechnen müssen,
- nur sehr begrenzte ausgabenseitige Handlungsspielräume haben und insbesondere bei den konsumtiven Ausgaben Sparsamkeit praktizieren müssen,
- dennoch in erheblichem Maße auf Kredite angewiesen sein und folglich zunehmende Zins- und Tilgungslasten zu tragen haben,
- hohe Zuweisungen benötigen und damit Einschränkungen hinsichtlich der eigenen Entscheidungsfreiheit hinnehmen müssen.

Darauf sollten sich die Kommunen einstellen, da Illusionen in diesen Fragen letztlich nur Enttäuschung und Resignation hervorrufen würden. Und Resignation wird in den ostdeutschen Kommunen am wenigsten gebraucht.

Den Illusionen durch nüchterne Einschätzungen vorzubeugen, genügt jedoch allein nicht.

Zugleich ist durch die Länder und den Bund im Rahmen der gegebenen Ressourcen alles zu tun, um die Finanzkraft und die Finanzautonomie der Gemeinden zu stärken. Insbesondere sind die kommunalen Investitionen zu fördern, da diese eine wesentliche Voraussetzung für eine schnelle Verbesserung der Infrastruktur sind und davon wichtige Impulse für das Wachstum und den Arbeitsmarkt ausgehen. Beim kommunalen Finanzausgleich sind Regeln zu suchen, die Allokationseffizienz und Verteilungsgerechtigkeit weitmöglichst verbinden und den Kommunen ein hohes Maß an Entscheidungsfreiheit sichern.

Zur originären Finanzkraft der Gemeinden

Die originäre Finanzkraft der Gemeinden hat für die Entwicklung kommunaler Selbstverwaltung einen hohen Stellenwert. In dem Maße, wie die Kommunen über eigene Einnahmen aus Steuern, Gebühren und sonstigen originären Finanzquellen verfügen, wächst ihr haushaltspolitischer Handlungsspielraum und ihre Entscheidungsfreiheit. Ebenfalls erhöht eine hohe eigene Finanzkraft die kommunale Eigeninitiative, während bei großer Zuweisungsabhängigkeit zwangsläufig der Grad der kommunalen Entscheidungsfreiheit abnimmt, sich zugleich aber sehr schnell auch Anspruchsdenken entwickelt.

Bei den Kommunen in den ostdeutschen Ländern ist gegenwärtig die originäre Finanzkraft außerordentlich schwach (vgl. Tabelle 1).

Mit ihren Steuereinnahmen konnten die ostdeutschen Kommunen 1992 nur 7,1 vH ihrer Ausgaben decken, die westdeutschen Gemeinden dagegen 37 vH. Aufgrund der Ertragsschwäche der ostdeutschen Wirtschaft und der gleichzeitigen Aussetzung der Gewerbekapitalsteuer liegen die Einnahmen aus der Gewerbesteuer in den ostdeutschen Gemeinden unter 50 DM / EW, während sie in den westdeutschen Gemeinden fast 600 DM / EW betragen. Die Einnahmen aus Einkommensteuern sind zur Zeit die wichtigste Quelle der Steuereinnahmen in den ostdeutschen Kommunen, obwohl auch hier der Abstand zu den westdeutschen Kommunen beträchtlich ist. Die Struktur der Steuereinnahmen ist damit durch große Disproportionen charakterisiert. Während in den westdeutschen Kommunen die wirtschaftsbezogenen und wohnsitzbezogenen Elemente aus Steueraufkommen etwa gleichgewichtig sind, gibt es in den ostdeutschen Gemeinden ein Übergewicht der wohnsitzbezogenen Einkommensteuer (vgl. Schaubild 1).

An der geringen originären Finanzkraft der Gemeinden wird sich auch bis 1995 bei den derzeitigen steuerlichen Regelungen und bei der zu erwartenden Entwicklung der Gebühreneinnahmen und der sonstigen originären Finanzquellen nichts wesentliches ändern. Selbst wenn bei einer Projektion bis 1995 kräftige Zuwachsraten unterstellt werden, dürfte bei dem geringen Ausgangsniveau die Ausgabendeckung durch originäre Finanzquellen bestenfalls 37 vH gegenüber 34 vH im Jahre 1992 betragen. Dabei wurde ein Ausgabenzuwachs von rund 7 vH angenommenen.

Auch 1995 müßte also der kommunale Finanzbedarf zu 2 / 3 aus Zuweisungen und Krediten finanziert werden (vgl. Schaubild 2).

Tabelle 1

Originäre Finanzkraft der ostdeutschen Gemeinden aus Steuern, Gebühren etc. und kommunale Ausgabendeckungsquoten 1992 und 1995

Niveauvergleich 1992					1993/95 ostdt. Kommunen 3)		
Ostdt. Kommunen 1)		Westdt. Komm.2)	Ost/West-niveau		Ø Zuwachs zum Vorjahr	1995	1995
Mrd.DM	DM/EW	DM/EW	vH		vH	Mrd.DM	DM/EW
4,0	277	1366	20,3	Steuern insgesamt	20,0	7,0	480
2,4	164	634	25,8	- Lohn/Eink.steuer		4,2	288
0,7	45	567	7,9	- Gewerbesteuer		1,6	110
0,9	68	165	41,2	- Sonst. Gemeindesteuern		1,2	82
4,2	289	498	58,0	Gebühren	8,0	5,3	364
11,2	769	680	113,1	Sonst. originäre Einn.	7,5	13,9	953
19,4	1335	2544	52,5	Originäre Finanz.quellen	10,5	26,2	1797
56,8	3896	3685	105,7	Ausgaben	7,4	70,3	4822
34,2%		69,0%		Ausgabendeckung durch originäre Finanz.quellen		37,3%	
7,1%		37,1%		- Steuereinnahmen		9,9%	
7,4%		13,5%		- Gebühren		7,6%	
19,7%		18,4%		- Sonst. originäre Einn.		19,8%	
65,8%		31,0%		Ausgabendeckung durch Zuweisungen und Kredite		62,7%	

1) Quelle: Kassenstatistik 1992.
2) Quelle: Gemeindefinanzbericht 1993.
3) Schätzungen und Berechnungen des DIW.

Eine Verbesserung der gemeindlichen Finanzkraft ist daher dringlich. Ein Ansatzpunkt dafür könnte die Einführung einer Wertschöpfungssteuer sein, wie sie von der Wissenschaft als Ersatz für die an Bedeutung verlierende Gewerbesteuer seit langem gefordert wird. Die Wertschöpfungssteuer würde den Kreis der Steuerpflichtigen erweitern, die Elemente des Wertschöpfungsprozesses in die steuerliche Bemessungsgrundlage einbeziehen, eine bessere, aktive steuerpolitische Einflußnahme der Kommunen auf den örtlichen Wertschöpfungsprozeß ermöglichen und auch den Gemeinden mit ertragsschwacher Wirtschaft einen kontinuierlichen Steuerfluß sichern. Die Wertschöpfungssteuer würde das wirtschaftsbezogene Element im Steueraufkommen stärken und

Schaubild 1

Kommunale Einnahmen aus Gewerbe- und Lohn-/Einkommensteuer 1992

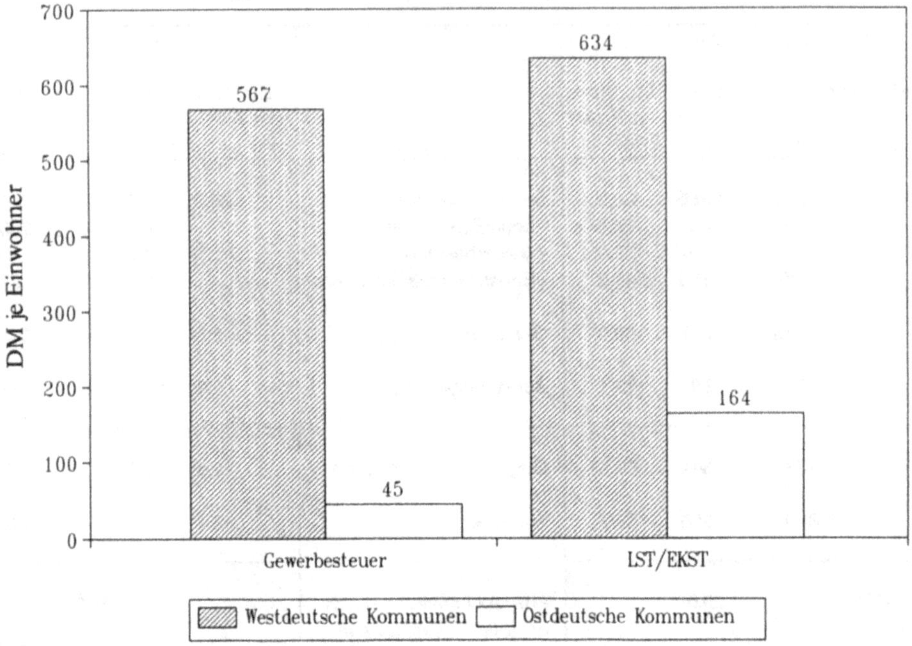

längerfristig zu einem ausgewogenen Verhältnis zu den wohnsitzbezogenen Einnahmen aus der Einkommensteuer führen.

Auf jeden Fall müßte für die ausfallende Gewerbesteuer ein wirtschaftsbezogenes Element gefunden werden. Wenn sich in dieser Frage kein Konsens zur Einführung einer Wertschöpfungssteuer finden läßt, wäre für die ostdeutschen Kommunen auch eine angemessene Beteiligung an der Umsatzsteuer eine annehmbare Lösung, da sie einen kontinuierlichen Steuerfluß auch für die Kommunen mit ertragsschwacher Wirtschaft sichern würde.

Dabei müßte die regionale Verteilung der Umsatzsteuer nach den örtlichen Arbeitsplätzen und nach dem örtlichen Betriebsvermögen erfolgen, damit das wirtschaftsbezogene Element der Steuereinnahmen erhalten bleibt und die Standortbelastungen trotzdem berücksichtigt werden. Da die Verteilung der Umsatzsteuer unabhängig von der Ertragslage der Unternehmen erfolgt, könnte sich für die ostdeutschen Kommunen aus ihrer Beteiligung an der Umsatzsteuer eine wünschenswerte Stärkung ihrer originären Finanzkraft ergeben. Die Entscheidungsfreiheit der Kommunen über eigene Quellen würde wachsen.

Schaubild 2

Ausgaben-Deckungsquoten der ostdeutschen Kommunen

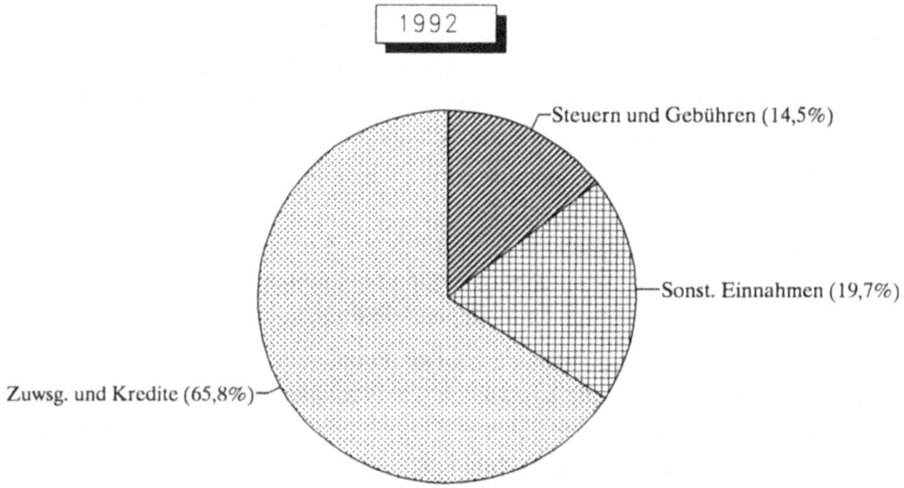

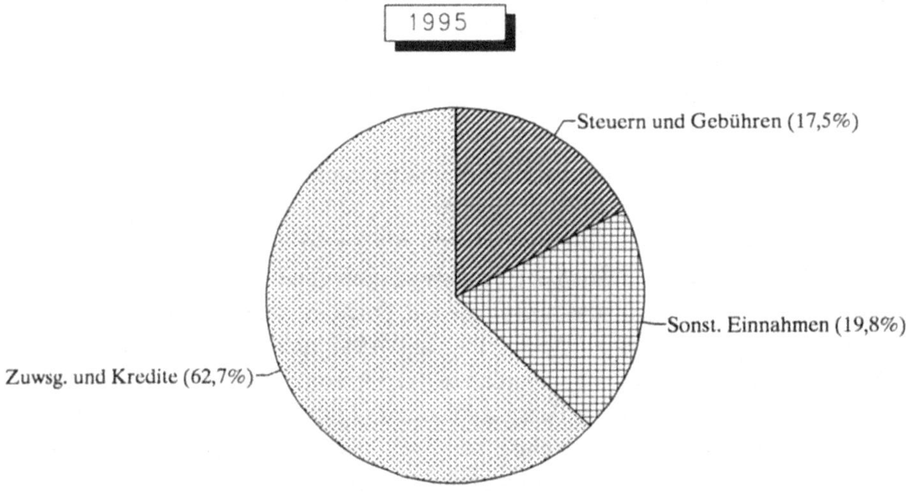

Zu den ausgabenpolitischen Handlungsspielräumen

So wichtig auch die Stärkung der originären Finanzkraft der Kommunen ist, darf es dennoch keine Illusionen über die ausgabenpolitischen Handlungsspielräume geben.

Hier sind weiterhin enge Grenzen gesetzt. Sie sind vor allem durch das bereits erreichte Niveau der Personalausgaben bedingt. Durch die Annäherung der Löhne an das Westniveau stiegen die Personalausgaben im letzten Jahr um mehr als 30 vH an. Sie betragen in DM / EW bereits jetzt das 1,4fache der vergleichbaren Personalausgaben der westdeutschen Kommunen (vgl. Tabelle 2), obgleich das Durchschnittseinkommen der Beschäftigten unter Berücksichtigung der Stellenplaneinstufungen nur etwa 2 / 3 der vergleichbaren Westeinkommen erreicht hat.

Es ist der in den ostdeutschen Kommunen *weitaus höhere Personalstand,* der die Haushalte belastet und zu den im Vergleich zu den westdeutschen Kommunen überhöhten Personalausgaben führt.

Insbesondere im Sozialbereich ist der Personalstand in den ostdeutschen Kommunen weitaus größer als in Westdeutschland. Der Abbau ist schwierig. So lassen sich schwer Träger von Kindertageseinrichtungen finden, Einschränkungen im Angebot sind aber durch geltende Landesgesetze meist nur im engen Rahmen möglich. Die Kommunen haben dennoch seit 1991 einiges getan, um auf einen vertretbaren Personalstand zu kommen. Nach Einschätzungen des Instituts für Wirtschaftsforschung Halle[1] wurde von Mitte 1991 bis Ende 1992 der Personalstand um 15 vH reduziert und wird 1993 um weitere 10 vH abgebaut werden. Nur so kann erreicht werden, daß trotz der weiteren Lohnangleichungen die Personalausgaben 1993 nur um 7,7 vH zunehmen.

Der Abbau des Personalbestandes wird sich auch 1994 und 1995 fortsetzen müssen. Es sollten in verstärktem Maße Privatisierungseffekte wirksam werden. Von diesen Erfordernissen sind wir deshalb bei der Projektion der Personalausgaben ausgegangen. Trotz weiterer Lohnannäherungsschritte könnte es unter diesen Voraussetzungen gelingen, die Personalausgaben in den Jahren 1994 und 1995 nur um 5,5 vH bzw. 3,0 vH zu erhöhen. In diesem Falle könnte der Personaletat auf einen Anteil von ca. 33 vH der Gesamtausgaben zurückgeführt werden, der dem westdeutscher Kommunen schon sehr viel näher kommt. Gelingt dies nicht, sind die Handlungsspielräume für Investitionen gleich Null, so daß der notwendige Aufholprozeß in der Infrastruktur gefährdet wäre.

---

1 Vgl. Institut für Wirtschaftsforschung Halle: „Zusammengefaßte Ergebnisse der Befragung von kommunalen Verwaltungen der neuen Bundesländer", Januar 1993, S. 1 ff.

Tabelle 2

Die Entwicklung in den ostdeutschen Kommunen 1992 - 1995

1992 Westdt.BL 2) DM/EW	Ost-West Niveau vH	Ostdt.BL 1) DM/EW	Ostdt.BL Mrd.DM	Ausgaben- und Finanzierungs-strukturen	Veränderungen in vH des Vorjahres Ostdeutsche Bundesländer 1993	1994	1995	1995 3) Ostdeutsche BL Mrd.DM	DM/EW
971	140,6	1365	19,9	Personalausgaben	7,7	5,5	3,0	23,3	1598
670	105,5	707	10,3	Lfd. Sachaufwand	5,0	4,0	3,0	11,6	796
650	43,2	281	4,1	Soziale Leistungen	28,6	30,0	35,0	9,3	638
160	25,6	41	0,6	Zinsausgaben	100,0	25,0	20,0	1,8	123
466	53,0	247	3,6	Sonst. Ausgaben	8,0	5,0	5,0	4,3	295
2917	90,5	2641	38,5	Konsumtive Ausgaben	10,6	8,9	8,4	50,3	3450
768	163,4	1255	18,3	Sachinvestitionen	2,0	3,0	4,0	20,0	1372
3685	105,7	3896	56,8	Bereinigte Ausgaben	7,9	7,2	7,0	70,3	4822

1) Quelle: Kassenstatistik 1992.
2) Quelle: Gemeindefinanzbericht 1993.
3) Schätzungen und Berechnungen des DIW.

Die Bewegungsspielräume werden ohnehin eng sein, denn im Bereich der konsumtiven Ausgaben ist mit einem kräftigen Ansteigen der Sozialhilfeausgaben zu rechnen. Gegenwärtig liegen sie erst bei etwa 40 vH der vergleichbaren Ausgaben der westdeutschen Kommunen. Da die Zahl der anspruchsberechtigten Empfänger von Arbeitslosengeldern abnimmt, wird der Kreis der Sozialhilfeempfänger sehr schnell ansteigen. Es ist bei den Sozialhilfeausgaben mit jährlichen Zuwachsraten von 30 vH zu rechnen. Deshalb werden sich trotz verringerter Zuwachsraten der Personalausgaben die konsumtiven Ausgaben in den Jahren 1994 und 1995 um mehr als 8 vH erhöhen.

Unter diesen Bedingungen tritt die Frage auf, welchen Spielraum es überhaupt für kommunale Investitionen gibt.

Im Jahre 1992 haben sich die Ausgaben für Sachinvestitionen um rd. 50 vH erhöht. In DM / EW betragen sie inzwischen etwa das 1,6fache der Investitionen der westdeutschen Kommunen. Zu dem beträchtlichen Anstieg der Investitionen hat 1992 insbesondere beigetragen, daß noch Mittel aus dem Kommunalkreditprogramm zur Verfügung standen und Ausgabeüberhänge aus dem Gemeinschaftsprogramm „Aufschwung Ost" wirksam wurden. Auch 1993 stehen noch Mittel aus dem Kommunalkreditprogramm zur Verfügung, die die kommunale Investitionstätigkeit beleben.

Schwierig ist die Frage nach der Investitionsentwicklung in den folgenden Jahren. Ihre Beantwortung hängt wesentlich davon ab, wie der gegenwärtige Stand der Infrastruktur eingeschätzt wird und welche Zeitspannen angestrebt werden, um eine mit Westdeutschland vergleichbare Infrastruktur aufzubauen. In bezug auf den infrastrukturellen Ausstattungsgrad in den ostdeutschen Bundesländern gibt es unterschiedliche Aussagen. Der Sachverständigenrat hat in seinem Jahresgutachten 1991 einen im Vergleich zum westdeutschen Stand 20%igen Ausstattungsgrad angenommen. Andere Einschätzungen[2] nehmen einen 30-50%igen Ausstattungsgrad an.

Soll unter diesen Annahmen in einem noch überschaubaren Zeitraum von 15 bis 20 Jahren eine mit den westdeutschen Ländern vergleichbare Infrastruktur in den ostdeutschen Kommunen entwickelt werden, dann wären auch 1994 und 1995 noch Zuwachsraten von mindestens 3 bis 4 vH erforderlich.

---

2 Vgl. Albert Oberhauser: „Probleme des Aufbaus der Infrastruktur in der Bundesrepublik Deutschland", Diskussionsbeiträge, 16 / 1992, hrsg. vom Institut für Finanzwissenschaft der Albert-Ludwigs-Universität Freiburg.

Bei einer solchen Steigerung sind freilich Finanzierungsmöglichkeiten zu prüfen und damit Möglichkeiten zur Nutzung von Kommunalkrediten aufzudecken.

Zu den kreditpolitischen Handlungsspielräumen

Die Frage nach der weiteren Kreditnutzung durch die Kommunen läßt sich unter verschiedenen Aspekten beurteilen.

Ein erster Aspekt ist die *Pro-Kopf-Verschuldung*. Sie betrug in den Kommunen der neuen Bundesländer 1991 rd. 400 DM und 1992 rd. 800 DM. Damit lag sie beträchtlich niedriger als in den westdeutschen Kommunen, wo sie sich 1991 auf mehr als 2000 DM / EW belief. Daraus auf beträchtliche, kurzfristig realisierbare Kreditspielräume der ostdeutschen Kommunen zu schließen, wäre mit Sicherheit verfehlt, denn der Schuldenstand der westdeutschen Kommunen reflektiert eine mehr als 40jährige Entwicklung und muß in Zusammenhang mit der in dieser Periode gebildeten kommunalen Vermögensausstattung gesehen werden.

Ein zweiter Aspekt ist die *Kreditfinanzierungsquote,* d.h. der Anteil, den die Kredite an der Finanzierung der kommunalen Ausgaben haben. Nachdem die Kreditfinanzierungsquote der westdeutschen Kommunen in den 80er Jahren auf z.T. weniger als 1 vH zurückgegangen war, stieg sie dort 1991 auf 2,8 vH an, während sie in den ostdeutschen Kommunen 1991 ca. 14 vH und 1992 ca. 11 vH betrug.

Hierzu ist zunächst festzustellen, daß die Kreditfinanzierungsquoten der ostdeutschen Kommunen von 1991 und 1992 kein Maßstab für die Zukunft sein können. Sie waren wesentlich durch das vom Bund geförderte kommunale Sonderkreditprogramm geprägt, das der Anschubfinanzierung der kommunalen Investitionen diente. Kreditfinanzierungsquoten können aber in diesen Dimensionen nicht über die nächsten Jahre durchgehalten werden. Tilgungs- und Zinslasten würden dann so beträchtlich ansteigen, daß die dauerhafte Leistungsfähigkeit der Gemeinden in Frage gestellt wäre.

Zu dem Zeitraum, in dem die Kreditfinanzierungsquote gesenkt werden sollte, gibt es unterschiedliche Standpunkte. Im Gemeindefinanzbericht 1993 ist beispielsweise schon für 1993 eine Nettokreditaufnahme für die ostdeutschen Kommunen von nur noch 3 Mrd. DM vorgesehen — gegenüber noch 6 Mrd. DM 1992. Faktisch würde damit die Kreditfinanzierungsquote bereits 1993 auf rd. 5 vH absinken. Die Kreditgenehmigungspraxis durch die Innenministerien in einigen ostdeutschen Ländern bzw. durch die Landkreise wird gegenwärtig sehr restriktiv gehandhabt. Für 1993 und 1994 werden als Orientierungsmaßstäbe Kreditfinanzierungsquoten von 3 vH und weniger — und damit der gegenwärtige westdeutsche Stand — genommen.

Ein so schneller und drastischer Abbau der Kreditfinanzierungsquoten erscheint jedoch in Anbetracht des hohen Investitionsbedarfes und des begrenzten Zuweisungspotentials kaum problemadäquat. Deshalb dürfte in den ostdeutschen Kommunen der Kredit auch in den kommenden Jahren eine stärkere Rolle spielen, als das z. Z. in westdeutschen Kommunen der Fall ist.

Bei den sog. rentierlichen Krediten, deren Schuldendienst aus Einnahmen an Gebühren und Beiträgen getragen wird, ist dies ohnehin wenig problematisch. Aber auch für andere Investitionsvorhaben kann wohl auf Kredite nicht weitgehend verzichtet werden. Hierfür werden den Kommunen in Ostdeutschland auch in den nächsten Jahren Kredite zu Sonderkonditionen zur Verfügung stehen.

Mit einer 30jährigen Laufzeit und vor allem den generell eingeräumten 5 tilgungsfreien Jahren bieten sie für die weitere Förderung der kommunalen Investitionen günstige Bedingungen.

In der hier dargestellten Modellrechnung wird eine Konzeption zugrunde gelegt, die von der Nutzung dieser Kreditmöglichkeiten bei gleichzeitiger Reduzierung der Kreditfinanzierungsquoten ausgeht (vgl. Tabelle 3).

Die erarbeitete Kreditkonzeption zielt darauf ab, daß der Abbau der gegenwärtig sehr hohen Kreditfinanzierungsquoten allmählich erfolgt und erst gegen Ende des Jahrzehntes bei 3 vH liegen wird.

In den Schaubildern 3-5 wurden die Wirkungen dieser Konzeption auf die Pro-Kopf-Verschuldung und auf die Schuldendienstlasten der Kommunen sichtbar gemacht. Sie zeigen, daß die Kreditfinanzierungsquote 1995 ca. 5,4 vH — also etwa das Doppelte des gegenwärtigen westdeutschen Standes — betragen würde und die Pro-Kopf-Verschuldung mit 1700 DM noch immer wesentlich unter dem westdeutschen Wert von 2000 DM liegt.

Da der Verschuldungszuwachs rückläufig ist, flacht die Zinslastkurve ab. Die Zinslastquote wird schließlich mit weniger als 3,5 vH unterhalb der Zinslastquoten der westdeutschen Kommunen liegen. Das gleiche trifft auch auf die Tilgungslastquote zu. Bei 5 tilgungsfreien Jahren

Tabelle 3

Projektion der kommunalen Kreditentwicklung und des Schuldendienstes in den neuen Bundesländern 1992 - 2000

Ist 1991 1)			Entwicklung in den neuen Bundesländern 2)								
alte BL	neue B		92	93	94	95	96	97	98	99	2000
5,7	6,2	Nettokreditaufnahme (Mrd.DM)	6,0	5,0	4,1	3,8	3,6	3,4	3,2	3,0	2,8
96	417	Nettokreditaufnahme (DM/EW)	407	339	278	258	244	230	217	203	190
2,8	14,2	Kreditfinanzierungsquote (vH der Ausgaben)	10,6	8,2	6,2	5,4	4,8	4,2	3,7	3,3	2,8
200,7	43,4	Ausgaben (Mrd. DM)	56,8	61,3	65,7	70,3	75,2	80,5	86,1	92,1	98,6
120,2	6,2	Kreditmarktschulden (Mrd.DM)	12,2	17,2	21,3	25,1	28,7	32,1	35,3	38,3	41,1
2020	420	Kreditmarktschulden (DM/EW)	827	1166	1444	1701	1945	2176	2393	2596	2786
8,7	0,2	Zinsen (Mrd.DM)	0,6	1,2	1,5	1,8	2,1	2,4	2,7	3,0	3,3
4,3	0,5	Zinslastquote (vH der Ausg.)	1,0	2,0	2,3	2,6	2,8	3,0	3,1	3,3	3,4
8,2	-	Tilgungsbeträge (Mrd.DM)	-	0,2	0,2	0,2	0,6	1,0	1,4	1,8	2,2
4,1	-	Tilgungslastquote (vH der Ausg.)	-	0,3	0,3	0,3	0,8	1,2	1,6	2,0	2,2

1) Quelle: Kassenstatistik 1992.
2) Quelle: Schätzungen und Berechnungen des DIW.

Schaubild 3

Entwicklung der kommunalen Kreditfinanzierungsquote in den ostdeutschen Kommunen 1991 - 2000 (in vH)

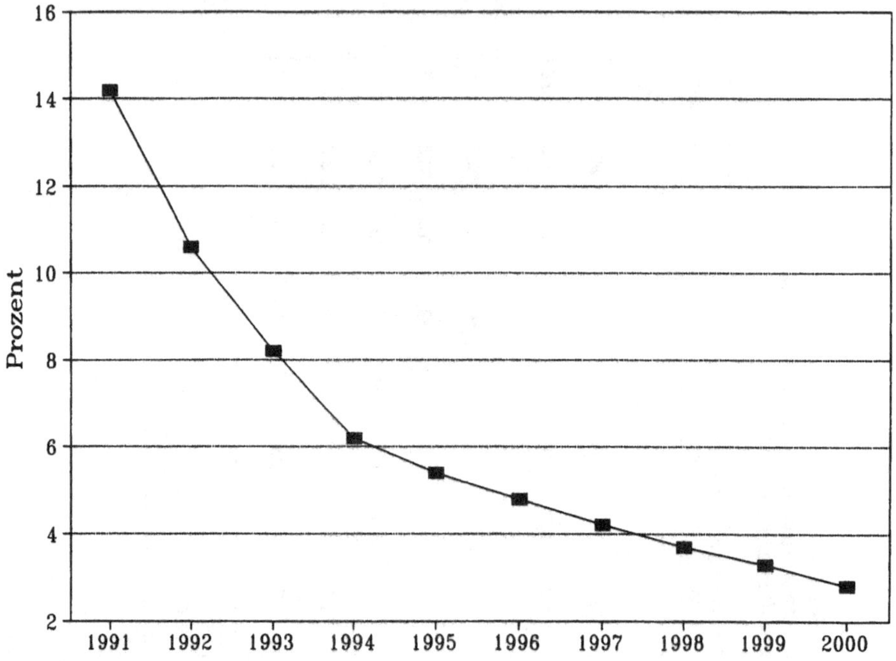

steigt sie erst ab 1996 und bewegt sich dann infolge der langfristigen Kreditlaufzeiten in einem Rahmen, der unterhalb der Tilgungslastquoten der westdeutschen Kommunen liegt.

In einer weiterführenden Modellrechnung bis zum Jahre 2010 wurden auch die Langzeitwirkungen simuliert. Es zeigt sich hier, daß die Schuldendienstlasten die westdeutschen Werte nicht übersteigen.

Mit den Zins- und Tilgungslastquoten ist allerdings noch nichts zu den potentiellen Quellen für den Schuldendienst gesagt worden. In der Praxis der westdeutschen Kommunen wird hier das Kriterium der sog. *freien Finanzspitze* genutzt. Dieses Kriterium beinhaltet, daß der gegenwärtige und der zu erwartende Überschuß des Verwaltungshaushaltes so groß sein muß, daß sich daraus die laufenden und künftigen Kredittilgungen tragen lassen.

Damit soll gesichert werden, daß durch die Kreditaufnahme die dauerhafte finanzielle Leistungsfähigkeit der Kommune nicht gefährdet wird.

Schaubild 4

Entwicklung der Pro-Kopf-Verschuldung in den ostdeutschen Kommunen 1991 - 1995

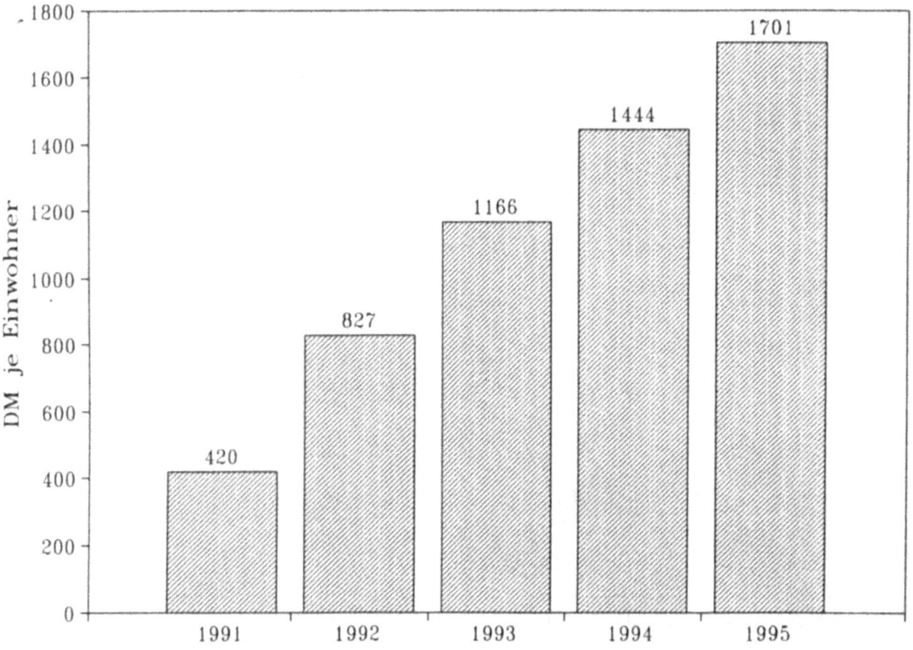

Natürlich gilt es, diese dauerhafte Leistungsfähigkeit der Kommunen auch in den neuen Bundesländern zu sichern. Auf absehbare Zeit wird sich die Kreditaufnahme in den neuen Bundesländern jedoch nicht an Überschüsse im Verwaltungshaushalt binden lassen. Bei der Zuweisungsabhängigkeit der ostdeutschen Kommunen wird es auf lange Sicht solche Überschüsse nicht geben. In den haushaltsrechtlichen Bestimmungen der ostdeutschen Länder wird deshalb die Kreditgewährung zunächst nur an einen ausgeglichenen Verwaltungshaushalt geknüpft.

Um darüber hinaus einen Bezug der Kreditaufnahme zu den potentiellen Einnahmen des Verwaltungshaushaltes herzustellen, wäre außerdem vorstellbar, die Kreditaufnahme an die *Zins-Steuerquote* zu binden; also an ein Kriterium, das in der Praxis zur Kreditbeurteilung der Landeshaushalte durchaus üblich ist. Nach den Berechnungen des DIW würde selbst bei der gegebenen Steuerschwäche der ostdeutschen Kommunen die Zins-Steuerquote die 20 vH — Grenze nicht übersteigen. Sicherlich ist es viel, jede fünfte Mark an Steuereinnahmen für Zinszahlungen zu verwenden, der Nutzen einer schnelleren Verbesserung muß dem aber gegenübergestellt werden.

Schaubild 5

Zins- und Tilgungslasten der ostdeutschen Kommunen 1991 - 2000 (in vH)

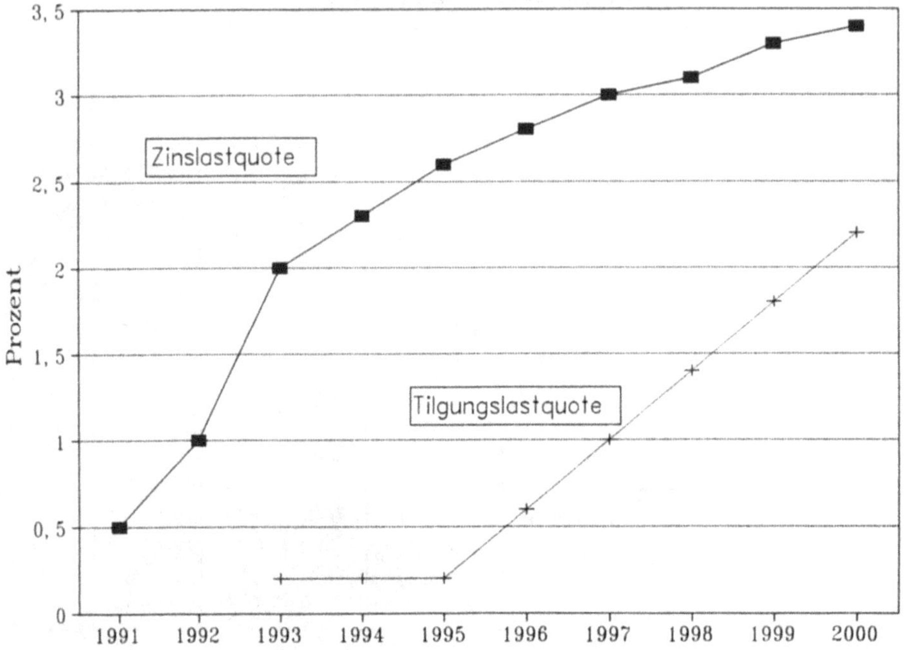

Zu den Deckungsquellen des kommunalen Finanzbedarfs

Nach den hier getroffenen Annahmen düfte die originäre Finanzkraft der Kommunen bis 1995 auf 26 Mrd. DM ansteigen. Bei gleichzeitiger Rückführung der Nettokreditaufnahme auf rd. 4 Mrd. DM wären im Jahre 1995 Zuweisungen an die Kommunen in Höhe von rd. 40 Mrd. DM erforderlich, um den kommunalen Finanzbedarf von 70 Mrd. DM zu decken (vgl. Tabelle 4).

Drei Quellen stehen für die Zuweisungen zur Verfügung:

Eine *erste Quelle* ist der Anteil der Kommunen am Länderfinanzausgleich. Der Länderfinanzausgleich wurde hier unter Ausklammerung von Berlin mit 30 Mrd. DM unterstellt, und es wurde davon ausgegangen, daß davon, analog zur Handhabung beim Fonds Deutsche Einheit, 40 vH an die Kommunen fließen. Das wären 12 Mrd. DM, also etwa der gleiche Betrag wie 1992. Bezogen auf die Ausgabendeckung sinkt der Anteil dieser Zuweisungen an der Kommunalfinanzierung auf 17 vH.

Tabelle 4

Deckungsquellen des kommunalen Finanzbedarfs 1992 / 1995

1992 Mrd. DM	1992 Anteil in vH		1995 Mrd. DM	1995 Anteil in vH
56,8	**100,0**	**Kommunaler Finanzbedarf (vgl. Tab. 2) und Deckungsquellen aus**	**70,3**	**100,0**
19,4	34,2	- originären Kommunaleinnahmen (vgl. Tab. 1) *darunter:*	26,2	37,3
4,0	7,1	- Steuereinnahmen	7,0	9,9
4,2	7,4	- Gebühren	5,3	7,6
11,2	19,7	- sonst.orig.kommun. Einnahmen	13,9	19,8
6,0	10,6	- Krediten (vgl. Tab. 3)	3,8	5,4
12,5	22,0	- 40%igem Anteil am Fonds Dt. Einheit	-	-
-	-	- 40%igem Anteil am Länderfinanzausgleich (der LFA - ohne Berlin - wurde mit 30 Mrd. DM für 1995 unterstellt)	12,0	17,1
5,4	9,5	- Steuerverbund Länder u. Gemeinden (unterstellt wurde für 1995 eine Verbundquote von 23%)	7,5	10,7
12,0	21,1	- aus sonstigen Zuweisungen der Länder u. Finanzierungshilfen des Bundes für die Länder (für 1995 wurde von Finanzhilfen des Bundes und und Bundesergänzungszuweisungen von 20 Mrd. DM ausgegangen)	20,8	29,5
1,5	2,6	- aus Überhangsguthaben des Vorjahres	-	-

1) Quelle: Kassenstatistik 1992, Bundesmisnisterium der Finanzen, Schätzungen und Berechnungen des DIW.

Momentan haben jedoch nicht alle ostdeutschen Länder die Absicht, den Kommunen von 1995 an, wie bisher beim Fonds Deutsche Einheit, 40 vH des Länderfinanzausgleichs zur Verfügung zu stellen. Im mittelfristigen Finanzplan des Landes Brandenburg wurde beispielsweise davon ausgegangen, daß künftig die allgemeine Steuerverbundquote von 23 vH auch den Anteil der Gemeinden am Länderfinanzausgleich bestimmt. Dies ist allerdings kaum vertretbar. Wenn die ostdeutschen Länder einerseits ihren hohen Zuweisungsbedarf im Länderfinanzausgleich mit der eigenen Finanznot begründen, dann darf andererseits der finanzielle Notstand der Gemeinden nicht negiert werden.

Eine *zweite Quelle* für Zuweisungen an die Kommunen ist der Steuerverbund. In der vorliegenden Modellrechnung wird angenommen, daß 1995 aus dem Steuerverbund an die Kommunen Zuweisungen in Höhe von 7,5 Mrd. DM fließen gegenüber bisher 5,4 Mrd. DM. Unterstellt wurde eine Steuerverbundquote von 23 vH. Eine diesem Wert nahekommende Steuerverbundquote praktizieren bisher nur Thüringen, Brandenburg und Sachsen-Anhalt. In Mecklenburg-Vorpommern liegt die Steuerverbundquote 1993 bei 20 vH, in Sachsen bei 21 vH.

Das eigentliche Problem liegt jedoch in der *dritten* Gruppe von Zuweisungsquellen. Nach unseren Berechnungen müßten 1995 den Kommunen neben ihren Anteilen aus dem Länderfinanzausgleich und aus dem Steuerverbund mehr als 20 Mrd. DM aus den Landeshaushalten zur Verfügung gestellt werden. Das sind etwa 70 vH mehr als 1992. Diese Zuweisungen hätten 1995 einen Anteil von 29,5 vH an der Deckung des kommunalen Finanzbedarfs gegenüber 21,1 vH im Jahre 1992 (vgl. Schaubild 6).

Wie diese Mittel von den Ländern aufgebracht werden können, ist schwer zu beurteilen. Dies hängt auch davon ab, welche zweckgebundenen Mittel den Ländern vom Bund zur Verfügung gestellt und welche Regelungen endgültig — beispielsweise zur Finanzierung des ÖPNV als auch der Sozialhilfe gefunden werden.

Auf ein Problem sei hier besonders hingewiesen: Auch die ostdeutschen Länder haben kaum noch Möglichkeiten, ihre Kreditfinanzierungsquoten auszuweiten. Die Kreditfinanzierungsquoten der ostdeutschen Landeshaushalte liegen gegenwärtig beim 3,5fachen Stand der westdeutschen Bundesländer (vgl. Schaubild 7). Hier sind kaum noch Reserven, da die Nettokreditaufnahme schon jetzt die Investitionsgrößen erreicht hat und auch die Zins-Steuerquote die Belastungsgrenzen übersteigt.

Insofern sind dem Zuweisungspotential der Länder deutliche Grenzen gesetzt und Bewegungsspielräume nur dann gegeben, wenn Finanzhilfen des Bundes und die Bundesergänzungszuweisungen den Ländern zusätzliche Möglichkeiten für entsprechende zweckgebundene Kommunalzuweisungen geben.

Zum kommunalen Finanzausgleich und zu den Zuweisungsstrukturen

Es ist nicht nur entscheidend, ob und wie der 1995 erforderliche Umfang an Kommunalzuweisungen in Höhe von rd. 40 Mrd. DM gesi-

Schaubild 6

Deckung des kommunalen Finanzbedarfs

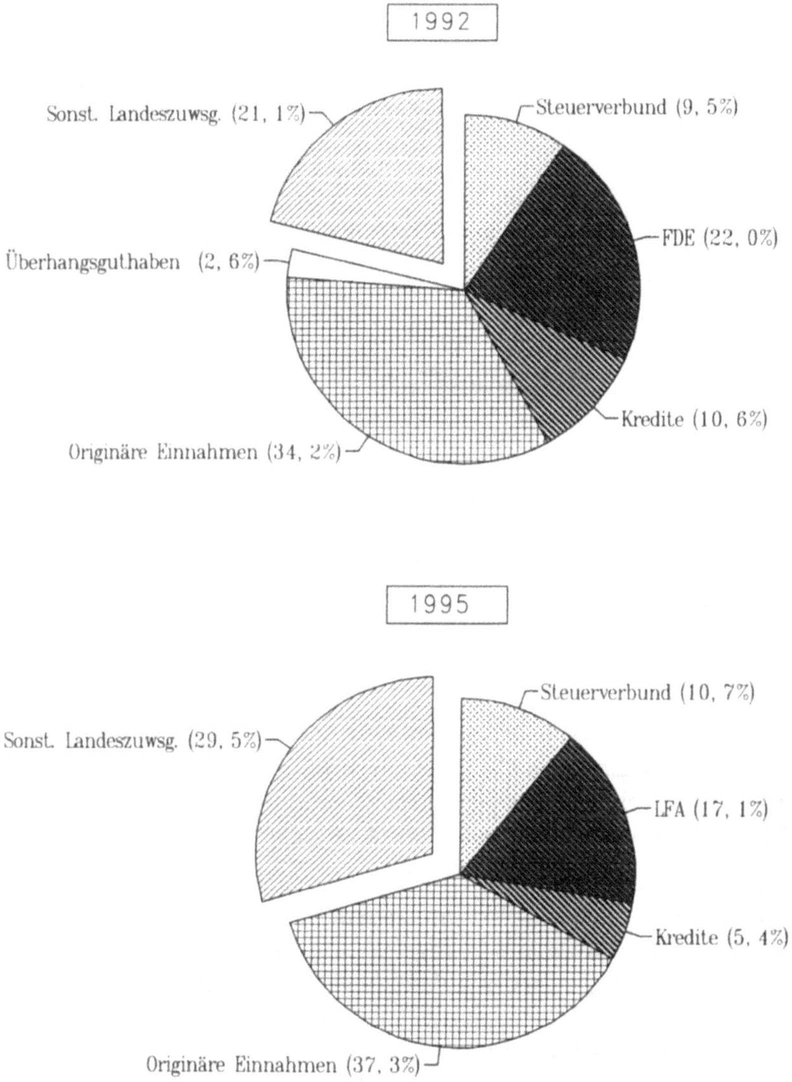

chert wird. Darüber hinaus ist es bedeutsam, in welchem Maße diese Mittel den Kommunen auf der Basis der Finanzausgleichsgesetze zufließen und welche Teile den Kommunen zweckgebunden nach Maßgabe der Länderhaushalte zur Verfügung gestellt werden.

Schaubild 7

Kreditfinanzierungsquoten der Länderhaushalte 1992 / 93

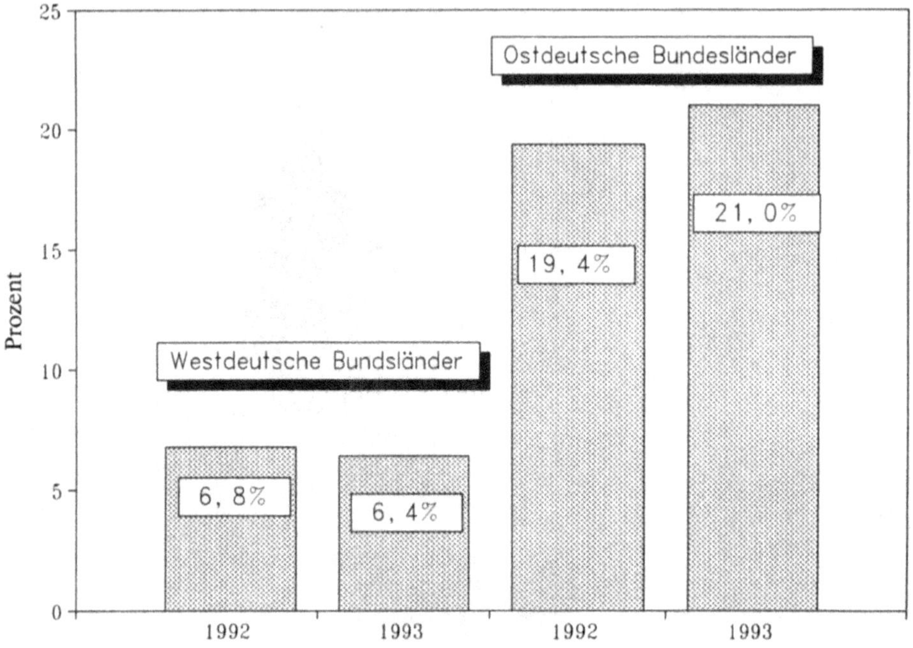

Die Forderungen der Kommunen sind darauf gerichtet, einen größeren Teil der Zuweisungen über den unmittelbaren Finanzausgleich, vor allem über die Schlüsselzuweisungen, zu erhalten, da hier der Freiheitsgrad für die Verwendung dieser Mittel ungleich größer ist.

Vom Standpunkt der Finanzhoheit der Kommunen her erscheint diese Forderung berechtigt. Die Kommunen machen dabei häufig geltend, daß die westdeutschen Kommunen gegenwärtig bereits einen größeren Anteil ihrer Zuweisungen als Schlüsselzuweisungen erhalten. Richtig ist, daß den westdeutschen Kommunen 46 vH aller Zuweisungen als Schlüsselzuweisungen bereitgestellt werden, während dies in den ostdeutschen Kommunen nur 42 vH sind (vgl. Tab. 5).

Schon der Pro-Kopf-Vergleich vermittelt jedoch ein anderes Bild. In DM je Einwohner erhalten die ostdeutschen Kommunen 900 DM an Schlüsselzuweisungen; in den westdeutschen Kommunen sind es nur 484 DM.

Die eingegrenzte Finanzautonomie der ostdeutschen Kommunen ist folglich nicht ursächlich auf eine zu stark zweckgebundene Zuwei-

Tabelle 5

Struktur der Gesamtzuweisungen 1993

	Ostdt. Kommunen Mio.DM	vH	DM/EW	Westdt. Kommunen DM/EW	vH
Zuweisungen auf Basis der Finanzausgleichsgesetze	18.172	58,7	1.232	695	66,3
dar.: Schlüsselzuweisg.	13.282	42,8	900	484	46,2
Zweckgebundene Zuwsg. nach Maßgabe der Länderhaushalte	12.853	41,3	871	352	33,7
Gesamtzuweisungen	31.025	100,0	2.103	1.047	100,0

1) Quelle: Gemeindefinanzbericht 1993 und Berechnungen des DIW.

Schaubild 8

Vergleich der Zuweisungsstrukturen in DM / EW

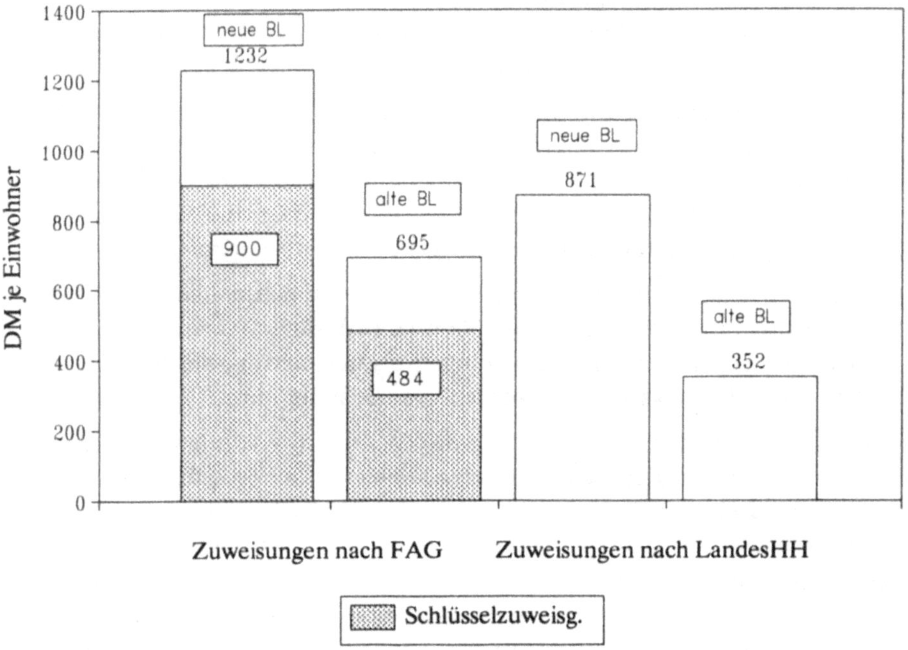

sungsstruktur in den neuen Bundesländern zurückzuführen, sondern hat ihren Ursprung in der schwachen originären Finanzkraft der Gemeinden. Sie läßt sich durch die Zuweisungsstruktur und durch einen noch höheren Anteil der Schlüsselzuweisungen nicht ausgleichen.

Zudem ist zu berücksichtigen, daß der kommunale Finanzausgleich und die Länderzuweisungen auch der Raumordnungspolitik dienen, was zwangsläufig auch in gewissem Umfang mit zweckgebundenen Zuweisungen verbunden ist.

Am Beispiel des Landes Brandenburg soll das verdeutlicht werden. Dieses Bundesland sorgt sich derzeitig um die einseitige Entwicklung seiner Regionalstruktur, die zu stark auf den sog. „Berliner Speckgürtel" zugeschnitten ist. Um hier weiteren strukturellen Verzerrungen entgegenzuwirken, ist vorgesehen, um Berlin einen zweiten und dritten Ring von Oberzentren zu entwickeln. Dies hat natürlich auch Konsequenzen für die Zuweisungen. Es gilt, Sonderbedarf zu finanzieren, der eine stärkere Zweckgebundenheit der Mittelbereitstellung erfordert.

In den neuen Bundesländern wird der überwiegende Teil der Schlüsselzuweisungen entsprechend der Gemeindegröße verteilt. Dieses Grundprinzip hat sich auch in Ostdeutschland bewährt, da es die zentralörtliche Umlandfunktion der größeren Gemeinden berücksichtigt. Allerdings wird damit der unterschiedliche Sonderbedarf der einzelnen Städte und Gemeinden kaum erfaßt.

In einer im Umbruch befindlichen Region ist jedoch dieser differenzierte Sonderbedarf ein wesentliches Moment. Hier kann eine einseitige Orientierung auf die Hauptansatzstaffel allein nicht befriedigen. Aus dieser Sicht ist nach Wegen zu suchen, wie künftig die Verteilung der Zuweisungen auch diesen Erfordernissen gerecht werden kann.

Bei der Entwicklung des Finanzausgleiches in den neuen Bundesländern sollte die unterschiedliche Finanzkraft der Gemeinden bei der Bestimmung der Schlüsselzuweisungen berücksichtigt werden. Gegenwärtig geschieht das nur in Sachsen und Brandenburg.

Insgesamt ergeben sich somit für die Weiterentwicklung der Gemeindefinanzierung in den neuen Bundesländern eine Vielzahl zu lösender Probleme. Bei allen bestehenden Schwierigkeiten und Sorgen, die mit der angespannten finanziellen Lage der Kommunen zusammenhängen, sollte jedoch nicht vergessen werden, daß in den vergangenen drei Jahren wichtige Schritte zur Stärkung der Finanzkraft der Kommunen vollzogen wurden. Insbesondere das gewachsene Investitionspotential zeugt davon. Die Investitionen in den neuen Bundesländern betragen inzwischen das 1,6fache der Investitionen der Gemeinden in den alten Bundesländern. Damit ist eine wichtige Grundlage für die Zukunft geschaffen worden.

Gemeindefinanzen West

Systemmängel und Reformbedarf[1]

Von Martin Junkernheinrich, Halle / Saale

1. Der Untersuchungszusammenhang: kommunale Finanzautonomie, finanzwirtschaftliche Disparitäten und Gemeindefinanzreform

Obwohl die Gemeinden und Gemeindeverbände (GV) in der Bundesrepublik Deutschland vielfach als dritte — oder mit Blick auf die Europäische Gemeinschaft auch als vierte — Ebene im föderalen Staatsaufbau bezeichnet werden, stellen sie verfassungsrechtlich keine eigenständige staatliche Ebene dar. Vielmehr sind sie als Teile der Länder anzusehen, was sich auch im Rahmen der Finanzverfassung zeigt. Zwar erhalten die Städte und Gemeinden im Sinne des durch das Grundgesetz garantierten kommunalen Selbstverwaltungsrechts (Art. 28 GG) eigene Steuereinnahmen — insbesondere die Gewerbe- und Grundsteuern sowie eine Beteiligung an der Lohn- und Einkommensteuer. Diese Einnahmen reichen aber, selbst wenn man die Entgelteinnahmen (Gebühren, Beiträge) hinzunimmt, bei weitem nicht zur Deckung des kommunalen Ausgabenbedarfs aus. Daher stocken die Länder die originäre Finanzkraft der Gemeinden durch die Gewährung von allgemeinen und zweckgebundenen Zuweisungen auf. Als Folge ergibt sich ein hoher Grad zuweisungsgebundener „Fremdfinanzierung“ und eine geringe kommunale Einnahmenautonomie.

Die Konstruktionsmängel des kommunalen Finanzsystems werden in Wissenschaft und Praxis seit Jahren intensiv diskutiert.[2] Die Gründe,

---

[1] Erweiterte Schriftfassung des Vortrags.

[2] Vgl. zusammenfassend Hoppe, W. (Hrsg.): Reform des kommunalen Finanzausgleichs. Köln u. a. O. 1985. (= Schriftenreihe des Landkreistages Nordrhein-Westfalen; Bd. 4). — Junkernheinrich, M. / Klemmer, P. / Micosatt, G.: Gewerbesteuerreform und kommunale Finanzautonomie. Bochum 1990. (= Ruhr-Universität Bochum: Seminar für Wirtschafts- und Finanzpolitik; Diskussionspapier Nr. 13). — Kitterer, W. (Hrsg.): Sozialhilfe und Finanzausgleich. Heidelberg 1990. (= Schriftenreihe des Lorenz-von-Stein-Instituts; Bd. 11). — Pohmer, D. / Saile, P.:

warum das bundesdeutsche Gemeindefinanzsystem als reformbedürftig eingeschätzt wird, sind entsprechend vielfältig. Von besonderer Bedeutung ist, daß die kommunale Einnahmen- und Ausgabenautonomie zu gering ist, und den Anforderungen an eine dezentrale Politikausgestaltung nicht genügt.[3] Die Möglichkeiten einer eigenverantwortlichen Anpassung der Einnahmen an den lokalen Ausgabenbedarf sind gering. Das Prinzip der fiskalischen Äquivalenz wird mehrfach durchbrochen (z. B. Sozialhilfe, ÖPNV) und führt zu suboptimalen Finanzierungsregelungen.[4]

Verstärkt werden diese Konstruktionsmängel des Gemeindefinanzsystems durch die Zunahme finanzwirtschaftlicher Disparitäten. Folgt man den Überlegungen des Sachverständigenrates, so werden die Gemeinden mit ungünstiger Wirtschaftsstruktur durch die starke Streuung des Gewerbesteueraufkommens benachteiligt.[5] Gerade die Steuern mit Hebesatzrecht, die einen hohen Grad an kommunaler Einnahmenautonomie aufweisen, verlieren in strukturschwachen Problemkommunen zugunsten allgemeiner und zweckgebundener Finanzzuweisungen mit geringer Einnahmenautonomie an Bedeutung. Auf der Ausgabenseite binden die weitgehend pflichtigen Sozialhilfeausgaben einen erheblichen Teil des zur Verfügung stehenden Finanzierungsspielraums und schränken die Ausgabenautonomie ein.[6] Wirtschaftliche Struktur-

---

Das „ideale“ Einnahmesystem. In: Handbuch der kommunalen Wissenschaft und Praxis. Bd. 6: Kommunale Finanzen. Hrsg. in Verbindung mit den kommunalen Spitzenverbänden v. G. Püttner. 2. völlig neu bearb. Aufl. Berlin u. a. O. 1985, S. 85-105. — Rehm, H.: Zur Zukunft der Kommunalfinanzen. In: Staat und Stadt. Systematische, vergleichende und problemorientierte Analysen „dezentraler“ Politik. Hrsg. v. B. Blanke unter Mitarbeit v. S. Benzler. Opladen 1991, S. 126-150. (= Politische Vierteljahreszeitschrift; Sonderheft 22 / 1991).

3 Vgl. in diesem Sinne Sachverständigenrat zur Begutachtung der gesamtwirtschaftlichen Entwicklung: Arbeitsplätze im Wettbewerb. Jahresgutachten 1988 / 89. Stuttgart u. Mainz 1988, Ziff. 427.

4 Vgl. dazu auch Biehl, D.: Konnexität von Aufgaben- und Finanzverantwortung: die Beispiele ÖPNV- und Sozialhilfefinanzierung. In: Junkernheinrich, M. / Klemmer, P. (Hrsg.): Neuordnung des Gemeindefinanzsystems. Berlin 1993 (in Vorbereitung).

5 Vgl. Sachverständigenrat zur Begutachtung der gesamtwirtschaftlichen Entwicklung: Arbeitsplätze im Wettbewerb, a. a. O., Ziff. 427.

6 Vgl. zu dieser These am Beispiel der Ruhrgebietskommunen bereits Zimmermann, H. / Junkernheinrich, M.: Die Finanzsituation der Gemeinden im Ballungsraum Rhein-Ruhr. In: Gemeindefinanzen im Ruhrgebiet. Aktuelle Entwicklung — kritische Bestandsaufnahme — mögliche Anpassungsstrategien. Essen 1983, S. 1-153. (= Strukturberichterstattung Ruhrgebiet). — Gemeindefinanzen im Ruhrgebiet. Überlegungen zur finanzwirtschaftlichen Revitalisierung der Ruhrgebietskommunen. Bearbeitet vom Arbeitskreis Finanzen im Kommunalverband Ruhrgebiet. Essen 1991.

schwäche und Konstruktionsmängel des Gemeindefinanzsystems greifen ineinander.

Damit werden die Grenzen einer stärkeren Dezentralisierung politischer Entscheidungs- und Durchführungskompetenzen deutlich. Die Stärkung der kommunalen Selbstverwaltung und der regionalen Eigeninitiative erfordert zunächst eine Reform der Gemeindefinanzierung. Da die „Gemeindefinanzverfassung" zum Ordnungsrahmen für Politik, Verwaltung und Wirtschaft gehört, muß sie distributiven und allokativen Anforderungen gerecht werden. Dezentrale Eigeninitiative erfordert eine bedarfsgerechte Ausstattung mit finanziellen Ressourcen. Die Vorteilhaftigkeit dezentraler Wettbewerbsprozesse kann nur zum Tragen kommen, wenn das kommunale Finanzsystem allokativ „richtige" Anreize setzt.

Vor diesem Hintergrund soll im folgenden zunächst ein empirisch gerichteter Einblick in die Finanzsituation der westdeutschen Städte und Gemeinden gegeben werden. Der Schwerpunkt der Betrachtung soll auf die Finanzwirksamkeit des ökonomischen Strukturwandels und der Deutschen Einheit gelegt werden:

— Wie hat sich die Finanzierung kommunaler Aufgaben im letzten Jahrzehnt entwickelt? Inwieweit hat der ökonomische Strukturwandel zu einer Verstärkung der gemeinde- und raumtypenspezifischen Einnahmen- und Ausgabendisparitäten geführt? *(Abschnitt 2.).*

— Wie hat die kommunale Ebene bislang auf die Finanzierung der Deutschen Einheit reagiert? Mit welchen finanziellen Belastungen durch den Solidarpakt ist ab 1995 zu rechnen? *(Abschnitt 3.).*

Dabei wird jeweils näher geprüft, ob das bestehende Gemeindefinanzsystem allokativ und distributiv angemessen auf den wirtschaftlich bzw. politisch verursachten Anpassungsdruck zu reagieren vermag, oder ob eine grundlegende Neuordnung der Finanzbeziehungen notwendig ist. Abschließend soll daher der finanzpolitische Reformbedarf zur Behebung der Konstruktionsmängel des Gemeindefinanzsystems aufgezeigt werden *(Abschnitt 4.).* Die besonderen Probleme der Gemeindefinanzierung in Ostdeutschland finden an dieser Stelle keine Berücksichtigung.[7]

---

[7] Vgl. dazu den Beitrag von Hunstock, in diesem Band, S. 147-166. Darüber hinaus sei verwiesen auf Junkernheinrich, M.: Gemeindefinanzierung in Ostdeutschland. Noch unveröffentlichtes Diskussionspapier für die Arbeitsgruppe „Finanzsystem und föderale Struktur" zur Vorbereitung der Wissenschaftlichen Plenarsitzung 1993 der Akademie für Raumforschung und Landesplanung (ARL).

Wo es möglich ist, sollen die Aussagen städte- und gemeindetypenspezifisch konkretisiert werden. Dies ist deshalb notwendig, weil die kommunale Ebene keine homogene Einheit darstellt, sondern in Abhängigkeit von der kommunalen Wirtschafts-, Bevölkerungs- und Siedlungsstruktur eine Fülle von lokalen Besonderheiten aufweist.[8] Eine gesamthafte Analyse aller Gemeinden und Gemeindeverbände führt zu Nivellierungseffekten, die die erheblichen interkommunalen Disparitäten durch die spezifische Methodik einer flächendeckenden Durchschnittsbetrachtung verdeckt.

2. Finanzwirksamkeit sozioökonomischer Disparitäten

Betrachtet man die Finanzsituation der Gemeinden (GV) in Westdeutschland, so kann kaum von einer generellen „Unterfinanzierung" gesprochen werden. Obwohl insbesondere die städtischen Einnahmen nunmehr seit Jahrzehnten am „Abgrund" gesehen werden,[9] konnten die wesentlichen Aufgaben erfüllt werden. In den Jahren 1984 und 1985 sowie 1988 und 1989 konnte ein positiver Finanzierungssaldo erwirtschaftet werden, d. h. die Einnahmen überstiegen die Ausgaben.[10]

Trotzdem kann die kommunale Finanzsituation in Westdeutschland nicht generell als entspannt bezeichnet werden. Die Kernproblematik besteht vielmehr darin, daß der „fiscal stress" gemeinde- und raumtypenspezifisch sehr unterschiedlich ausgeprägt ist. Die räumliche Konzentration von Menschen und ökonomischen Aktivitäten stellt keine Garantie mehr für eine positive sozioökonomische Entwicklung und einen hohen Grad kommunaler Finanzautonomie dar. Neben die „klassischen" Stadt-Land-Disparitäten ist ein ausgeprägtes Süd-Nord-Gefälle[11]

---

8 Vgl. Junkernheinrich, M.: Gemeindefinanzen. Theoretische und methodische Grundlagen ihrer Analyse. Berlin 1991, S. 13 ff. (= Forum Öffentliche Finanzen; Bd. 1).

9 Vgl. dazu die alljährlich vom Deutschen Städtetag vorgelegte Positionsbestimmung der städtischen Finanzsituation im „Gemeindefinanzbericht".

10 Nach Angaben des Statistischen Bundesamtes (Gemeinden (GV) ohne kaufmännisch buchende Krankenhäuser, jeweils ohne besondere Finanzierungsvorgänge).

11 Vgl. Eißel, D.: Kommunale Haushaltspolitik in den 80er Jahren: Konsolidierung statt Beschäftigungsimpulse. In: WSI Mitteilungen. Jg. 37 (1984), H. 12, S. 702 ff. — Hotz, D.: Arbeitslosigkeit, Sozialhilfeausgaben und kommunales Investitionsverhalten. In: Informationen zur Raumentwicklung. H. 9 / 10 (1987), S. 599 ff. — Regionales Gefälle in der öffentlichen Finanzkraft verlangt nach umfassenden Lösungen. In: DIW-Wochenbericht. Jg. 56 (1989), Nr. 3, S. 27 ff.

und eine finanzwirtschaftliche Abkoppelung strukturschwacher Problemkommunen[12] getreten.

Im einzelnen lassen sich folgende *groß- und kleinräumige Einnahmendisparitäten* feststellen:[13]

— Die lokalen Disparitäten der Gewerbesteuereinnahmen haben auf Kreisebene das Verhältnis 1 : 20 angenommen. Auf Gemeindeebene sind diese Aufkommensunterschiede noch erheblich stärker ausgeprägt. Die Streuung hat in den letzten Jahren deutlich zugenommen. So stieg der Variationskoeffizient im Zeitraum von 1979 bis 1986 für die kreisfreien Städte von 40,0 auf 51,5 v. H. In einzelnen Ortsgrößenklassen war die Zunahme der Streuung noch deutlich stärker ausgeprägt.

— Dieses Ergebnis wird relativiert, wenn man die kompensierenden Effekte der anderen kommunalen Steuereinnahmen — insbesondere des gemeindlichen Anteils an der Lohn- und Einkommensteuer — in die Behandlung einbezieht. Die Aufkommensdisparitäten der Steuern insgesamt weisen aber immerhin noch das Verhältnis 1 : 6,5 auf.

— Differenziert man die Betrachtung weiter und unterscheidet z. B. altindustrielle und „moderne" Verdichtungsregionen und betrachtet wieder die Gewerbesteuer, so lassen sich starke Entwicklungsdisparitäten feststellen. So konnten die altindustriellen Verdichtungsregionen im Zeitraum von 1979 bis 1986 nur 50 v. H. des bundesdurchschnittlichen Zuwachses realisieren. Moderne Verdichtungsregionen lagen dagegen im Durchschnitt über 30 v. H. über den bundesdurchschnittlichen Zuwächsen. Als Ergebnis konnten die Kernstädte der modernen Ballungsräume um mehr als 120 v. H. höhere Gewerbesteuereinnahmen als die Kernstädte der altindustrialisierten Verdichtungsregionen realisieren.

— Dadurch kommt dem kommunalen Finanzausgleich — länderweise unterschiedlich — eine starke Ausgleichsfunktion zu. Die durch die divergierende Entwicklung der Steuereinnahmen hervorgerufenen klein- und großräumigen Abkoppelungsprozesse werden durch die

---

[12] Vgl. Junkernheinrich, M.: Kommunalfinanzbericht Ruhrgebiet 1992. Ausgabenexpansion statt Haushaltskonsolidierung. Essen 1992.

[13] Die Datenbasis umfaßt die Jahre 1979-1986; Pro-Kopf-Vergleiche beziehen sich jeweils auf das Jahr 1989. Vgl. im einzelnen die kreisscharfe Analyse bei Junkernheinrich, M.: Reform des Gemeindesteuersystems. Bd. 1: Analyseergebnisse. Berlin 1991, S. 37-138. (= Schriften zur interdisziplinären Forschung; Bd. 1).

Gewährung von allgemeinen Zuweisungen in hohem Maße entschärft. Dies ist jedoch mit einem Verlust an kommunaler Einnahmenautonomie verbunden. Eine Steuer mit Hebesatzrecht wird durch staatliche Zuweisungen ersetzt.

Die kommunalen Einnahmendisparitäten treffen auf eine lokal divergierende Aufgabenbelastung und damit auf höchst *unterschiedliche Ausgabenbedarfe*. Dabei können „vor Ort" nur die Bedarfe erfüllt werden, die einnahmenseitig auch gedeckt sind:

— Bei alleiniger Betrachtung der Personalausgaben der Gemeinden (GV) tritt in den Städten ein deutlich überproportionales Ausgabenniveau hervor.[14] Mit Personalausgaben von 1021 DM je Einwohner lagen die kreisfreien Städte um knapp 43 v. H. über dem Bundesdurchschnitt und um knapp 74 v. H. über dem kreisangehörigen Raum, womit ein äußerst prägnantes Stadt-Land-Gefälle deutlich wird. Zwar sollte durch die mit der kommunalen Gebietsreform verbundene Vergrößerung der Städte und Gemeinden eine wirtschaftliche tragfähige Ortsgröße erzeugt werden, die tatsächlichen Ausgaben lassen jedoch keine Kostendegression erkennen. Mit Blick auf die Personalausgaben weisen gerade große Kommunen überproportional hohe Pro-Kopf-Ausgaben auf.[15]

— Die Sozialen Leistungen sind erwartungsgemäß in altindustriellen Kommunen am höchsten.[16] Zum Beispiel lagen die Ausgaben der Ruhrgebietskommunen um 40 v. H. über dem Bundesdurchschnitt. Bei den Ausgaben der örtlichen Träger übersteigen die Belastungsunterschiede den Faktor 1 : 30.

— Bei den Investitionsausgaben sind ebenfalls starke Disparitäten zu beobachten, allerdings mit entgegengesetztem räumlichen Muster. Die Ausgabendisparitäten schwanken auf Kreisebene zwischen 200 und 1200 DM je Einwohner. Im Bundesdurchschnitt werden seit mehr als 10 Jahren über 50 v. H. höhere Pro-Kopf-Investitionen getätigt als in vielen strukturschwachen Städten.[17]

---

14 Eine direkte Vergleichbarkeit der Personalausgaben ist über verschiedene Gemeindetypen, Regionen und Bundesländer aufgrund der divergierenden Aufgabenteilung nicht möglich. Vgl. dazu Junkernheinrich, M.: Gemeindefinanzen, a. a. O., S. 114 ff.

15 Interessanterweise sind die Disparitäten zwischen großen und kleinen Kommunen beim laufenden Sachaufwand erheblich geringer ausgeprägt.

16 Vgl. ausführlich Lensing, P. / Micosatt, G.: Disparitäten der Sozialhilfebelastung. Bochum 1992. (= Veröffentlichungen des Ruhr-Forschungsinstituts für Innovations- und Strukturpolitik e. V.; Nr. 4 / 1992).

Das bestehende Gemeindefinanzsystem weist somit starke und bedarfsseitig nicht gerechtfertigte Steueraufkommensdisparitäten[18] auf, die nachträglich durch einen entsprechend stark nivellierenden Finanzausgleich verringert werden. Dabei ergibt sich das *finanzpolitisch unsinnige Ergebnis, daß das kommunale Steuersystem sozioökonomische Disparitäten (insbesondere durch die stark gewinnreagible Gewerbesteuer nach Ertrag) zunächst systemimmanent verstärkt, um dann durch stark nivellierende Finanzausgleichssysteme einen anreizmindernden Ausgleich herbeizuführen.* Bedarfsorientiertes Ausgleichs- und effizienzorientiertes Allokationsanliegen sind nur schlecht aufeinander abgestimmt. Der sich für einzelne Städte und Gemeinden ergebende fiskalische Nettoeffekt ist angesichts der Komplexität des kombinierten Steuerkraft-Bedarfsausgleichs vorab nur schwer abzuschätzen.[19]

Die ausgeprägten räumlichen Investitionsunterschiede lassen sich aufgrund des stark nivellierenden Finanzausgleichs nicht mehr direkt durch die Steueraufkommensdisparitäten erklären. Hier spielt neben dem finanzkraftabhängigen Verschuldungsspielraum insbesondere die Personal- und die Sozialhilfeausgabenbelastung eine zentrale Rolle. Entsprechend läßt sich ein niedriges Investitionsniveau aufgrund hoher Personalausgaben und / oder hoher Sozialhilfeausgaben beobachten. Letzteres ist häufig mit geringen originären Einnahmen verbunden und deutet auf einen Reformbedarf bei der Sozialhilfefinanzierung hin (vgl. *Abschnitt 4.)*.

3. Finanzielle Auswirkungen der Deutschen Einheit auf die westdeutschen Kommunen

3.1. Deutsche Einheit und Haushaltsexpansion

Die westdeutschen Städte und Gemeinden wurden durch die Deutsche Einheit in einer ersten Phase schwergewichtig auf der Einnahmenseite getroffen. Direkte Ausgaben stellten eher eine Ausnahme dar und

---

17 Vgl. dazu am Beispiel der Ruhrgebietskommunen die Gemeindefinanzberichterstattung des Kommunalverbandes Ruhrgebiet (KVR), Essen (zuletzt Junkernheinrich, M.: Kommunalfinanzbericht Ruhrgebiet 1992, a. a. O., S. 54 ff.).

18 Siehe dazu auch den „besonderen Fall" der Stadt Sindelfingen. Vgl. Behr, A.: Das Paradies braucht gute Luft und gutes Geld. In: Frankfurter Allgemeine Zeitung (FAZ). Nr. 73 v. 27.3.1993, S. 3.

19 Es findet also nicht — wie vielfach vermutet — eine für die einzelne Gemeinde quasi „neutrale" Korrektur der Steuereinnahmenverteilung statt. Würden allein niedrige Steuereinnahmen durch hohe Zuweisungen ausgeglichen, wäre es unerheblich, ob die Finanzkraft durch eine originäre Steuer oder durch eine Zuweisung gespeist wird.

waren quantitativ weniger gewichtig (z. B. die kommunale Verwaltungshilfe). Indirekte durch Einnahmenreduktionen verursachte Ausgabenkürzungen werden primär in einer zweiten Phase, wenn der Solidarpakt sich finanziell auf die kommunale Ebene auswirkt, auftreten (vgl. *Abschnitt 3.2.)*.

Als *einigungsbedingte Mindereinnahmen* haben sich die folgenden Aspekte niedergeschlagen:[20]

— Durch die Einbeziehung der neuen Länder in die Umsatzsteuerverteilung hatten die alten Länder Mindereinnahmen zu verzeichnen mit der Folge einer Verringerung der Verbundmasse im kommunalen Finanzausgleich.

— Des weiteren wurden vom Bund finanzielle Ressourcen direkt nach Ostdeutschland umgelenkt (Städtebauförderung, Gemeindeverkehrsfinanzierung, Gemeinschaftsaufgabe „Verbesserung der regionalen Wirtschaftsstruktur“ etc.). Hier kann auch auf die Aufhebung des Strukturhilfegesetzes verwiesen werden.

— Das Engagement westdeutscher Unternehmen führte in neuen Ländern durch die Gewerbesteuerzerlegung, die sich zumeist an der Lohn- und Gehaltssumme orientiert, zu Gewerbesteuermindereinnahmen bei den westdeutschen Städten und Gemeinden.

— Schließlich führten Kürzungen von Bundesausgaben zu direkten Mindereinnahmen (z. B. Abbau von Bundeshilfen für Berlin-West) sowie zu indirekten Mindereinnahmen (z. B. führten Kürzungen im Verteidigungshaushalt über geringere Steuerzahlungen der Rüstungsunternehmen zu kommunalen Steuermindereinnahmen).

Trotz dieser Belastungen bzw. Mindereinnahmen waren die Jahre 1991 und 1992 für die kommunale Ebene in Westdeutschland finanziell äußerst ergiebig und haben zu ganz erheblichen *Mehreinnahmen* geführt.[21] Bei den Steuereinnahmen insgesamt waren bedingt durch die positive wirtschaftliche Entwicklung in Westdeutschland die höchsten Zuwachsraten der achtziger Jahre zu beobachten (1991: + 9,5 / 1992: + 6,8 v. H.). Die Entwicklung wurde insbesondere durch den Gemeindeanteil an der Lohn- und Einkommensteuer bestimmt (+ 16,9 / + 8,8 v. H.). Doch auch bei den Zuweisungen im Verwaltungshaushalt waren

---

20 „Einigungsbedingte“ Budgetdifferenzen resultieren aus einem Vergleich der fiktiven Entwicklung ohne Vereinigung und der tatsächlichen Entwicklung. Vgl. Postlep, R.-D.: Einigungsbedingte Belastungen des Bundes, der alten Bundesländer und ihrer Gemeinden. In: Wirtschaftsdienst. Jg. 72 (1992), H. 1, S. 38 f.

21 Nach Angaben des Deutschen Städtetages (Gemeindefinanzbericht 1993).

mit mehr als 8 v. H. die höchsten Zuwachsraten der achtziger Jahre zu beobachten. Schließlich wiesen die Gebühreneinnahmen zweistellige Wachstumsraten auf. Hier machte sich bemerkbar, daß die Kommunen die kalkulatorischen Posten bei der Gebührenbemessung (Abschreibungen) deutlich angehoben haben. In Teilbereichen besteht hier mittlerweile die Gefahr einer Kostenüberdeckung.

Den auch für die Städte und Gemeinden unerwartet positiven „Einnahmenschock" haben die lokalen Entscheidungsträger nun keineswegs zur Konsolidierung genutzt. Vielmehr ist es gelungen, die Ausgaben noch stärker anzuheben, so daß aus einem Überschuß von 2,3 Mrd DM im Jahr 1990 ein Defizit von 7,8 Mrd DM im Jahr 1992 wurde. Ursächlich dafür sind die hohen Zuwachsraten bei den kommunalen Personalausgaben (+ 9,3 / + 6,2 v. H.). Aber auch der laufende Sachaufwand, die Sozialleistungen und die Zinsausgaben nahmen deutlich zu. Selbst die Sachinvestitionen stiegen kräftig an. Insgesamt gesehen wurden die kräftigen Einnahmensteigerungen also voll verausgabt und mit knapp 8 Mrd DM wurde ein „Defizitrekord" aufgestellt.[22]

Dieses ausgabenseitig verursachte Haushaltsdefizit ist ungeachtet des finanzwirtschaftlich notwendigen Konsolidierungsbedarfs nachvollziehbar. Die Kommunen wußten zwar, daß Kürzungen auf der Einnahmenseite kommen würden, aber die Erfahrung hat sie auch gelehrt, daß die Länder die kommunale Finanzausstattung — wenn hier solide gehaushaltet wird — gerne als „Reservekasse" nutzen. Durch hohe kommunale Defizite kann dem Landesgesetzgeber dieser Weg erschwert werden. Dieses einzelwirtschaftlich rationale Verhalten hat letztlich dazu geführt, daß die Kommunen mit dem höchsten Defizit der letzten 15 Jahre in eine Phase relativ oder sogar absolut rückläufiger Einnahmen eingetreten sind. Würden die Kommunen sich vorwiegend über eigene Steuereinahmen finanzieren, wäre die Ausgabenexpansion sicher weniger stark ausgefallen. Sie wird erst bei einem hohen Grad an zuweisungsgebundener Fremdfinanzierung rational.

[22] Diese Aussagen sind lokal erheblich zu spezifizieren. In den strukturschwachen Kommunen, hier kann als Beispiel erneut auf die Städte und Gemeinden im Ruhrgebiet verwiesen werden, mußten die Investitionen schon 1991 geringfügig zurückgenommen werden; und dies bei einem deutlich unterdurchschnittlichen Pro-Kopf-Niveau. Vgl. Junkernheinrich, M.: Kommunalfinanzbericht Ruhrgebiet 1992, a. a. O., S. 54 ff.

3.2. Solidarpakt und Konsolidierungsbedarf

Die westdeutschen Kommunen werden in den nächsten Jahren verstärkt zur Finanzierung der Transfermaßnahmen für die neuen Bundesländer herangezogen. Mit den Vereinbarungen zum Solidarpakt[23] lassen sich die einnahmen- und ausgabenseitigen Belastungen für die kommunale Ebene ab 1995 präzisieren, wenngleich zukünftig noch mit Belastungssteigerungen zu rechnen ist. Nach den vorliegenden Vereinbarungen trägt der Bund den überwiegenden Anteil der Finanzierungslast (55 von 62 Mrd. DM). Der Anteil der westdeutschen Ländern beträgt lediglich 7 Mrd. DM und fällt damit vergleichsweise niedrig aus.[24] Unter den Ländern tragen die finanzstärkeren Länder wie Hamburg, Nordrhein-Westfalen, Hessen, Baden-Württemberg und Bayern die Hauptlast der Neuordnung des Länderfinanzausgleichs.

Die Neuordnung des bundesstaatlichen Finanzausgleichs wirkt sich auch auf die Gemeindehaushalte aus. Die westdeutschen Ländern beabsichtigen die kommunale Ebene zum einen durch die quasi automatischen Mindereinnahmen im Steuerverbund an den Finanzierungslasten zu beteiligen. Zum anderen sollten die Städte und Gemeinden durch eine erhöhte Gewerbesteuerumlage belastet werden.[25] Geht man davon aus, daß die „alten" Länder ihre Kommunen mit 40 v. H. an ihren finanziellen Lasten beteiligen, so müßten die westdeutschen Kommunen 1995 zusätzlich zu ihrer Beteiligung an den Annuitätsleistungen für den Fonds „Deutsche Einheit" in Höhe von 1,9 Mrd. DM einen Finanzierungsbeitrag in Höhe von 6,7 Mrd. DM leisten. Dieser Beitrag setzt sich u. a. aus den Kürzungen im Steuerverbund (3,4 Mrd. DM) und der erhöhten Gewerbesteuerumlage (2 Mrd. DM) zusammen.[26] Sofern ein-

---

23 Die folgende Darstellung bezieht sich auf den Verhandlungsstand vom 30. März 1993. Damit dürfte angesichts des weiter zunehmenden Finanzierungs- bzw. Konsolidierungsbedarfs lediglich eine Untergrenze der kommunalen Belastung definiert sein. Vgl. im einzelnen Heilemann, U. / von Loeffelholz, H. D. / Rappen, H.: Finanzielle Auswirkungen des Solidarpakts auf die Gemeinden des Ruhrgebiets. Bochum 1993. (= Veröffentlichungen des Ruhr-Forschungsinstituts für Innovations- und Strukturpolitik e. V.; Nr. 1 / 1993). — Karrenberg, H. / Münstermann, E.: Der Solidarpakt. Auswirkungen auf die Städte. In: Der Gemeindehaushalt. Jg. 94 (1993), H. 5, S. 97 ff.

24 Einschränkend ist jedoch festzuhalten, daß sich der Bund zu einem erheblichen höheren Teil über Steuererhöhungen und den Abbau von Steuervergünstigungen finanzieren kann (knapp 60 v. H.: 32,7 Mrd. DM) als die Länder (38 v. H.: 2,7 Mrd. DM).

25 Vgl. Artikel 2 des Gesetzantrags der Länder Bayern und Nordrhein-Westfalen: Entwurf eines Gesetzes zur Neuordnung des bundesstaatlichen Finanzausgleichs. Bundesrats-Drucksache 163 / 93 v. 4. 3. 1993, S. 9.

zelne Länder angesichts ihrer eigenen Finanzprobleme zu einer stärkeren Kürzung der Verbundquote[27] greifen, steigt der kommunale Finanzierungsbeitrag weiter.

Ein spürbarer Teil des Finanzierungsbeitrages soll durch Einsparungen in Höhe von 1,5 Mrd. DM aufgebracht werden.[28] Hier wird an eine Kürzung der Personalausgaben (Aufhebung der Sonderzuschlagsverordnung für Beamte), eine Überprüfung der Leistungsstandards (z. B. im Wohnungs- und Straßenbau, im Bereich der Kindergärten, im Entsorgungsbereich) und eine Begrenzung der Sozialhilfekostenexpansion (begrenzter Anstieg der Regelsätze) gedacht.

Finanzierungsbeitrag und Einsparmöglichkeiten treffen die einzelnen Städte und Gemeinden in Abhängigkeit von lokalen Besonderheiten[29] sehr unterschiedlich:

— Die Kürzung der Verbundmasse trifft insbesondere die finanzschwächeren Gemeinden. Die steuerstärkeren Gemeinden werden geringer belastet; die sog. abundanten Gemeinden werden gar nicht belastet.

— Die finanzielle Belastung durch eine Anhebung der Gewerbesteuerumlage ist umso höher, je höher (niedriger) die lokalen Grundbeträge (örtlichen Hebesätze) sind.[30]

— Die Möglichkeiten zur Ausgabenreduktion sind in hohem Maße von der bestehenden Ausgabenbelastung abhängig. So ist das Einsparvolumen bei der Sozialhilfe gerade in wirtschaftsschwachen Räumen mit einer hohen Sozialhilfeempfängerzahl besonders ausgeprägt.

Insgesamt dürften die finanzstärkeren Kommunen tendenziell weniger stark als die finanzschwächeren Kommunen belastet werden. So müßte z. B. die abundante Stadt Düsseldorf mit Pro-Kopf-Einnahmen von 130 v. H. des Durchschnitts nur einen Pro-Kopf-Finanzbeitrag von 54 v. H. des Durchschnitts leisten. Vor diesem Hintergrund sind die

---

26 Vgl. Heilemann, U. / von Loeffelholz, H. D. / Rappen, H.: Finanzielle Auswirkungen des Solidarpakts auf die Gemeinden des Ruhrgebiets, a. a. O., S. 6.

27 Vgl. zu dieser „Refinanzierungspraxis" z. B. die Entwicklung der Landeszuweisungen an die Gemeinden (GV) sowie die Landesausgaben ohne Zuweisungen in Nordrhein-Westfalen und in den Flächenländern von 1980 - 1991 bei Junkernheinrich, M.: Kommunalfinanzbericht Ruhrgebiet 1992, a. a. O., S. 37 (Abb. 5).

28 Vgl. Heilemann, U. / von Loeffelholz, H. D. / Rappen, H.: Finanzielle Auswirkungen des Solidarpakts auf die Gemeinden des Ruhrgebiets, a. a. O., S. 7 f.

29 Mittlerweile liegen erste Ergebnisse über die finanziellen Auswirkungen des Solidarpakts auf die Ruhrgebietsgemeinden vor. Vgl. ebd. S. 9 ff.

30 Vgl. zur Berechnungsformel der Gewerbesteuerumlage auch Junkernheinrich, M.: Gemeindefinanzen, a. a. O., S. 96.

Länder bemüht, durch Modifikationen der Verteilungsschlüssel eine stärkere (geringere) Belastung der finanzstarken (finanzschwachen) Kommunen herbeizuführen.[31] Trotzdem wird auf die finanzschwächeren Kommunen gemessen an ihrem finanziellen Handlungsspielraum ein hoher Finanzierungsbeitrag zukommen[32] und angesichts der Ausgaben- und Defizitexpansion der letzten Jahre ausgeprägte Konsolidierungsmaßnahmen erzwingen.

4. Gemeindefinanzreform im föderalen Staat

Das Gemeindefinanzsystem in der Bundesrepublik Deutschland weist zahlreiche Mängel auf. Eine Stärkung dezentraler Entscheidungs- und Durchführungskompetenzen und regionaler Eigeninitiative erfordert daher zunächst eine Neuordnung der Gemeindefinanzierung. Obwohl die Notwendigkeit einer Reform allseits anerkannt wird, unterliegt das politisch-administrative System seit Jahren einer Blockade. Im Rahmen der vorliegenden Überlegungen wurden mit Blick auf die westdeutschen Kommunen insbesondere die folgenden Probleme behandelt:

— Das Gemeindefinanzsystem trägt dem kommunalen Selbstverwaltungspostulat nur unzureichend Rechnung. Eine eigenverantwortlichen Anpassung der Einnahmen an lokal divergierende Ausgabenbedarfe ist nur in geringem Maße möglich (kommunales Hebesatzrecht, Festlegung von Gebühren und Beiträgen). Aufgaben- und Finanzverantwortung fallen z. T. auseinander.

— In strukturschwachen Kommunen ist der Handlungsspielraum für Erneuerungsaktivitäten durch die negativen Folgen des ökonomischen Strukturwandels stark eingeschränkt. Während die stark gewinnabhängige Gewerbesteuer in Folge eines wirtschaftlichen Einbruchs deutlich abnimmt, fallen auf der Ausgabenseite hohe soziale Folgekosten an.

---

[31] Modellrechnungen zum nordrhein-westfälischen Solidarbeitragsgesetz zeigen, daß dies möglich ist. Vgl. Heilemann, U. / von Loeffelholz, H. D. / Rappen, H.: Finanzielle Auswirkungen des Solidarpakts auf die Gemeinden des Ruhrgebiets, a. a. O., S. 11.

[32] Er liegt für das Ruhrgebiet bei 411 Mio. DM und damit bei knapp 50 v. H. der geplanten Netto-Zuführungen zum Verwaltungshaushalt. Nimmt man z. B. die Stadt Bochum als Beispiel, so liegt der zu leistende Finanzierungsbeitrag bei knapp 48 Mio. DM. Dem steht ein Abbau von Steuervergünstigungen in Höhe von 1,7 Mio. DM und Einsparungen bei der Sozialhilfe von knapp 14 Mio. DM gegenüber. Damit ergibt sich ein Finanzierungsdefizit von knapp 33 Mio. DM, was 130,9 v. H. der Netto-Zuführungen zum Verwaltungshaushalt entspricht (Angaben nach ebd.).

— Viele Städte und Gemeinden tragen dem notwendigen Konsolidierungsbedarf nur unzureichend Rechnung.[33] Obwohl der durch die Deutsche Vereinigung entstehende Finanz- und Konsolidierungsbedarf bekannt war, hat man — und dies ist einzelwirtschaftlich durchaus rational — kurzfristig eher hohe Ausgaben getätigt und ein außerordentlich hohes Defizit in die föderalen Umverteilungsverhandlungen eingebracht. Mit den Belastungen durch den Solidarpakt werden Konsolidierungsmaßnahmen erzwungen, die aber für die finanzstarken Kommunen tendenziell geringer ausfallen.[34]

Alle drei Aspekte deuten auf grundlegende Konstruktionsmängel in der „Gemeindefinanzverfassung" hin. Hinsichtlich der unzureichenden Berücksichtigung gemeindebezogener Kriterien bzw. der Mißachtung grundlegender finanzpolitischer Prinzipien (wie z. B. dem fiskalischen Äquivalenzprinzip) ist dies offensichtlich. Doch dies gilt auch für die systemimmanente Verstärkung sozioökonomischer Disparitäten bzw. gesamtwirtschaftlich irrationales Handeln auf lokaler Ebene. Eine Stärkung originärer Einnahmenquellen mit breiter Bemessungsgrundlage (z. B. Ersatz der Gewerbesteuern durch eine Wertschöpfungsteuer) würde sich hier positiv auswirken. Durch die Verbreiterung der Bemessungsgrundlage könnte die starke „Gewinnreagibilität" verringert werden. Bei einem hohen Anteil eigener Einnahmenquellen kann die kommunale Ebene nicht auf die Allimentierung von Defiziten durch Finanzzuweisungen hoffen; unzureichende Konsolidierungsbemühungen treffen die einzelne Kommune und können nicht auf das Land abgewälzt werden.

Angesichts der ausgeprägten Konjunkturabhängigkeit des Gemeindeeinnahmensystems[35] ist in den nächsten Jahren mit deutlichen Einbrüchen bei den kommunalen Steuereinnahmen zu rechnen. Die daraus resultierende finanzielle Belastung wird der kommunale Finanzausgleich angesichts des zunehmenden Drucks auf die Länderfinanzen und der Finanzierungsbeiträge zur Deutschen Einheit nur eingeschränkt ausgleichen können. Vor diesem Hintergrund ist zu allererst eine *Verstärkung der kommunalen Konsolidierungsbemühungen* unabdingbar.

---

33 Insbesondere die Personalausgaben haben in den letzten Jahren deutlich zugenommen.

34 Dies gilt nur, wenn die Länder nicht — analog zum nordrhein-westfälischen Solidarbeitragsgesetz gezielte Modifikationen zur Belastungsumverteilung ergreifen (s. o., Abschnitt 3.2.).

35 Vgl. dazu etwa Storchmann, K.-H.: Konjunktur und Kommunalverschuldung. Bochum 1991. (= Forschungsberichte der G. I. F.; Nr. 11). Hier finden sich kommunale Haushaltseckdaten im mittelfristigen Vergleich (1950 - 1989).

Aufgabenseitig ist hier insbesondere an die Überprüfung von Leistungsstandards zu denken, ausgabenseitig ist der Schwerpunkt auf die Begrenzung der Personalausgaben zu legen. Einnahmenseitig ist eine Anspannung der Gewerbe- und Grundsteuerhebesätze sowie ein höherer Kostendeckungsgrad bei Gebühren und Beiträgen zu nennen. Auf diese Weise werden zumindest Teilerfolge erzielt werden können. In wirtschaftlich „schlechteren Zeiten" läßt sich mancher Reformbedarf umsetzen, der zuvor an mangelnder Akzeptanz scheiterte. Dennoch wird zumindest bei strukturschwachen Gebietskörperschaften kaum die Reserve zu finden sein, um das kommunale Finanzierungsdefizit nachhaltig zurückzuführen. Mittelfristig bleibt eine Sicherung der lokalen Finanzautonomie daher auf die seit langem überfällige *Neuordnung des kommunalen Finanzsystems*[36] durch Bund und Land angewiesen. Dabei sollten insbesondere die folgenden Reformmaßnahmen verwirklicht werden:

— Zunächst ist eine kommunale *Unternehmenssteuer mit Hebesatzrecht* zu fordern. Dazu sollte auf eine möglichst breit angelegte wertschöpfungsorientierte Steuer zurückgegriffen werden.[37] Diese Steuer ist eine ergiebige Gemeindesteuer, die das Interesse der Kommunen am ortsansässigen und ansiedlungswilligen Gewerbe sichert.[38] Darüber hinaus sollte über die Möglichkeiten einer *beweglichen Einkommensbesteuerung* mit Hebesatzrecht nachgedacht werden.[39]

— Des weiteren ist eine *bedarfsorientierte Finanzausgleichsreform* erforderlich. Dabei sollte den Möglichkeiten einer „originären" Be-

---

36 Vgl. zusammenfassend die Beiträge in Junkernheinrich, M. / Klemmer, P. (Hrsg.): Neuordnung des Gemeindefinanzsystems, a. a. O., sowie Junkernheinrich, M.: Reform des Gemeindefinanzsystems. Zur Position des Sachverständigenrates zur Begutachtung der gesamtwirtschaftlichen Entwicklung. In: Archiv für Kommunalwissenschaften (AfK). Jg. 31 (1992), II. Halbjahresband, S. 220-237.

37 Vgl. Gutachten zur Reform der Gemeindesteuern. Erstattet v. Wissenschaftlichen Beirat beim Bundesministerium der Finanzen. Hrsg. v. Bundesministerium der Finanzen. Bonn 1982. (= Schriftenreihe des Bundesministeriums der Finanzen; H. 31). — Peffekoven, R.: Gemeindesteuersystem und kommunale Selbstverwaltung. In: Junkernheinrich, M. / Klemmer, P. (Hrsg.): Neuordnung des Gemeindefinanzsystems, a. a. O.

38 Vgl. auch Held, F.-W. / Hötker, D. / Junkernheinrich, M.: Altindustrielle Problemregionen, kommunale Selbstverwaltung und Gemeindesteuerreform. In: WSI Mitteilungen. Jg. 45 (1992), H. 2, S. 88-98.

39 Vgl. im einzelnen Hansmeyer, K.-H. / Zimmermann, H.: Bewegliche Einkommensbesteuerung durch die Gemeinden. In: Wirtschaftsdienst. Jg. 71 (1992), H. 12, S. 639 ff. — Dies.: Einführung eines Hebesatzrechts beim gemeindlichen Einkommensteueranteil. In: Wirtschaftsdienst. Jg. 72 (1993), H. 9, S. 490 ff.

darfsbestimmung verstärkt Rechnung getragen werden. Nur eine einzelbedarfsorientierte Erfassung des Ausgabenbedarfs kann die Bedarfe gemeindescharf und nicht nur ortsgrößenklassenscharf erfassen.[40] Als weiteres Problem ist die Frage der *Bestimmung der kommunalen Einnahmenkraft* zu nennen.[41] Die Unterschätzung bzw. Überschätzung der tatsächlichen Steuereinnahmen durch Nivellierungshebesätze hat größere Verteilungseffekte als Modifikationen der Bedarfsmessung. Der *Ausgleichsgrad* sollte im Sinne einer Stärkung der Anreizeffekte weiter gesenkt werden.

— Schließlich ist mit Blick auf die *Sozialhilfeausgaben* festzustellen, daß diese im Rahmen eines föderalen Staatsaufbaus nicht allein auf der kommunalen Ebene anzusiedeln sind.[42] Insbesondere wenn vom Bund mit Hilfe des Bundessozialhilfegesetzes Art und Umfang der Zahlung bis ins Einzelne geregelt wird, ist nicht einzusehen, warum sich der Bund nicht anteilig an der Finanzierung beteiligt.[43] „Die Bindung eigener Finanzmittel für zentral entschiedene Sozialhilfeleistungen nach dem Bundessozialhilfegesetz (BSHG) dagegen ist schlicht und einfach Ausfluß einer unzureichenden Beachtung des Prinzips der fiskalischen Äquivalenz."[44] Der Rückgriff auf Arbeitslosen- oder Sozialhilfeansätze im Rahmen des kommunalen Finanzausgleichs kann im Sinne einer gesamtstaatlich sinnvollen föderalen

---

[40] Vgl. ausführlicher Junkernheinrich, M.: Sonderbedarfe im kommunalen Finanzausgleich. Berlin 1992. Gestützt wird diese Position auch durch die Überlegungen des Bundesverfassungsgerichtes. Vgl. Urteil des Bundesverfassungsgerichtes vom 27. Mai 1992 2 BvF 1 / 88, 2 BvF 2 / 88, 2 BvF 1 / 89, 2 BvF 1 / 90.

[41] Vgl. dazu im einzelnen Hardt, U.: Kommunale Finanzkraft. Die Problematik einer objektiven Bestimmung kommunaler Einnahmemöglichkeiten in der gemeindlichen Haushaltsplanung und im kommunalen Finanzausgleich. Frankfurt / M. u. a. O. 1988. (= Finanzwissenschaftliche Schriften; Bd. 38). — Kuhn, T.: Zuweisungen und Allokation im kommunalen Finanzausgleich. In: Finanzarchiv. N. F. Bd. 49 (1992), H. 2, S. 215-236.

[42] In diesem Sinne hat der Unterausschuß „Kommunale Finanzen" des Arbeitskreises „Kommunale Angelegenheiten" der Innenministerkonferenz am 20. und 21. Februar 1992 eine Mitverantwortung des Bundes an den Sozialhilfelasten als folgerichtig bezeichnet.

[43] Vgl. ausführlich Junkernheinrich, M.: Neuverteilung der Sozialhilfelasten. Bochum 1990. (= Veröffentlichungen des Ruhr-Forschungsinstituts für Innovations- und Strukturpolitik e. V.; Nr. 1 / 1990).

[44] Postlep, R.-D.: Änderungen der Finanzbeziehungen zwischen Bundes-, Länder- und Gemeindeebene und ihre Auswirkungen auf Regionen und Kommunen. In: Länderfinanzausgleich und Kommunalfinanzen. Probleme der Neuordnung der Finanzverteilung zwischen Bund, Ländern und Gemeinden und ihre Auswirkungen in Niedersachsen. Symposium des NIW in Zusammenarbeit mit der Arbeitsgemeinschaft der kommunalen Spitzenverbände Niedersachsens. Hrsg. v. U. Hardt u. R. Ertel. Hannover 1992, S. 5. (= NIW-Vortragsreihe; Bd. 7).

Ausgabenteilung nur als Zwischenlösung angesehen werden. Auf diese Weise wird die interkommunale Solidarität genutzt, um Aufgaben zu finanzieren, die zumindest zu einem wesentlichen Teil der zentralstaatlichen Ebene zufallen.[45]

Insgesamt ergibt sich damit ein für das politische System komplexer und in einem föderalen Staatsaufbau nur schwer durchsetzbarer Reformbedarf. Aufgrund der mit einer Gemeindefinanzreform verbundenen interkommunalen Verteilungseffekte und der Finanzierungsprobleme der Deutschen Einheit hat sich die Auseinandersetzung über die einzelnen Reformvorschläge beruhigt. Anliegen darf es nicht sein, durch eine weitere Aushöhlung der Gewerbesteuer, die Bereitschaft der Kommunen zu fördern, über den mittelfristigen Ersatz der Gewerbesteuer zu verhandeln.[46] Augenblicklich besteht bereits die Gefahr, daß die kommunale Ebene mit Blick auf die Realisierung von positiven Verteilungseffekten wesentliche Merkmale der kommunalen Selbstverwaltung aufzugeben bereit ist.[47] Angesichts der Bedeutung, die der Berücksichtigung lokal divergierender Bedarfe durch Variationen auf der kommunalen Einnahmenseite für ein demokratisches Staatswesen zukommt, sollte es vermieden werden, die Reform der Unternehmensbesteuerung auf dem Rücken der Gemeinden auszutragen. Die Präferenz für dezentrale Problemlösungen weist nicht nur im ökonomischen sondern auch im politischen Bereich erhebliche Vorteile auf. Die Selbstverwaltungsgarantie der Städte und Gemeinden erfordert eine Stärkung und nicht eine Einschränkung der kommunalen Finanzautonomie.

---

[45] Vgl. zu dieser Diskussion am Beispiel des ÖPNV auch Entschließung des Deutschen Städtetages (DST) zur Regionalisierung des öffentlichen Personennahverkehrs (ÖPNV). In: Zeitschrift für Kommunalfinanzen (ZKF). Jg. 42 (1992), H. 11, S. 261 f.

[46] So die Zielstellung von Mühl, W.: Überlegungen und Vorschläge für weitere Verbesserungen der steuerlichen Rahmenbedingungen. Reform der Unternehmensbesteuerung in der Bundesrepublik Deutschland. Bonn 1990, S. 52. (= Institut „Finanzen und Steuern"; Brief 292).

[47] Hier ist z. B. an die neuen Überlegungen des Deutschen Städtetages (DST) zur kommunalen Beteiligung an der Umsatzsteuer zu denken. Dabei spricht sich die Interessenvertretung der Großstädte in zentralen Punkten für das Reformmodell der Wirtschaft auf.

Zusammenfassung der Diskussion

Referate Hummel, Hunstock, Junkernheinrich

Glaß greift den Hinweis auf, den Hunstock in bezug auf die Personalkosten der Kommunen gegeben hatte: Es sei ein intensiver Prozeß der Lohnangleichung zwischen Ost und West im Gange. Man könne nun diesen Prozeß auch im Zusammenhang sehen mit den Problemen des Finanzausgleichs zwischen Ost und West, denn dieser Lohnaufholprozeß trage ja wesentlich dazu bei, daß hohe Transfers vom Westen in den Osten erforderlichen würden. Die extrem starken Lohnsteigerungen im Osten ließen Investitionen dort von sich aus zunächst weniger rentabel werden. Weniger Einnahmen an Einkommensteuer, Körperschaftsteuer und anderen Steuern in den ostdeutschen Bundesländern seien die Folge. Darüber hinaus werde es für notwendig gehalten, die Rentabilität von Investitionen künstlich durch Investitionssubventionen zu fördern, und außerdem führe die schnelle Lohnangleichung auch dazu, daß viele Menschen unfreiwillig arbeitslos würden, so daß auch Ausgaben wie Sozialhilfe und dergleichen sehr stark anstiegen. Die schnelle Lohnangleichung stelle also eine wesentliche Ursache für den hohen Transferbedarf vom Westen in den Osten dar.

Das führe zu der Überlegung, daß eine ursachenadäquate Lösung des Problems der sehr hohen Zahlungen von West nach Ost unter anderem erfordern würde, mehr Lohnflexibilität zu erzeugen. Hier müsse der Bund im Rahmen seiner Gesetzgebungskompetenz tätig werden. Mehr Lohnflexibilität sei wie im Osten natürlich auch im Westen erforderlich. Auch Lohnsenkungen in erheblichem Ausmaße, so wie es eben der Markt bestimmen würde, müßten möglich werden.

Kuhn kommt auf eine These von Junkernheinrich zurück, nämlich daß reichere Kommunen sehr viel stärker zur Finanzierung der deutschen Einheit, jetzt im Wege des Solidaritätspakts, herangezogen würden als ärmere. Das treffe zwar für die Erhöhung der Gewerbesteuerumlage zu. Wie sehe es aber bei einem Rückgang der Verbundquote und vor allen Dingen auch der Verbundmasse aus? Hier habe man es wieder mit einer elementaren Schwäche des Finanzausgleichssystems zu tun. Man könne nämlich zumindest theoretisch nachweisen, daß dieses System regressive Effekte produziert, wenn die Verbundmasse zurückgeht. Man meine ja immer, der realisierbare Ausgleichsgrad hänge im wesentlichen von der Ausschüttungsquote ab. Das sei jedoch nicht richtig, sondern es sei möglich, daß trotz eines steigenden Ausgleichsgrads, der eigentlich versprechen würde, daß die fiskalische Ungleichheit abnimmt — mit allen negativen Konsequenzen für die allokative Effizienz —, genau dieses Ergebnis nicht eintrifft, wenn nämlich gleichzeitig ein Rückgang der verteilungsfähigen Finanzmasse eintritt. Dann könnten die regressiven Effekte die progressiven überkompensieren. In diesem Fall würden die ärmeren Kommunen sehr viel stärker zur Finanzierung der Einheit herangezogen als die reicheren.

Wenn überdies noch gefragt würde, wer dann im Osten davon profitiert, so müsse man sagen, daß im Osten dieses Finanzausgleichsverfahren auf sehr viel stärkere Disparitäten treffe als man sie vom Westen her kenne. Es sei wohl unbestritten, daß der realisierbare Ausgleichsgrad um so geringer sein werde, je stärker die Disparitäten sind, unabhängig von der Höhe der Ausschüttungsquote.

Watrin geht auf Hunstocks Darstellung der finanziellen Lage der Gemeinden ein. Da sei verständlicherweise immer wieder die Bundesrepublik Deutschland (alt) als Referenzmodell herangezogen worden. Aber es habe ja auch im Westen einiges im Argen gelegen — vor allem, daß keinerlei Anreize bestünden, sich zum Beispiel von Gemeindevermögen zu trennen. Diese Anreize müßten sich nun eigentlich in den neuen Bundesländern stärker entwickeln als im Westen, da sie ja in den aktuellen Finanznöten steckten. Hinzu komme, daß im Zuge der Wiederaufteilung des öffentlichen Vermögens die Gemeinden Eigentümer riesiger Bestände an Wohnungen etc. würden — Bestände, die ganz massiv auch auf die Gemeindefinanzen drückten. Man müßte also eine Trennung der Gemeinden von einer Reihe von Gütern erwarten, die ihnen zufallen, um sich Einnahmequellen zu eröffnen. Es sei nicht recht verständlich, warum dies ganz ausgeklammert wurde.

Hunstock nimmt zunächst zu der Frage der Lohnangleichung Stellung. Er hält ebenfalls auch im öffentlichen Dienst die Diskussion für richtig, ob man nicht die ursprünglichen Vorstellungen zur Lohnangleichung überdenken muß. Diese Vorstellungen liefen darauf hinaus, daß bis 1995 das Einkommen der Beschäftigten im öffentlichen Dienst auf das Niveau der westdeutschen Beschäftigten herangeführt werden müßte. Er könne sich eine zeitliche Streckung vorstellen. Die Frage der Lohnangleichung könne man nicht diskutieren, ohne die Lage der öffentlichen Kassen in der Bundesrepublik zu sehen. Wenn man so argumentierte, gebe es dafür sicherlich Verständnis. Allerdings sei das zum Teil etwas komplizierter als in der Wirtschaft. In der Wirtschaft könne man immer sagen: Wenn diese Angleichung erfolgt, dann wird ein großer Teil der Betriebe den Wettbewerbskampf nicht durchstehen. Dieses Argument der Produktivität und des Markterfolgs falle beim öffentlichen Dienst weg.

Zu der Möglichkeit, sich Einnahmen durch Veräußerungen zu verschaffen, bemerkt *Hunstock*, die Gemeinden würden dies sehr gern tun. Die Schwierigkeit sei nur, daß sie keine Käufer finden. Er habe nicht den Eindruck, daß gegenwärtig der Andrang ostdeutsche Wohnungen zu kaufen übermäßig groß sei und daß hier die Gemeinden große Spielräume hätten. Aber grundsätzlich sei der Weg der Privatisierung richtig. Alle Möglichkeiten, um Einnahmen zu erlangen oder um sich von Ausgaben zu entlasten, müßten ergriffen werden.

Junkernheinrich geht auf die These ein, über die Gewerbesteuerumlage würden die finanzstärkeren Kommunen stärker belastet. Dem sei unter Ceteris-Paribus-Annahmen und für den Fall zuzustimmen, daß die Verbundmasse gesenkt wird. Deshalb habe er auch formuliert, daß bei Rückgängen bei der Verbundmasse davon auszugehen sei, daß weitere Modifikationen im Verteilungssystem stattfinden. Genau diese Entwicklung zeichne sich im Moment ab — man wisse zwar noch nicht genau, was 1995 / 96 passieren werde, und ob die bisherigen Absichten verschiedener Landesbehörden politisch durchsetzbar seien. Aber der Finanzausgleich sei schließlich nur dann zu haben, wenn er in den Parlamenten seine Mehrheiten findet. Das sei auch der Grund, weshalb in einigen Finanzausgleichsgesetzen die Übernivellierung zustande gekommen war. Man habe eben den schwächeren Kommunen immer noch etwas drauflegen wollen und dann gar nicht gemerkt, daß man schon über 100 % war.

III. Teil

Stand und Perspektiven eines Finanzierungsausgleichs in der EG

Braucht die EG einen Finanzausgleich?*

Von Konrad Lammers, Kiel

Die Fragestellung: „Braucht die EG einen Finanzausgleich?“ ist sehr komplex. Die folgenden Ausführungen beschäftigen sich im wesentlichen mit der Frage, welche Implikationen die europäische Währungsunion für Transferzahlungen in der EG hat. Im einzelnen wird folgenden Fragen nachgegangen:

— Bedingt der Beschluß zur Schaffung der Währungsunion, daß in der EG in größerem Umfang als bisher finanzielle Transfers geleistet werden, sei es durch Finanztransfers zwischen den Mitgliedsländern oder sei es durch Zahlungen aus dem EG-Haushalt an einzelne Mitgliedsländer ?

— Gibt es einen Konsens in der Gemeinschaft, zugunsten ärmerer Mitgliedsländer Finanzausgleichszahlungen zu leisten?

— Werden durch das bestehende System der Einnahmen und Ausgaben der EG Finanzausgleichsziele zwischen den Mitgliedsländern — sollten solche bestehen — effizient, d. h. mit geringstem Aufwand, erreicht?

Zunahme finanzieller Transfers in der EG-Währungsunion?

In einem einheitlichen Währungsraum entfällt das Scharnier des Wechselkurses, das Unterschiede in der Entwicklung der Wettbewerbsfähigkeit zwischen Ländern ausgleichen kann. Auch Anpassungsschocks, die von außen an einen Währungsraum herangetragen werden und die einzelne Länder aufgrund unterschiedlicher Produktionsstrukturen verschieden stark tangieren, können durch Wechselkursänderungen nicht mehr abgepuffert werden. Die Folge in beiden Fällen ist, daß Unterschiede in der Arbeitslosigkeit zwischen Ländern zunehmen, sofern nicht andere Anpassungsmechanismen die Rolle des Wechselkurses übernehmen. Solche Anpassungsmechanismen können darin bestehen,

---

* Dieser Beitrag ist im Rahmen des Projekts „Weiterentwicklung und Perspektiven der Sozialen Marktwirtschaft“ der Bertelsmann Stiftung entstanden.

daß die freigesetzten Arbeitskräfte in die wirtschaftlich expandierenden Länder abwandern oder daß die Preise für die immobilen Produktionsfaktoren flexibel darauf reagieren, wenn sich ihre Wettbewerbsposition verschlechtert (Siebert, 1992). Für den Fall fehlender Arbeitsmobilität kommt es also im wesentlichen darauf an, daß Lohnflexibilität herrscht. Schließlich kann eine Kompensation dadurch herbeigeführt werden, daß Transfers zugunsten der Länder geleistet werden, die unter Anpassungsdruck stehen und so Wettbewerbsfähigkeit künstlich wiederhergestellt wird (Eichengreen, 1990; Sala-i-Martin und Sachs, 1991).

Über diese grundlegenden Zusammenhänge zwischen Währungsunion und Anpassungsmechanismen als Ersatz für den Wegfall von Wechselkursen herrscht allgemein großer Konsens. Was sind aber nun konkret die Implikationen für einen Finanzausgleich in der EG? Die Antwort auf diese Frage hat eine normative und eine positive Dimension. In *normativer* Hinsicht wäre zu fragen, welcher Anpassungsmechanismus den Wegfall der Wechselkurse kompensieren sollte. Bei *positiver* Betrachtungsweise wäre zu untersuchen, welcher Anpassungsmechanismus wahrscheinlich in der EG die Rolle der Wechselkurse übernehmen wird.

Beginnen wir mit der *normativen* Betrachtung. Wenn sich veränderte Angebots- oder Nachfragekonstellationen international unterschiedlich auswirken oder die Arbeitslosigkeit dauerhaft zwischen Ländern auseinanderstrebt, dann sollten die Ursachen für diese Fehlentwicklungen ursachengerecht angegangen werden. In einer marktwirtschaftlichen Ordnung ist es primär Aufgabe des Preismechanismus, für die Anpassung zu sorgen. Sind Güterpreise und Löhne nicht flexibel genug, und findet eine Anpassung auch nicht über Abwanderung unbeschäftigter Produktionsfaktoren in andere Regionen statt, so hätte der Staat (die EG oder auch die Mitgliedsländer) Maßnahmen zu ergreifen, um die Flexibilitätsbarrieren zu beseitigen, etwa durch eine konsequente Deregulierungs- und Wettbewerbspolitik. Wenn auch durch diese Maßnahmen weder eine Preisanpassung noch eine Anpassung über Abwanderung unbeschäftigter Produktionsfaktoren in andere Regionen erreicht werden kann, so wäre nach der Theorie des optimalen Währungsraumes die Einführung einer Währungsunion nicht zweckmäßig. Anpassungskosten durch einen Finanzausgleich zu kompensieren wäre allenfalls eine Second- oder Third-best-Lösung.

Ein weiteres kommt hinzu. Gerade die Aussicht auf finanziellen Ausgleich von Anpassungskosten — europaweit finanziert — würde von den Mitgliedsländern und den Wirtschaftssubjekten tendenziell kontraproduktive Verhaltensänderungen bewirken: Weil Aussicht besteht, daß finanzieller Ausgleich bei Wettbewerbsproblemen geleistet wird, nimmt die Bereitschaft der Regierungen von Mitgliedsländern, der von Verbänden und einzelnen Wirtschaftssubjekten ab, selbstverantwortlich auf veränderte Marktbedingungen zu reagieren (Moral hazard).

Festzuhalten ist also, daß ein Finanzausgleich nicht das ursachenadäquate Instrument ist, um in einer europäischen Währungsunion unterschiedliche Entwicklungen der Wettbewerbsfähigkeit zwischen Mitgliedsländern aufzufangen. Auch von den Wirkungen her wären finanzielle Ausgleichszahlungen problematisch. Hiervon abgesehen impliziert die Währungsunion keinesfalls einen Finanzausgleich, der dadurch gekennzeichnet ist, daß stets Transfers zugunsten ärmerer Mitgliedsländer geleistet werden. Ein Finanzausgleich, der in einer Währungsunion solidarisch die Folgen regional asymmetrisch wirkender Schocks auszugleichen hätte, könnte auch zu Situationen führen, in der arme Länder reiche Länder stützen müßten, nämlich dann, wenn die Anpassungslasten gerade die reichen Länder besonders stark treffen. Dies würde nur dem Grundsatz einer „fairen Versicherung" unter den Mitgliedsländern entsprechen (Heinemann, 1992 a). Nur wenn das Gefälle der Produktivität-Kosten-Relationen zuungunsten der armen Länder persistent sein sollte, wäre unter den Bedingungen einer Währungsunion und dem Ausschluß der First-best-Lösung (Maßnahmen zur Erhöhung der Flexibilität der Preise und Löhne sowie der Wanderungsbereitschaft) ein Finanzausgleich von reich zu arm die zwangsläufige Folge. Wenn letzteres der Fall ist, kann die Schlußfolgerung aber eigentlich nur lauten: Die Mitgliedsländer, die des dauerhaften finanziellen Ausgleichs bedürfen, um in der Wettbewerbsfähigkeit nicht zurückzufallen, sind nicht reif für eine Währungsunion.

Soweit zur *normativen* Sicht der Zusammenhänge zwischen Währungsunion und Finanzausgleich. Wenden wir uns nun der Fragestellung zu, wie sich die Dinge in der Realität wahrscheinlich entwickeln werden *(positive* Sicht). Konkret: Wird es unter den Bedingungen einer Währungsunion in der EG zu einem verstärkten Finanzausgleich zwischen den Mitgliedsländern kommen?

Der Maastrichter Vertrag sieht vor, daß die eigentliche Währungsunion, also die unwiderrufliche Festlegung der Wechselkurse frühestens in den Jahren 1997 und 1998 erfolgen wird. Dann müssen die Mitgliedsländer die Stabilitätskriterien erfüllen, die festgelegt worden sind, um Mitglied der Währungsunion werden zu können. Dies erfordert von vielen eine verschärfte Stabilitätspolitik mit der wahrscheinlichen Folge von sektoralen und regionalen Beschäftigungsproblemen (Peffekoven, 1992, S. 4). Vor diesem Hintergrund ist die Aufstockung der Strukturfonds zu sehen, die auf dem Gipfel von Edinburgh im Dezember 1992 beschlossen wurde (Ausrichtungs- und Garantiefonds für die Landwirtschaft — Abteilung Ausrichtung, Sozialfonds, Fonds für regionale Entwicklung) sowie der Beschluß über die Einrichtung eines zusätzlichen Fonds, des Kohäsionsfonds, der bereits in Maastricht getroffen wurde. Die Mittel für die Strukturfonds werden in der Zeit bis zur Einführung der Währungsunion von gut 40 Mrd. auf 60 Mrd. DM und damit um die Hälfte steigen. Die Währungsunion hat damit schon sichtbar zu einer erheblichen Aufstockung der Finanzausgleichsmasse in der EG geführt.

Werden die strengen Stabilitätskriterien angewendet, so ist aus heutiger Sicht wahrscheinlich, daß nicht alle derzeitigen Mitgliedsländer der Währungsunion angehören werden. Dies wird zwar das Risiko verkleinern, daß es zu regional stark unterschiedlichen Anpassungslasten bei weltweiten Angebots- und Nachfrageverschiebungen kommt. Für die der Währungsunion zugehörigen Länder kommt es aber in jedem Fall darauf an, daß die interne Flexibilität zunimmt. Dies ist insbesondere deshalb notwendig, weil im Zuge der weiteren europäischen Integration die Spezialisierung auf den Produkt- und Faktormärkten zunehmen wird. Dadurch erhöht sich die Verwundbarkeit einzelner Mitgliedsländer und Regionen infolge abrupter Änderungen bei den Angebots- und Nachfragebedingungen. Doch ist bereits heute auf der Ebene der einzelnen Mitgliedsländer die Flexibilität von Preisen und Löhnen und vielfach auch die Mobilität so stark eingeschränkt, daß regionale Beschäftigungsprobleme nicht gelöst werden.[1] In der Bundesrepublik Deutschland wurden z. B. regionale Beschäftigungskrisen in der Vergangenheit zwar durch finanzielle Transfers umfangreich abgefedert — sei es durch die bundesweit finanzierten Sozialversicherungssysteme, sei es über spezielle sektorale oder regionale Subventionsprogramme, sei es über den institutionalisierten Finanzausgleich im engeren Sinne oder sei es — wie es jetzt geschieht — durch die Berücksichtigung von Haushaltsnotlagen einiger Bundesländer (Bremen, Saarland). Eine Anpassung über regionale Lohndifferenzierung oder Abwanderung in erforderlichem Umfang hat es aber nicht gegeben. Dies ist sicherlich vielfach auch darauf zurückzuführen, daß ein Teil der Ausgleichsmaßnahmen für eine solche Anpassung kontraproduktiv waren (insbesondere sekto-

[1] Insbesondere im Vergleich zu den Vereinigten Staaten von Amerika scheint die Wanderungsbereitschaft in den Ländern der Europäischen Gemeinschaft deutlich geringer. Vgl. Eichengreen (1992) sowie Houseman und Abraham (1990).

rale Subventionsprogramme). Auch Erfahrungen in anderen Mitgliedstaaten scheinen nicht dafür zu sprechen, daß zwischen den Mitgliedsländern und ihren Regionen marktmäßige Anpassungsreaktionen die Funktion des Wechselkursmechanismus übernehmen werden.

Nun gibt es allerdings die Auffassung, daß die Währungsunion Verhaltensänderungen bei den Tarifvertragsparteien bewirken wird. Die Währungsunion wird — so die Argumentation — „eine völlig unzweideutige Verantwortung für die realen Löhne und insoweit für die realen Kosten der Unternehmen begründen". Die europäische Zentralbank sei zu weit weg, als daß die Tarifvertragsparteien sie glaubwürdig zum Sündenbock von Beschäftigungskrisen machen könnte (Sievert, 1992). Diese Einschätzung stützt sich auf die Vermutung, daß es in der europäischen Gemeinschaft noch auf lange Sicht nicht, wenn überhaupt jemals, ein alle Mitgliedstaaten umfassendes Lohnkartell geben werde (anders als im vereinten Deutschland). Die lohn- und beschäftigungspolitischen Interessen sowie die soziale Absicherung seien zu unterschiedlich, und es gäbe nach wie vor große effektive Mobilitätsbarrieren. Damit seien die Voraussetzungen für eine europaweite Abstimmung der Lohnpolitik nicht gegeben (Sievert, 1992).[2]

Wenn diese Einschätzung zutrifft, so müßte es infolge der Währungsunion nicht zu einer Ausweitung des Finanzausgleichs kommen. Spricht aber wirklich so viel dafür, daß die Lohnpolitik in den Mitgliedsländern in einer Währungsunion stabilitäts- und beschäftigungskonform durchgeführt wird? Ist nicht vielmehr denkbar und wahrscheinlich, daß — gerade *weil* es die Währungsunion gibt — Tarifvertragsparteien darauf spekulieren, daß bei großen Beschäftigungskrisen die Gemeinschaft oder die anderen Mitgliedsländer finanziell einspringen werden? Alle Erfahrungen sprechen wohl eher dafür, daß versucht wird, für Fehler der nationalen und regionalen Lohnpolitik durchaus die Gemeinschaft in Anspruch zu nehmen und daß solchen Ansprüchen möglicherweise nicht vollständig, aber doch teilweise und weitaus stärker als bisher Rechnung getragen wird.[3] Dabei können sich Mitgliedsländer auf Art. 2 des EG-Vertrags berufen: „Aufgabe der Gemeinschaft ist es ... die Solidarität zwischen den Mitgliedsländern zu fördern". Und Art. 103a des EG-Vertrags stellt explizit solchen Ländern finanzielle Unterstüt-

[2] Hieraus leitet Sievert seine Antwort auf die Frage nach dem optimalen Währungsraum ab: „Optimal ist ein Währungsraum, der nennenswert größer, möglichst mehrfach größer ist als der Raum, für den sich ein wirksames Lohnkartell etablieren läßt". (Sievert, 1992).

[3] Eine andere Auffassung vertritt Sievert (1992).

zung in Aussicht, die „aufgrund außergewöhnlicher Ereignisse, die sich ihrer Kontrolle entziehen, von Schwierigkeiten betroffen" sind. Zwar sind solche Hilfen nach gegenwärtiger Rechtslage nur durch einstimmigen Ratsbeschluß möglich. Aber wenn bei Nichtzahlung ein Auseinanderbrechen der Währungsunion droht, ist dies vermutlich keine allzu hohe Hürde.

Die Tendenz zu einer Ausweitung finanzieller Transfers in der Gemeinschaft ist auch dadurch angelegt, daß es Bestrebungen gibt, soziale Standards EG-weit zu harmonisieren.[4] Man mag den Katalog der Sozialcharta für nicht allzu weitgehend halten und auch das erweiterte Mandat der EG im Bereich der Sozialpolitik durch die Beschlüsse von Maastricht als sehr begrenzt betrachten. Tatsache ist, daß die Kommission beabsichtigt, zügig den Spielraum zu nutzen, der ihr für Harmonisierung im Sozialbereich offensteht, und aus den Mitgliedsländern ist — nach dem Opting-out Großbritanniens aus der gemeinsamen Sozialpolitik — nicht viel Widerstand zu erwarten. Sollen die Harmonisierungsschritte beschäftigungskonform umgesetzt werden, so erfordert dies von den Gewerkschaften in den Ländern mit bislang niedrigen Standards entsprechende Abschläge bei Lohnverhandlungen. Solche Abschläge sind unwahrscheinlich, zumal dann, wenn es die Währungsunion für die Arbeitnehmer möglich macht, direkte grenzüberschreitende Lohnvergleiche durchzuführen.

Fassen wir kurz die Überlegungen zu den Implikationen von Währungsunion und Finanzausgleich zusammen: Es mag schon so sein, daß die nationale Lohnpolitik in der Währungsunion nicht darauf bauen kann, daß eine permissive Geldpolitik stabilitätswidriges Verhalten finanziert. (Sicher ist dies indes keineswegs. Aber darauf kommt es in diesem Kontext nicht an.) Die Aussicht jedoch, in einer Gemeinschaft andere Mitgliedsländer für eine verfehlte Lohnpolitik möglicherweise in Anspruch nehmen zu können, läßt auch ein entsprechendes Verhalten erwarten. Dabei können sich die Tarifvertragsparteien in Ländern mit niedrigem Pro-Kopf-Einkommen nicht nur auf den Grundsatz der Solidarität berufen, sondern auch auf das explizite Ziel der EG, auf eine Angleichung im Einkommensniveau hinzuwirken. Die Weichen für eine Ausweitung von finanziellen Transfers zwischen den Mitgliedsländern sind durch den Vertrag von Maastricht gestellt.[5]

---

[4] Vgl. Paqué (1989) sowie Lammers (1991).

[5] Diese Einschätzung vertritt auch Francke (1993).

Finanzausgleich zugunsten der ärmeren Mitgliedsländer erwünscht?

Nun ist die Verankerung des Solidaritätsprinzips im EG-Vertrag Faktum. Offenbar gibt es in der Gemeinschaft darüber einen Konsens, daß eine gewisse Umverteilung zwischen den Mitgliedsländern erfolgen soll. Tatsächlich hat es in der EG ja auch schon vor Maastricht Umverteilung zwischen den Mitgliedsländern in beträchtlichem Umfang gegeben. Zwar gibt es bislang keinen Finanzausgleich in der Form eines automatisierten Ausgleichs von Steuerkraftunterschieden wie etwa zwischen den Bundesländern in der Bundesrepublik, und auch die Beschlüsse von Maastricht sehen nichts Vergleichbares vor, aber die angestrebten Finanzausgleichswirkungen des EG-Haushalts sind erheblich. Auf einen Ausgleich auf der Einnahmenseite zielen ab:

— Die Kopplung eines Teils der Mitgliedsbeiträge an das Mehrwertsteueraufkommen und an das Sozialprodukt mit der Konsequenz, daß Länder mit niedrigem Pro-Kopf-Einkommen je Einwohner geringere Beiträge zum EG-Haushalt zahlen als reiche.

— Der Beitragsrabatt, der Großbritannien eingeräumt wird.

Auf der Ausgabenseite sind es in erster Linie die Strukturfonds einschließlich des Kohäsionsfonds, deren Kriterien so ausgestaltet sind, daß in erster Linie Länder mit niedrigem Pro-Kopf-Einkommen Mittel erhalten.[6]

Ziele, die einen Konsens zur Umverteilung widerspiegeln, entziehen sich der ökonomischen Analyse, was ihre Rechtfertigung angeht. Es stellt sich aber die Frage, ob dieses System des Finanzausgleichs, dessen weiterer Ausbau in dieser Form sich auch für die Zukunft abzeichnet, tatsächlich für sich in Anspruch nehmen kann, es spiegele den Konsens in der Gemeinschaft zur Umverteilung wider. Und es stellt sich weiterhin die Frage, ob denn die angestrebten Umverteilungsziele ohne „excess burden" erreicht werden.

Bei den Strukturfonds der Gemeinschaft ist es zu einer Vermischung von distributiven und allokativen Zielen gekommen.[7] Abgesehen davon, ob die allokativen Ziele — nämlich die Förderung bestimmter Struktu-

---

[6] Auch über die europäische Investitionsbank wird aufgrund von Unterschieden zwischen den Mitgliedsländern hinsichtlich der eingezahlten Kapitalanteile und der Inanspruchnahme verbilligter Darlehen Umverteilung zugunsten der ärmeren Länder der Gemeinschaft betrieben. Vgl. Heinemann (1993).

[7] Vgl. zum folgenden auch Heinemann (1992a, S. 13 und 22).

ren — überhaupt eine öffentliche Aufgabenwahrnehmung begründen können, legen sie nun aber keineswegs eine Aufgabenwahrnehmung durch die Gemeinschaft nahe. Nach dem Subsidiaritätsprinzip — ökonomisch interpretiert — dürfte die Gemeinschaftsebene nur tätig werden, wenn bei der Aufgabenwahrnehmung starke grenzüberschreitende Effekte auftreten. Dies ist aber bei den Strukturfonds in aller Regel nicht der Fall.[8] Die räumlichen Streuwirkungen der durch die Strukturfonds finanzierten Maßnahmen und Programme sind zumeist sehr eng begrenzt. Sofern Spillovers in Grenzregionen auftreten, könnten diesen durch bilaterale Kooperationen zwischen den betroffenen Mitgliedstaaten Rechnung getragen werden. Zwar mag das Umverteilungsziel eines Finanzausgleichs eine zentrale Aufgabenwahrnehmung durch Brüssel begründen, nicht aber die Art dieses Ausgleichs in Form von zweckgebundenen Mitteln im Rahmen der Strukturfonds. Die Vermischung von distributiver und allokativer Zielsetzung bei den Strukturfonds zieht Effizienzverluste nach sich.

Eine Folge der Umverteilung über die Strukturfonds ist, daß für ein gegebenes Verteilungsziel zu viele Mittel durch den EG-Haushalt laufen. Da auch Länder mit hohem Pro-Kopf-Einkommen Mittel aus den Strukturfonds erhalten, ist der Nettotransfer für Länder mit niedrigem Einkommensniveau geringer als die Bruttobeträge, die ihnen aus den Strukturfonds zufließen. Hinzu kommt, daß die Einführung und Ausweitung der Strukturfonds stark von dem Bestreben getragen wurde, einige Mitgliedsländer dafür zu kompensieren, daß sie nicht wie andere, durchaus reiche Länder an den Ausgaben der EG für den Agrarsektor im Bereich der Marktstützung profitieren (Schrader, 1989). Zwar steht bei der Agrarpolitik formal ein sektorales Verteilungsziel im Vordergrund, die räumliche Umverteilung durch die Agrarpolitik der EG hat aber in Entscheidungen über Finanzausgleichsmaßnahmen zwischen den Mitgliedstaaten schon immer eine große Rolle gespielt (Thoroe, 1981). Insgesamt gesehen kann man sich des Eindrucks nicht erwehren, daß es bei der Einführung aller ausgabenwirksamer Politikbereiche der EG in erster Linie um Fragen der Verteilung von finanziellen Ressourcen zwischen den Mitgliedsländern ging und weniger um die Bereitstel-

---

8 Eine Ausnahme stellt der neue Kohäsionsfonds dar, der eine Finanzierung von Verkehrs- und Umweltmaßnahmen mit transnationalen Effekten vorsieht. Eine optimale Aufgabenerfüllung durch die EG-Ebene ist aber hier deshalb eingeschränkt, weil die Durchführung solcher Projekte nur in Ländern mit niedrigem Pro-Kopf-Einkommen möglich ist. Auch hier kommt es also durch eine Vermischung von allokativen und distributiven Zielen zu einer Verletzung ökonomischer Prinzipien der staatlichen Aufgabenwahrnehmung.

lung zentraler öffentlicher Güter. Mittlerweile haben die verschiedenen Politikbereiche — seien es die Regionalpolitik über die Strukturfonds oder die Agrarpolitik — eine starke Eigendynamik entwickelt. Die Finanzausgleichswirkungen entsprechen nachvollziehbaren Gerechtigkeitsvorstellungen allenfalls zufällig. Anstatt aber die Politikbereiche zurückzunehmen, die diese teilweise perversen Umverteilungsergebnisse bewirken und für die eine ökonomische Begründung ohnehin nicht gegeben ist, hat man zur Kompensation unerwünschter Verteilungseffekte die Strukturfonds aufgestockt. Damit ist es höchst unwahrscheinlich, daß der Finanzausgleich, der durch die verschiedenen Politikbereiche bewirkt wird, einen Konsens zur regionalen Umverteilung widerspiegelt. Vielmehr ist er Ausdruck des Einflusses der verschiedenen Interessengruppen für einzelne Politikbereiche.[9]

Finanzausgleich in der EG — gebunden oder ungebunden?

Den Finanzausgleich zwischen Mitgliedsländern in Form der Strukturfonds durchzuführen, wird oft damit begründet, daß damit an den Ursachen der Strukturschwäche der Länder angesetzt werde, die diese Mittel erhalten. Damit werde es auf längere Sicht gesehen möglich, daß diese Länder aufholen; der Mitteltransfer mache sich mit der Zeit selbst überflüssig. Bei einem Finanzausgleich, der den Empfängerländern hingegen die freie Wahl der Mittelverwendung ließe, sei dies nicht sichergestellt (Peffekoven, 1992, S. 9; Padoa-Schioppa et al., 1988, S. 91).

Dieses Argument — sollte es zutreffen — unterstellt zweierlei:[10]

- Die Maßnahmen, die im Rahmen der Strukturfonds durchgeführt werden, sind nationalen Maßnahmen überlegen im Hinblick darauf, in den begünstigten Ländern einen Aufholprozeß zu initiieren.
- Die Empfängerländer würden ohne die Förderung durch die Strukturfonds entsprechende Maßnahmen nicht durchführen. Die Finanzierung über die Strukturfonds führt in vollem Umfang zu zusätzlichen strukturverbessernden Maßnahmen.

Beide Bedingungen sind nur sehr eingeschränkt gegeben. Aufholprozesse in den Mitgliedsländern oder in ihren Regionen lassen sich durch

---

9 Vgl. Vaubel (1992). Siehe auch Heinemann (1992b).

10 Vgl. zum folgenden im Hinblick auf die EG-Regionalpolitik auch Lammers (1992, S 76 f.).

eine Vielzahl von Parametern verbessern. Herauszufinden, welche Maßnahmen dazu am besten geeignet sind — etwa Maßnahmen der Marköffnung, Steuersenkungen auf breiter Front, Investitionen in die Infrastruktur, das private Human- oder Sachkapital — ist Aufgabe des Standortwettbewerbs. Die Strukturfonds der EG greifen in diesen Wettbewerb ein und geben den Mitgliedstaaten einseitige und damit möglicherweise falsche Anreize.[11] Zumindest impliziert die Existenz der Strukturfonds, daß die EG einzelnen Mitgliedsländern nicht zutraut, die richtigen Maßnahmen für Aufholprozesse zu ergreifen. Dies wäre kein Zeichen für eine gleichberechtigte Mitgliedschaft aller Länder.

Selbst wenn durch die Strukturfonds in den Mitgliedsländern Maßnahmen durchgeführt würden, die gut geeignet sind, die Ursachen für Einkommensrückstände zu beheben, ist nicht sichergestellt, daß der EG-Strukturpolitik Erfolg beschieden wäre. Länder, die Mittel aus den Strukturfonds erhalten, mögen sich bei Aufgaben entlastet fühlen, die sie ohnehin durchführen würden. Dann reduzieren sie ihre eigenen Aufwendungen für diese Ziele und weiten andere Ausgaben aus. Dieses Verhalten dürfte sich auch durch noch so aufwendige Kontrollmechanismen der EG nicht verhindern lassen, weil die Präferenzen der Mitgliedsländer für einzelne Maßnahmen nicht offen sind.

Aus alledem folgt, daß ein Finanzausgleich in der EG nicht über die Strukturfonds oder andere ausgabewirksame Programme laufen sollte. Stattdessen wäre anzustreben, einstimmige Entscheidungen darüber herbeizuführen, in welchem Umfang und für welchen Zeitraum bestimmte Länder Finanzmittel erhalten sollen. Dadurch würde weitgehend sichergestellt, daß es für den so durchgeführten Finanzausgleich Konsens in der Gemeinschaft gibt. Die Vermutung liegt nahe, daß die Finanzausgleichsmasse erheblich unter der liegen würde, die heute zwischen den Mitgliedsländern hin und her transferiert wird.

Der Etablierung eines transparenten und ungebundenen Finanzausgleichs zwischen den Mitgliedstaaten mögen vielfältige Probleme der Realisierung entgegenstehen.[12] Dennoch gilt es ihn anzustreben *als*

---

[11] Allerdings sind ungebundene Transfers bei sektoral unterschiedlichen Protektionsraten als Folge der EG-Agrarpolitik ein Problem. Die Empfängerländer handeln rational, wenn sie die Mittel vorwiegend zugunsten der Landwirtschaft verwenden, weil dies aus nationaler Sicht hoch rentabel ist. Damit wird erstens die intersektorale Allokationsverzerrung in der EG insgesamt verstärkt, und zweitens entsteht eine zusätzliche intrasektorale Verzerrung zwischen Zahler- und Empfängerländern (Schrader 1989).

[12] Vgl. Biehl (1991, S. 387).

Ersatz für die vielfältigen Aktivitäten der EG im Bereich der Strukturpolitik, die ökonomisch nicht begründbar sind und die deshalb zu einer Vielzahl von Fehlallokationen, Inkonsistenzen und Verschwendung führen — immer vorausgesetzt, es gäbe einen Konsens zwischen den Mitgliedsländern, finanziellen Ausgleich zu leisten. Freilich, auch ein transparenter und ungebundener Finanzausgleich zugunsten einzelner Mitgliedstaaten — in welcher Form auch immer — würde deren Eigenverantwortlichkeit für eine wohlstandsmehrende Standortpolitik schwächen.[13] Die Aussicht auf finanziellen Ausgleich würde — ähnlich wie beim deutschen Vereinigungsprozeß — Tarifvertragsparteien dazu verleiten können, Lohnabschlüsse auf Kosten anderer zu treffen, insbesondere unter den Bedingungen einer Währungsunion.

Literaturverzeichnis

Biehl, Dieter: „Die EG-Finanzverfassung: Struktur, Mängel und Reformmöglichkeiten". In: Rudolf Wildemann (Hrsg.), Staatswerdung Europas. Baden-Baden 1991, S. 355-392.

Eichengreen, Barry: „One Money for Europe? Lessons from the U.S. Currency Union". Economic Policy, Vol. 10, 1990, S. 117-166.

Francke, Hans-Hermann: Zukunftsprobleme der europäischen Integration — von Maastricht zu einem europäischen Finanzausgleichssystem? Institut für Finanzwissenschaft der Albert-Ludwigs-Universität Freiburg im Breisgau, Diskussionsbeitrag Nr. 22 / 93. Freiburg 1993.

Heinemann, Friedrich (1992a): Die Finanzen der Europäischen Gemeinschaft in einer „subsidiären" und „solidarischen" Währungsunion. Zentrum für Europäische Wirtschaftsforschung GmbH, Discussion Paper No. 92-15. Mannheim 1992.

— (1992b): „Delors II — kein europäisches Wertpaket". Frankfurter Allgemeine Zeitung, 5. Dezember 1992, S. 15.

— „Europäische Investitionsbank — Subsidiärer Finanzintermediär oder Umverteilungsinstrument?" Wirtschaftsdienst Nr. 2, 1993, S. 98-103.

Houseman, Susan N. / *Abraham,* Katharine G.: Regional Labor Market Responses to Demand Shocks: A Comparison of the United States and West Germany. Paper prepared for the Association for Public Policy and Management. San Francisco 1990.

Krieger-Boden, Christiane: „Zur regionalpolitik der Europäischen Gemeinschaft". Die Weltwirtschaft, 1987, Heft 1, S. 82-96.

[13] Vgl. auch Krieger-Boden (1987, S. 96).

Lammers, Konrad: „Mehr regionalpolitische Kompetenzen für die EG im Europäischen Binnenmarkt?" In: Akademie für Raumforschung und Landesplanung (Hrsg.), Regionale Wirtschaftspolitik auf dem Wege zur europäischen Integration. Forschungs- und Sitzungsberichte Nr. 187. Hannover 1992, S. 70-82.

— „Arbeitsmarktregulierung im EG-Binnenmarkt". In: Rainer Marr (Hrsg.), Euro-strategisches Personalmanagement. München 1991, S. 409-422.

Padoa-Schioppa, Tommaso et. al.: Effizienz, Stabilität und Verteilungsgerechtigkeit. Eine Entwicklungsstrategie für das Wirtschaftssystem der Europäischen Gemeinschaft. Wiesbaden 1988.

Paqué, Karl-Heinz: „Die soziale Dimension des EG-Binnenmarktes — Theorie, Bestandsaufnahme und Kritik". Die Weltwirtschaft, 1989, Heft 1, S. 112-123.

Peffekoven, Rolf: Finanzpolitische Konsequenzen der Europäischen Währungsunion. Giessener Arbeitskreis für Wirtschaftspolitische Studien, Diskussionsbeitrag Nr. 12. Giessen 1992.

Sala-i-Martin, Xavier / *Sachs,* Jeffry: Fiscal Federalism and Optimum Currency Areas: Evidence for Europe from the United States. National Bureau of Economic Research, Working paper 3855. Cambridge, Mass., 1991.

Schrader, Jörg-Volker: EG-, Agrar- und Regionalpolitik — Konsistente Interventionen oder kumulative Inkonsistenzen? Institut für Weltwirtschaft, Kieler Arbeitspapiere Nr. 371. Kiel 1989.

Siebert, Horst: „Die Europäische Zentralbank muß gegen politischen Druck geschützt werden". Handelsblatt, 3. / 4. April 1992, S. 21.

Sievert, Olaf: „Geld, das man nicht selbst herstellen kann". Frankfurter Allgemeine Zeitung, 26. September 1992, S. 13.

Thoroe, Carsten: „Die europäische Agrarpolitik als Finanzausgleichsproblem." In: Dieter Pohmer (Hrsg.), Probleme des Finanzausgleichs III, Finanzausgleich im Rahmen der Europäischen Gemeinschaft. Berlin 1981, S. 85-123.

Vaubel, Roland: „The Political Economy of Centralization and the European Community". Journal des Economistes et des Etudes Humaines, Vol. III, No. 1, 1992, S. 11-48.

Zusammenfassung der Diskussion

Referat Lammers

Siebert geht auf den von Lammers angesprochenen Zielkonflikt zwischen Equity und Efficency im Finanzausgleich ein. Man könne dies für Europa in bezug auf die Währungsunion und die Handelspolitik noch einen kleinen Schritt weiterführen. Sektoren oder Regionen könnten darauf drängen, daß die europäische Gemeinschaft sich nach außen abschottet. Europa stehe heute vor der Frage, ob es bereit ist, die offenen Märkte und die Resultate des offenen Wettbewerbs zu akzeptieren. Im Prinzip sei dies der fehlende Grundkonsens zwischen Frankreich und Deutschland, daß man die Offenheit der europäischen Gemeinschaft in unterschiedlichem Maße akzeptiere.

Kuhn wirft die Frage auf, ob der Finanzausgleich in Zukunft nicht an ganz anderen Zielen orientiert werden sollte, also nicht mehr nur an dem reinen Verteilungsziel und an dem statischen Effizienzziel, sondern — insbesondere mit Blick auf Aufholprozesse in der EG — beispielsweise an realen Phänomenen anknüpfen müßte, die auch die Dynamik berücksichtigten. So könne man beispielsweise durch Finanzausgleichsmaßnahmen den technischen Fortschritt in einzelnen Ländern befördern oder unterstützen, etwa dadurch, daß man positive externe Effekte, die von der Grundlagenforschung ausgehen, verstärken würde.

Siebert erinnert an eine These seines Fast-Namensvetters Olaf Sievert, die Lammers ebenfalls angesprochen hatte: die Hypothese, daß eine Währungsunion zur Disziplinierung bei den Tarifverhandlungen zwinge. *Siebert* befürchtet, daß das ein Fehlurteil ist, auch im Hinblick auf die Erfahrungen, die man gerade in Deutschland gemacht habe. Eine Währungsunion bedeute eben auch im Urteil der Menschen, daß psychologisch die Arbeit in Madrid, in Berlin und in Paris doch ähnlich gesehen werde, daß sehr schnell die Forderungen nach gleichem Lohn erhoben werde. Es sei also eher eine Tendenz zu einer Nivellierung der Löhne zu befürchten.

Von Loeffelholz gibt zu bedenken, daß das Volumen des Finanzausgleichs innerhalb der EG wesentlich abhängig sei von den zur Verfügung stehenden Mitteln. Er fragt Lammers, wie er die Einnahmenentwicklung in den nächsten Jahren einschätzt und welche Folgen zu erwarten seien, speziell vor dem Hintergrund der nicht nur in Deutschland, sondern auch in den anderen europäischen Ländern ungünstigen gesamtwirtschaftlichen Perspektiven.

Lammers geht zunächst auf die Zusammenhänge zwischen Währungsunion, Finanzausgleich und Handelspolitik ein. Diese Zusammenhänge seien zweifellos in vielfältiger Weise gegeben. Beispielsweise hätten die Strukturfonds durchaus handelspolitische Wirkungen, ebenso wie die Agrarstrukturpolitik oder generell regionalpolitische Maßnahmen. Sie ließen alle die sektorale Allokation nicht unberührt aufgrund der Tatsache, daß die Regionen nun einmal unterschiedliche Faktorausstattungen und unterschiedliche sektorale Strukturen haben. Es gebe also fließende Übergänge zwischen Finanzausgleich, Strukturfonds, regionalen, sektoralen Subventionen bis hin zu spezifischen handelspolitischen Maßnahmen. Die Währungsunion werde alle diese staatlichen Ausgleichsmechanismen stärker beanspruchen als es unter anderen Bedingungen der Fall wäre.

Zur Rolle des Finanzausgleichs für die Grundlagenforschung meint *Lammers*, es komme vor allem darauf an, Hemmnisse auszuräumen, die der Verbreitung der Ergebnisse der Grundlagenforschung entgegenstehen. Dies sei auch eine Aufgabe auf der EG-Ebene, allerdings wohl nicht in erster Linie im Zusammenhang mit Finanztransfers.

Hinsichtlich der Disziplinierung der Tarifvertragsparteien in einer Währungsunion stellt *Lammers* klar, er habe keineswegs gesagt, daß Sievert bei dieser These Recht hätte, sondern sei lediglich auf die Implikation für den Finanzausgleich eingegangen. Er habe dargelegt, welche Konsequenzen für den Finanzausgleich zu erwarten wären, wenn diese Hypothese Gültigkeit hätte. Das Verhalten der Tarifvertragsparteien werde wahrscheinlich durch die Erwartung beeinflußt, daß man notfalls die Mitgliedsländer in Anspruch nehmen könnte. Man wisse dann ja, daß es dort Mechanismen gebe, die kompensierend helfen könnten.

Was die Mittelaufstockung anbelangte, sei ja kürzlich in Edinburgh ein Paket beschlossen worden. Wenn es wirklich zu fundamentalen Beschäftigungskrisen in der Gemeinschaft käme, könnte man sich durchaus vorstellen, daß dann andere Beschlüsse über die Einnahmen gefaßt würden. Dann müßten relativ reiche Mitgliedsländer wie die Bundesrepublik wohl höhere Beiträge leisten als bisher beschlossen.

Littmann erinnert an Stimmen aus dem Ausland. Gelegentlich werde darauf verwiesen, daß die Bundesrepublik sehr viel tut für die neuen

Bundesländer unter dem Stichwort „Wahrung der Einheitlichkeit der Lebensverhältnisse". Daraus könne wohl auch ein Anspruch hergeleitet werden, in europäischem Rahmen dasselbe anzustreben, so daß die Frage gestellt würde, weshalb Deutschland nicht gleiche Aktivitäten etwa gegenüber Portugal oder überhaupt gegenüber der gesamten Südflanke erkennen ließe.

Ein anderes Problem, das ihm Sorgen mache, hänge mit Maastricht zusammen: Großbritannien sei bis auf weiteres aus der aktuellen Sozialschlacht befreit worden, und es stelle sich die Frage, ob diesem Land dadurch nicht auch nachher eine günstigere Position in den Finanzausgleichsbeziehungen eingeräumt würde.

Seidel ist nicht überzeugt von der Kritik an den Strukturfonds, die Lammers vorgebracht hat. Die von ihm genannten Gründe seien wohl — genau betrachtet — doch nicht so stichhaltig. Die Strukturpolitik der EG sei ja eine Politik, die zumindest von der Konstruktion her von der Basis programmiert werden solle — mit Beteiligung der EG. Insofern falle das Argument weg, daß die hohe Ebene nicht wisse, was für die unteren Ebenen am besten ist. Sicherlich gebe es eine ganze Menge Kritik, und Skepsis sei angebracht, ob die Maßnahmen effizient geplant und durchgeführt würden, aber die Kritik müßte wohl anders ansetzen, nicht in einer zu allgemeinen Form des grundsätzlichen Bedenkens. Es komme vielmehr wesentlich darauf an, wie der Mitteleinsatz ist und welche Wirkungen er zeigt. Zweifel setzten sicherlich bei der Frage an, ob soviel Mittel so schnell absorbiert, also in produktive Investitionen umgesetzt werden könnten.

Seidel teilt nicht die vorgebrachten Bedenken hinsichtlich der Wirkungen der Währungsunion auf die Disziplin bei Tarifverhandlungen. Er erwartet insgesamt eine Disziplinierungswirkung. Sie gehe wohl in der jetzigen Situation der EG im Zweifel nicht weit genug und insofern resultiere daraus sicherlich auch ein Bedenken, die Währungsunion so schnell zu erreichen. Ein ins Gewicht fallendes Moral-Hazard-Verhalten sei aber schon deshalb nicht zu erwarten, weil die bisher angelegten Transfermechanismen dazu quantitativ nicht ausreichten und sicherlich in den nächsten Jahren auch nicht entsprechend ausbaufähig seien.

Ottnad weist auf ein zweites Moral-Hazard-Problem hin, das im Zusammenhang mit der Frage des europäischen Finanzausgleichs wirksam werden könnte: Die Frage der Staatsverschuldung sei zwar im Mastricht-Vertrag versuchsweise ausgeschlossen worden, aber möglicherweise nicht wirksam genug. Man könne doch aus den deutschen Erfahrungen — zu denken sei etwa an die Länder Saarland und Bremen — lernen: In der aktuellen, anscheinend endgültig geregelten Finanzausgleichsregelung sei gerade auch das Problem der Haushaltsnotlage als eine Begründung für Finanzausgleich institutionalisiert worden. Da stelle sich doch die Frage ob nicht mittelfristig auch auf europäischer Ebene die akute Haushaltsnotlage dann zum Argument eines europäischen Finanzausgleichs werde.

Lammers stimmt diesem Argument zu. Haushaltsnotlagen seien durchaus absehbar, und eine EG-Hilfe müsse dann nicht unbedingt über die Strukturfonds abgewickelt werden. So oder so werde es zu verstärkten Transfers zwischen den Mitgliedsländern kommen, gerade weil es die Währungsunion gibt und weil man sie nicht scheitern lassen wolle.

Hinsichtlich der Strukturfonds widerspricht *Lammers* dem Argument, die Länder hätten doch eigentlich einen großen Katalog von Maßnahmen, die sie durchführen könnten und insofern wäre ja ihre Handlungsfähigkeit nicht eingeschränkt. Er glaubt vielmehr, daß die Strukturfonds die Länder einschränken, da den Anreizen, Ausgaben zu machen, politisch kaum widerstanden werden könne. Auf der Strecke blieben dann eigentlich notwendigere Maßnahmen wie Steuersenkungen oder die Beseitigung anderer Flexibilitätsbarrieren, obwohl diese möglicherweise viel wichtigere Ursachen für regionale Fehlentwicklungen seien.

Oppenländer lenkt die Aufmerksamkeit auf Fragen des institutionellen Funktionierens. Ein Finanzausgleich in der EG müsse heute auch das Konzept vom „Europa der Regionen" berücksichtigen, so daß sich die Frage stelle, ob der Finanzausgleich zwischen den Staaten stattfinden sollte oder ob die Regionen oder die Länder zu direkten Partnern werden müßten, ob auch ein direkter Ausgleich zwischen den Regionen eingerichtet werden müßte.

Überdies sei die institutionelle Verfassung der einzelnen EG-Staaten ja durchaus unterschiedlich. Sicherlich funktioniere in der Bundesrepublik Deutschland ein föderales System, aber es sei nicht sicher, ob etwas derartiges auch in anderen EG-Ländern ginge.

Kerber glaubt, daß es sehr wohl eine Tendenz und eine allgemeine Zielvorstellung gibt, zu einer Vereinheitlichung der Lebensverhältnisse in Europa zu kommen. Das zeige sich auch in solchen Informationsbroschüren wie derjenigen der Bundesregierung, in der die einzelnen Regionen der EG nach der Höhe der Einkommen dargestellt werden. Aus dieser Darstellung werde ganz klar, daß bestimmte Regionen noch unter 70 % des Durchschnitts lägen und daß die Einkommen hier angehoben werden müßten. Nur so sei ja auch die Idee vom Kohäsionsfonds und vom Strukturfonds zu verstehen. Nun müsse man sich aber eingestehen, daß bis heute keine befriedigende Theorie der wirtschaftlichen Entwicklung zur Verfügung stehe. Es sei unklar, warum sich bestimmte Länder wirtschaftlich schnell entwickeln, andere langsam. Ein EG-Finanzausgleich, der sich an einem solchen Ziel orientierte, müßte aber eigentlich auch eine entsprechende theoretische Basis haben.

Auch *Littmann* nimmt zu dem Problem der Haushaltsnotlagen Stellung. Die Haushaltsnotlagen in der Bundesrepublik seien entstanden aufgrund der Starrheit der Systeme. Es sei vom Bund sehr viel vorgegeben an Aufgaben und daraus folgenden Ausgaben, und die Länder hätten selbst keine Autonomie, ihre Einnahmen festzusetzen. Daraus sei ein großer Teil der Probleme im Saarland und, abgeschwächt, in Bremen zu erklären. Das sei aber sonst in Europa nicht der Fall. In Europa hätten bisher die Nationalstaaten immer noch die Möglichkeit, Steuersätze so oder so festzusetzen.

Littmann ist nicht einverstanden mit dem Laisser-faire-Ansatz im Hinblick auf die Bestrebung der Länder, die einen niedrigen Entwicklungsstand in Europa haben, das Niveau im mittleren Westeuropa, etwa in Deutschland, zu erreichen. Hier müsse wohl doch ein im System stimmiger Finanzausgleich für Europa konstruiert werden und gleichzeitig Entwicklungspolitik betrieben werden. Das Problem sei in der Sache ganz ähnlich wie das Problem gegenüber den neuen Bundesländern. Bei den neuen Bundesländern bestehe Konsens, Infrastrukturpolitik zu betreiben. Weswegen nicht gegenüber Portugal?

Lammers antwortet, er habe diese Frage bewußt in seinem Referat ausgespart. Es werde vielfältige Probleme und verschiedenartige Lösungen geben. Sicherlich werde der Weg nicht so relativ einfach sein wie innerhalb Deutschlands. Aber es gebe doch Mitgliedsländer, die man allgemein für unterstützungsbedürftig halte, oder von denen man meine, sie dürften nicht so belastet werden wie andere. Einen solchen Konsens vorausgesetzt, wäre es der naheliegende Weg, die Beiträge, die diese Länder zum EG-Haushalt zu leisten hätten, nach bestimmten Verteilungskriterien zu staffeln.

Zur Frage nach der Konvergenz bzw. Divergenz in der EG erinnert *Lammers* daran, daß es in der EG immer dann regionale Konvergenz gegeben habe, wenn das Tempo der institutionellen Integration groß war. Allerdings lägen über diese Zusammenhänge nur sehr unvollständige Erkenntnisse vor. Weil die Kenntnisse über Gesetzmäßigkeiten bei den regionalen Aufholprozessen so gering seien, halte er es für überhaupt nicht angezeigt, eine Politik zu machen, die bestimmten Regionen bestimmte Vorgehensweisen oder gar einzelne Maßnahmen vorschriebe. Er bezweifelt, daß die Strukturpolitik, die über die Strukturfonds betrieben wird, entscheidend dazu beiträgt, daß regionale oder nationale Aufholprozesse stattfinden.

Zur Frage der Haushaltsnotlagen merkt *Lammers* an, die einzelnen Bundesländer, hätten viel zu geringe Autonomie bei ihren Einnahmen und Ausgaben. Er teilt die Meinungen, die in der Diskussion am Vortage vertreten worden waren. Allerdings handele es sich — insbesondere in den Fällen Bremen und Saarland — zum Teil um selbstverschuldete Probleme. Bremen und das Saarland hätten eine exzessive Subventionspolitik im Schiffbau bzw. in der Stahlindustrie und im Kohlenbergbau betrieben. Deswegen sei es problematisch, wenn Länder sich verschulden könnten für bestimmte Subventionspolitiken, die sie für notwendig erachten, und hinterher die Möglichkeit hätten, wegen einer Haushaltsnotlage davon im Nachherein wieder befreit zu werden.

Frau Färber ist hier anderer Ansicht: Im Saarland habe die Subventionspolitik natürlich die Verschuldung erhöht. Nur welche Alternativen wären denn zum Beispiel dem Saarland geblieben? Das Saarland habe seit den 70er Jahren bei den Ausgaben ohne Zinsen und Subventionen an Kohle und Stahl, wo ja der Bund teilweise mitfinanziere, die niedrigsten oder zweitniedrigsten pro-Kopf-Ausgaben im Bundesvergleich. Das Saarland blute seit den 60er Jahren substantiell aus mit einem permanenten Verlust an Arbeitskräften. Bei geringeren Subventionen wäre es mit seinen Problemen wirklich alleine gelassen worden, und ob die Defizite des öffentlichen Haushalts kleiner gewesen wären, sei zu bezweifeln. Die Fixkosten in der Infrastruktur — z. B. beim ÖPNV fielen schließlich auch dann noch an, wenn ein wesentlicher Teil der Bevölkerung abwanderte.

Frau Färber stimmt im übrigen dem Ergebnis von Lammers Darlegungen zu, daß durch regionale Transfers in den Fonds ein Finanzausgleich nicht laufen könne. Sie warnt vor einem weiteren, großen Finanzstrom, der mit ähnlichen Vorzeichen stattfinde, nämlich der Verschuldungspolitik der EG im außerbudgetären Bereich über die europäische Investitionsbank. Sie forciere die regionalen Verteilungsprozesse in einer ganz ähnlichen Weise, und zwar indem nicht eindeutig zugunsten der ärmeren Mitgliedsstaaten subventioniert werde, sondern indem Platzhalterprobleme und Kompensationsgeschäfte aus dem politischen Bereich teilweise über IIB-Kredite mitabgewickelt würden.

Zum Problem des Ausgleichs von Haushaltsnotlagen merkt sie an, im Falle Italiens und Griechenlands zum Beispiel, die ja im Augenblick zu den schwächsten Haushältern in der EG zählten, könne man von einer Haushaltsnotlage nicht sprechen, denn sie hätten schließlich volle Souveränität bei ihren Einnahmen und Ausgaben. Mit der Verschuldungstechnik der europäischen Investitionsbank würden die Probleme der Überschuldung Italiens noch weiter forciert. Es wäre durchaus denkbar, daß Bail-out-Regeln in der EG analog zu IWF-Regeln eingeführt würden. In bestimmten Fällen gäbe es dann nur noch unter Auflagen Kredite.

Schließlich erinnert *Frau Färber* an einen weiteren negativen Aspekt der regionalen Transferpolitik in der EG, soweit sie Konsenspolitik bedeutet, um die Integration weiter zu erkaufen, und über die Fonds abgewickelt werde: die Verwaltungskosten der nationalen Bürokratien. In Deutschland seien insbesondere die Länder betroffen. Beispielsweise müsse das Land Nordrhein-Westfalen alleine für den Bereich der Exekution der Agrarmarktordnung — und das sei ja nur ein Teilausschnitt — allein 1 000 Beschäftigte im öffentlichen Dienst binden. Dies müsse langfristig auch auf die internationale Wettbewerbsfähigkeit ausstrahlen.

Boss befürwortet klare Verantwortlichkeiten in der Finanzpolitik. Deshalb wäre es im Zusammenhang mit den Maastricht-Verträgen ökonomisch vernünftig und sehr wichtig gewesen, daß man klipp und klar in den Vertrag hineingeschrieben hätte, „es gibt kein Einspringen des potentiellen Zentralstaates Europa oder der Gesamtheit der Mitgliedsstaaten in dem Fall, daß ein Land in akute Verschuldungsprobleme gerät". Daß dies nicht geschah, werde natürlich dazu führen, daß sich Länder bei finanziellen Schwierigkeiten an Brüssel und an die Gesamtheit der anderen Staaten um Hilfe wenden wird.

Boss warnt im übrigen entschieden vor der Einführung einer „europäischen Steuer", denn ein Zentralstaat Europa stünde viel weniger im Wettbewerb der Regionen als beispielsweise die Mitgliedsstaaten der EG. Deshalb trüge eine solche Steuer die Tendenz in sich, kräftig zu steigen, immer stärker zu steigen, und genügend Mittelverwendung würde man sicherlich jederzeit finden.

Auch *Schirmeister* will nicht die UNO für die Straßenreinigung in den Kommunen verantwortlich wissen. Allerdings gehe die aktuelle Tendenz in Deutschland eher in die andere Richtung. Es werde ein Kompromiß im Bundesrat vorbereitet, der darauf hinauslaufe, daß ausgabenwirksame Regelungen in der EG von der Bundesrepublik nur erlassen werden können, wenn ein Konsens mit den Bundesländern erzielt wird. Es sei zu befürchten, daß durch bestimmte Entwicklungen der haushaltspolitischen Instrumentarien in Deutschland die Handlungsfähigkeit der Bundesrepublik nach außen auf diesem Gebiet beschnitten werde.

Lammers bezweifelt, daß dem Saarland gar keine Handlungsalternativen offen gestanden hätten. Man müsse nicht unbedingt bestehende Unternehmen schützen, man könne auch die Umstrukturierung forcieren.

Lammers teilt die Sorgen über die Bürokratiekosten der Umverteilungspolitik auf EG-Ebene. Es sei in der Tat unvorstellbar, was auf Landesebene für ein Aufwand betrieben werden müsse, um sich durch all die Kunstprogramme auch nur hindurchzufinden.

Weise erinnert bei der Abwägung zwischen Strukturfonds gegen ungebundenen Finanzausgleich an Aspekte der Akzeptanz in den Zahlerländern. Bei aller berechtigten Kritik an der jetzigen Strukturfondsarbeit müsse bedacht werden, daß hierbei für die Bevölkerung in den Zahlerländern wenigstens die Möglichkeit gegeben sei, zu identifizieren was eigentlich mit den EG-Mitgliedsbeiträgen passiert. Daraus erwachse auch eine dringend erforderliche Kontrolle über die Ausgaben und die Transfers.

Hierzu entgegnet *Boss*, genau dieses sei ein Argument dafür, daß man eben nicht diesen Weg gehen sollte. Hier werde doch vorgegeben, es würde etwas Sinnvolles gemacht. Aber in Wirklichkeit wisse man nicht — und könne es auch nicht wissen —, ob die Einzelmaßnahmen sinnvoll sind. Wenn man wirklich Bereitschaft zur Umverteilung haben wollte, dann müsse dem Bürger genau hierüber klarer Wein eingeschenkt werden.

Zusammenfassung der allgemeinen Diskussion zum Thema Finanzausgleich

Zur offenen Schlußdiskussion übernimmt *Kantzenbach* als Diskussionsleiter eine Advokatus-diaboli-Funktion und stellt drei Thesen vor:

1) In der ökonomischen Analyse wird oft die Prädominanz von Verteilungszielen im politischen Prozeß beklagt, Effizienzziele haben sehr großes Gewicht. Effizienz ist meßbar und deshalb der Beurteilung durch Ökonomen gut zugänglich. Es stellt sich aber die Frage, ob die ökonomische Wissenschaft nicht die Verteilungsziele vernachlässigt, nur weil sie nichts Genaues darüber sagen, kein wissenschaftliches Urteil darüber fällen kann. Dennoch sind diese Ziele vorhanden und müssen mitberücksichtigt werden. Eine Gesellschaft, die nur auf dem Effizienzziel aufbaute, eine Politik, die nur dieses Ziel verfolgte, stellte soziale Integrationsprozesse, sozialen Frieden in Frage und würde letztlich auch bei der ökonomischen Effizienz Rückschläge erleiden.

2) Ökonomen haben den Finanzausgleich eigentlich immer nur unter dem Allokationsaspekt gesehen. Gerade auch in der europäischen Integration ist das wieder deutlich geworden. Es gibt aber auch ökonomische, metaökonomische Ziele der europäischen Integration, um derentwillen man eventuell auch Abstriche bei der Allokation machen muß. Die europäische Integrationspolitik ist mehr als eine reine Wirtschaftspolitik; sie hat z. B. außenpolitische, sicherheitspolitische und auch außenwirtschaftspolitische Komponenten. Diese Ziele zu bejahen, ist vor Maastricht eigentlich der Kompromiß aller politischen Parteien gewesen. Dann muß man auch bereit sein, auf rein ökonomischem Gebiet gewisse Kompromisse einzugehen. Die Radikalität der Thesen gegen die Entwicklung von Maastricht läßt diese Bereitschaft zur Gemeinsamkeit manchmal vermissen.

3) Die politische Ökonomie, die ökonomische Theorie der Demokratie ist sehr häufig in Anspruch genommen worden, um Zentralisierungstendenzen zu geißeln und in Frage zu stellen. Man kann aber auch beobachten, daß es eine umgekehrte Tendenz, eine umgekehrte Wirkungsweise gibt. Genauso wie in der Diskussion eine Vielzahl von Fällen aufgezeigt worden ist, in denen der Zentralisationsgrad der

Entscheidung zu hoch war, sind auch Fälle erkennbar, in denen der Zentralisationsgrad der Entscheidung zu gering war. Man braucht sich nur an die Vereinheitlichung der indirekten Steuern in der EG zu erinnern: Sie ist ökonomisch gut begründet, kommt aber nicht voran. Zu fragen ist, ob es nicht auch ein Eigennutzdenken von lokalen und regionalen Politikern gibt, die zur Erhaltung ihrer Ämter, ihres politischen Einflusses eine an sich ökonomisch notwendige Zentralisierung hintertreiben. So scheint die Autonomie z. B. des Saarlandes oder Hamburgs und Bremens als Bundesland ökonomisch kaum noch zu rechtfertigen. Die Neuordnung der Bundesländer scheitert womöglich einfach daran, daß an der Erhaltung der alten, zu kleinen Länder zuviel politische und Eigennutzinteressen von Politikern hängen.

Timmer geht auf die Frage ein, ob nicht das Allokationsziel hier zu sehr in den Vordergrund gerückt worden sei und das Distributionsziel entsprechend stärker gewichtet werden müßte. Welches Ziel jeweils mehr im Vordergrund stehe, hänge ja auch von der aktuellen Situation ab, d. h. von den jeweils zu lösenden Problemen. Wenn man die Situation im wiedervereinigten Deutschland betrachte oder auch die Situation in Europa, dann müsse man nun einmal sehr starke Differenzen im Entwicklungsstand, in der Ausstattung mit öffentlichen Leistungen, Infrastrukturleistungen usw. feststellen. Er habe erhebliche Zweifel, ob man mit den theoretischen Ansätzen für den Finanzausgleich, die in der Tat sehr stark das Allokationsziel in den Vordergrund rückten, hier weiterkommen könne. Die Ansätze, vom Allokationsziel ausgehend den Gebietskörperschaften möglichst weitgehende Autonomie zu geben, hätten z. B. in der Finanzpolitik in der Bundesrepublik die aktuellen Schwierigkeiten zu einem erheblichen Teil mitverursacht. Es sei sicher richtig, daß der Grad der Autonomie der Länder nicht mehr sehr stark ausgeprägt ist, aber er reiche immerhin noch aus, um zu verhindern, daß die westdeutschen Länder und Gemeinden sich in größerem Maße an den Kosten der deutschen Einheit beteiligten. Es habe ja Versuche gegeben, auf der Ausgabenseite den Zuwachs zu begrenzen, so beispielsweise im Finanzplanungsrat, wo Leitlinien entwickelt wurden. Die Ausgaben hätten nur um 3 % maximal steigen sollen. Kein einziges Land — von Berlin abgesehen — habe sich daran gehalten, die überwiegende Zahl der Länder sei weit darüber hinausgegangen, so daß die Zuwächse in den letzten Jahren deutlich über 6 % im Durchschnitt lagen, und bei den Gemeinden im Westen noch viel höher.

Das Problem sei also nicht der Mangel an Autonomie gewesen, sondern gerade umgekehrt, daß die staatlichen Einheiten autonom entscheiden konnten, und aus politischen Gründen, weil sie eben nur ihren eigenen Wählern verpflichtet seien, keinen Anlaß gesehen hätten, ihre Ausgaben entsprechend zurückzufahren. Bei dem Anteil, den Länder und Gemeinden in Deutschland an der Gesamtfinanzmasse haben, hätte es eines massiven Zurückfahrens der Länder- und Gemeindeausgaben im Westen bedurft, um ohne Steuererhöhungen und ohne eine erhebliche Zunahme der Staatsverschuldung dieses Problem zu bewältigen. Dies sei infolge der weitgehenden Autonomie dieser westdeutschen Länder und Gemeinden nicht möglich gewesen. Der Bund habe zwar auch seine Ausgaben in dieser Zeit nicht wesentlich beschränkt, nur müsse man innerhalb des Bundeshaushalts eine erhebliche Umschichtung der Mittel von West nach Ost berücksichtigen. Insofern könne man den Zuwachs der Bundesausgaben nicht gleichsetzen mit dem Zuwachs der Länderausgaben.

Boss bestreitet, daß es in der EG eine Notwendigkeit gäbe, die indirekten Steuern zu harmonisieren. Wenn man im EG-Binnenmarkt vom Bestimmungslandprinzip zum Ursprungslandprinzip überginge, folgten daraus natürlich Konsequenzen für die Wettbewerbsfähigkeit der einzelnen Länder. Aber diese Konsequenzen ließen sich ohne weiteres auffangen und würden im Markt von ganz alleine dadurch korrigiert, daß sich entweder die nominalen Wechselkurse oder die nominalen Faktoreinkommen änderten. Insofern gebe es kein Argument für eine Harmonisierung der indirekten Steuern. Es gebe aber ein wichtiges Argument dagegen: Wenn man harmonisierte, würde der Politikwettbewerb in dem betreffenden Bereich ausgeschaltet mit Konsequenzen für die Höhe der künftigen Ausgaben in der EG.

Littmann stellt klar, daß er Autonomie in dem jetzt gebrauchten Sinne nie verstanden habe. Über das Verhalten des Bundes und der Länder sei voller Werturteile gesprochen worden. Offenbar habe niemand je geprüft, welche Möglichkeiten der Bund hat, seine Ausgaben kurzfristig zu ändern, welche Möglichkeiten die Länder, welche Möglichkeiten die Gemeinden haben. Nur einfach 3 % Einsparungen zu verlangen, sei ja politisch vielleicht ein schönes Argument, aber es sei kein wissenschaftliches Argument.

Es komme darauf an, ein System zu schaffen, das den Finanzegoismus eindämmt. Im Augenblick versuche jeder, für seine eigene Behörde so viel wie möglich zu erreichen. Jeder neu Eingestellte werde als ein Gewinn angesehen, denn um befördert zu werden, müsse man möglichst viele Untergebene haben. Die Folge seien ständig neue Stellenanforderungen in den jährlichen Haushaltsplanungen. Diese Systemfehler müßten überwunden werden.

Im weiteren geht *Littmann* auf die Verteilung von öffentlichen Gütern ein. Es sei notwendig, hierzu ein effektives System zu schaffen. Finanzausgleich müsse als ein Regelsystem definiert werden, das möglichst automatisch, also ohne ständige Eingriffe von verschiedensten Seiten operiert. Dabei müsse die Autonomie der Gebietskörperschaften gewährleistet werden. Die bisherigen Unsinnigkeiten gelte es zu vermeiden. Dieses wichtige politische Problem könne man nicht in einem halben Jahr oder in einem Jahr lösen, und erst recht nicht — wie die Finanzminister der Öffentlichkeit jetzt vormachen wollten — innerhalb von drei Monaten. Diese Lösung werde nur als ein Kompromiß akzeptiert, notgedrungen. Mehr Nachdenklichkeit sei auch in der Politik erforderlich.

Kerber geht auf eine von Kantzenbach zur Diskussion gestellte These ein. Er stimmt zu, es gebe tatsächlich ein Defizit in der Ökonomie, über Verteilung nachzudenken. Das gelte nicht nur für die Verteilungsziele, sondern auch für die Verteilungswirkungen. Littmann sei hier beizupflichten. Es sei zu wenig klar, welche Verteilungswirkungen die staatlichen Maßnahmenprogramme eigentlich haben, und hierüber müsse mehr gearbeitet werden. Die Verteilungstheorie sei in der ökonomischen Wissenschaft allzu lange kein Modethema mehr gewesen.

Auch *Kerber* gibt zu bedenken, daß das Ziel der Vereinheitlichung der Lebensverhältnisse nicht an den deutschen Grenzen sein Ende finden kann. Längerfristig werde man sich überlegen müssen, daß nicht nur die heutige EG, sondern auch Osteuropa einbezogen werden müsse.

Wild (Finanzministerium, Nordrhein-Westfalen) weist Bemerkungen über das Finanzverhalten der alten Bundesländer nach dem Einigungsboom zurück. Die tatsächlichen Zahlen zeigten, daß der überwiegende Teil der Länder die daraus resultierenden Steuermehreinnahmen zur Konsolidierung verwendet habe, daß heißt zum Abbau der Nettokreditaufnahme. Von den Ausgaben seien wegen des hohen Anteils der Personal- und Zinsausgaben nur etwa 10 % disponibel. — Dieser Darstellung wird aus dem Auditorium widersprochen: Die Ausgaben der alten Länder seien 1990 insgesamt um 6 %, 1991 um 11 % gestiegen, und 1992 hätten die Steigerungen auch etwa in dieser Größenordnung gelegen. Erst in jüngster Zeit würden Anstrengungen zu Einsparungen als Folge der Überlegungen zum Konsolidierungsprogramm erkennbar. *Kuhn* gibt zu bedenken, daß hinsichtlich der kommunalen Ebene völlig unstrittig sei, daß der Anstieg der Sozialausgaben in den letzten Jahren durch sämtliche Steuermehreinnahmen und durch die Erhöhungen aller Zuweisungen nicht habe wettgemacht werden können. Die Gemeinden hätten keine Möglichkeit, ihre Sozialausgaben nennenswert einzuschränken; neuerdings seien die gemeindlichen Ausgabensteigerungen dadurch verursacht, daß der Bund bei der Arbeitslosenversicherung Einschränkungen vorgenommen hat.

Ottnad knüpft an die Bemerkungen von Littmann an. Es gehe — und das sei das Fazit aus allen Diskussionen der Tagung — doch letztlich darum, zu Mechanismen auf institutioneller Ebene zu kommen, mithilfe derer die Systemfehler außer Kraft gesetzt würden. Verschiede Ansatzpunkte seien in der Diskussion genannt worden. Eine Möglichkeit bestehe darin, an der Neugliederung der Länder anzusetzen. Auch gebe es eine Menge sinnvolle Vorschläge, den Finanzausgleich langfristig ökonomisch rational auszugestalten, nur alle diese Regelungen scheiterten ja in der politischen Praxis an der jeweiligen Interessenlage der Entscheidungsträger. Letztlich handele es sich wohl um ein Problem, das sich, wenn überhaupt, nur auf konstitutioneller Ebene lösen ließe. Man müßte vielleicht einen, wenn auch nur skizzierten Vorschlag von Hajeks noch einmal überdenken: ob man nicht bestimmte Entscheidungen auf zwei unterschiedliche Ebenen verlagern sollte, so daß solche grundsätzlichen Entscheidungen auf einer Ebene getroffen werden, wo die Entscheidungsträger nicht mehr unmittelbar vom Ergebnis profitieren, bzw. auch nicht mehr davon abhängig sind. Insofern müsse letztendlich die Frage der langfristigen Ausgestaltung des Finanzausgleichs und der Finanzverfassung insgesamt dringend in die Reform der Verfassung einbezogen werden.

Teilnehmerverzeichnis

Leiter der Tagung:	Karl Heinrich Oppenländer, Vorsitzender der Arbeitsgemeinschaft deutscher wirtschaftswissenschaftlicher Forschungsinstitute e. V.
Mitgliedsinstitute:	
Berlin	Deutsches Institut für Wirtschaftsforschung Lutz Hoffmann, Diethelm Hunstock, Bernhard Seidel, Dieter Vesper, Christian Weise
Berlin	Osteuropa Institut an der Freien Universität Berlin Erich Klinkmüller
Bonn	Institut für Wirtschaft und Gesellschaft Adrian Ottnad
Essen	Rheinisch-Westfälisches Institut für Wirtschaftsforschung Hans Dietrich von Loeffelholz, Elke Schäfer-Jäckel
Halle	Institut für Wirtschaftsforschung Halle Gerhard Heimpold, Martin Junkernheinrich
Hamburg	HWWA-Institut für Wirtschaftsforschung Erhard Kantzenbach, Eberhard Thiel
Kiel	Institut für Weltwirtschaft an der Universität Kiel Horst Siebert, Alfred Boss, Konrad Lammers
Köln	Institut der deutschen Wirtschaft Winfried Fuest, Karl Lichtblau
Köln	Institut für Wirtschaftspolitik an der Universität zu Köln Michael Demmer, Juergen B. Donges, Stefan Glaß, Carolin Nerlich, Christof Schares, Paul Terres, Christian Watrin, Jürgen Wieners
München	Ifo-Institut für Wirtschaftsforschung Marlies Hummel, Volker Heydrich (Generalsekretär der ARGE), Wolfgang Nierhaus, Karl Heinrich Oppenländer (Vorsitzender der ARGE)
München	Osteuropa Institut Hermann Clement
Stahnsdorf	Brandenburgisches Wirtschaftsforschungsinstitut Caspar Schirmeister
Tübingen	Institut für Angewandte Wirtschaftsforschung Uwe Hochmuth, Rolf Kleimann

Folgende *Mitgliedsinstitute* waren bei der Jahrestagung *nicht vertreten:*

Wissenschaftszentrum Berlin für Sozialforschung, Berlin; Wirtschafts- und Sozialwissenschaftliches Institut des Deutschen Gewerkschaftsbundes, Düsseldorf; Niedersächsisches Institut für Wirtschaftsforschung, Hannover; Institut für Arbeitsmarkt- und Berufsforschung, Nürnberg; Statistisches Bundesamt, Wiesbaden.

Referent der Tagung: Konrad Littmann, Baden-Baden

Ministerien:

Bundesministerium der Finanzen
Peter Klemm

Bundesministerium des Innern
Susanne Hild, Reinhard Timmer

Bundesministerium für Arbeit und Sozialordnung
Klaus Pfitzer, Andreas Michael Klepper

Bundesministerium für Raumordnung, Bauwesen und Städtebau
Ralph Baumheier

Bundesministerium für Wirtschaft
Wolfgang Kohn, Horst Lehmeier

Deutscher Bundestag:

CDU/CSU-Fraktion:
Stephan Hesselmann

Organisationen:

Bundesforschungsanstalt für Landeskunde und Raumordnung, Bonn
Eckhard Bergmann

Bundesverband der Deutschen Industrie, Köln
Stefan Mette

Bundesverband der Deutschen Volksbanken und Raiffeisenbanken BVR, Bonn
Bernd Kubista

Capital Redaktion, Köln
Rainer Hübner

Deutsche Bundesbank, Frankfurt
Manfred Koch

Deutsche Kommunalbank — Girozentrale, Frankfurt
Hans-Helmut Kotz

Deutscher Industrie- und Handelstag, Bonn
Rudolf Ridinger

Deutscher Sparkassen- und Giroverband, Bonn
Hartmut Forndran

Deutsches Institut für Föderalismusforschung, Hannover
Gisela Färber, Reinhard Jensel, Reinhard Lensch

Kommission, Brüssel
Cathérine Heldmaier

Forschungsinstitut der IWVWW, Berlin
Günter Golenia

Frankfurter Allgemeine Zeitung
Walter Kannengießer

Gemeinschaft zum Schutz der deutschen Sparer, Bonn
Dieter Schultes

Konjunkturpolitik — Zeitschrift für angewandte Wirtschaftsforschung, Berlin
Herbert Wilkens

Ludwig-Erhard-Stiftung, Bonn
Andreas Schirmer

Ruhr Universität Bochum
Georg Trapp

Technische Hochschule, Darmstadt
Thomas Lenk, Bert Rürup

Universität Augsburg, WISO
Thomas Kuhn

Universität Hohenheim, Institut für VWL, Stuttgart
Rolf Caesar

Universität Mainz
Rolf Peffekoven

Walter-Eucken-Institut
Wolfgang Kerber

Wirtschaftswoche, Bonn
Martin Kessler, Lorenz Wolf-Doettinchem

Wirtschaftswoche, Düsseldorf
Hans-Peter Canibol

Wirtschaftskorrespondenz
Hans Overberg

Zentralverband des Deutschen Handwerks, Bonn
Günter Vogt